¡STOP! NOVELA DE AMOR

FERNANDO FERNÁN-GÓMEZ

¡Stop! Novela de amor

Espasa Bolsillo

ESPASA BOLSILLO

Director Editorial: Juan González Álvaro
Editoras colección de narrativa: Celia Torroja, Constanza Aguilera y Alicia Deza
Editora colección de bolsillo: Nuria Esteban
Diseño de colección: Álvaro Reyero
Maqueta de cubierta: Ángel Sanz
Ilustración de cubierta: Juan Pablo Rada

Primera edición de bolsillo: Septiembre, 1998

Depósito legal: M. 19.987-1998
I.S.B.N.: 84-239-9669-7

Impreso en España/Printed in Spain
Impresión: Huertas, S. A.

Editorial Espasa Calpe, S. A.
Carretera de Irún, km 12,200. 28049 Madrid

Al poeta José García Nieto, mi maestro en la universidad del Café Gijón.

Al profesor Francisco Rico, con mi promesa de tomarme en serio.

Al escritor Lorenzo López Sancho, con mi promesa de no desdeñarme.

Si alguien imagina que otra persona se une a la cosa amada por medio del mismo lazo de amistad, o de otro más estrecho que el lazo por el cual la poseía él solo, sentirá odio hacia la cosa amada y envidia del otro.

SPINOZA.

ÍNDICE

I

ACUSADOS CONTRASTES DE PARECERES

Es de noche, pero el cielo no está negro sino azul oscuro. Falta mucho para que empiece a clarear. Parpadean algunas estrellas. Por la carretera marcha a buena velocidad un enorme camión. El conductor y su acompañante —uno se llama Diego y el otro Cazorla— tienen aspecto de hombres robustos, rudos, casi agresivos. El conductor, Diego, es bastante más joven que el acompañante, Cazorla, que pasa algo de los cuarenta años y es el de fisonomía más tosca. Están enzarzados en una discusión que, iniciada unos kilómetros antes para espantar el sueño, amenaza con llegar a ser violenta.

—¡No sé cómo te atreves a abrir la boca, porque tú de esto no tienes ni la menor idea, perdona que te lo diga tan a las claras! —dice el acompañante.

—¿Que no tengo ni idea? —se revuelve el conductor.

—¡Has vivido poco, muy poquito, eso es lo que te pasa!

—Pero ¿qué dice usté? ¡Si de eso entiende todo el mundo! ¡Usté es el que desbarra, Cazorla!

—¡No desbarro, no, aunque a ti te lo parezca! —se defiende Cazorla, el acompañante—. Te digo, y tienes que creerme, que desde que la conocí tengo aquí en el pecho un tapón que no me deja respirar, esa es la pura. Y ¿sabes lo que te digo? Pues que hay momentos en que me ahogo.

El acompañante llama al conductor por el nombre; el conductor llama al acompañante por el apellido. El conductor llama al acompañante de usted, en cambio el acompañante le trata de tú. La gente de las altas esferas sociales y de poder tiene un protocolo; la gente de la empresa de transportes para la que trabajan Diego y Cazorla también tiene el suyo.

—Pero bueno, vamos a ver, ¿qué leches tiene esa mujer que no tengan otras de las muchas que usté conoce, que no tenga su mujer de usté, por ejemplo?

—No se trata de eso, hombre.

—Claro que no, porque es igual.

—No, no es igual. O será igual, si tú lo dices, pero yo la veo distinta.

—¿Por qué? Tiene una cabeza, dos tetas, un coño, unas piernas...

—¡No es eso, Diego, no es eso! Tú eres un crío. Es distinta ¡por lo más sagrao!

—¿Distinta? Pues a ver, ¿cómo es? Pelo.

—¿Qué?

—Sí, pelo, pelo. ¿Cómo es su pelo?

—¿Su pelo? Pues negro. Vamos, no lo sé bien, porque hasta ahora nos hemos visto sólo en sitios de esos, de noche, oscuros, o con luces de colores. Pero sí, si no es negro es castaño, pero bastante oscuro, me parece. No lo sé bien. Y lo lleva largo. La otra noche, recogido. Pero no creo que se lo hubiera cortao. No, es que se lo había recogido.

—¿Ojos?

—¿Qué?

—No se haga el gilipollas, Cazorla, que no le va. Ojos, que cómo tiene los ojos.

—¿Que cómo los tiene?

—Sí, eso es. Que si los tiene grandes, pequeños, que si es tuerta, bizca, normal. Que de qué color son: negros, verdes, castaños, azules...

—Sí, sí, te entiendo, joder. Pues... no son ni grandes ni pequeños. La que los tiene enormes es su amiga, pero es muy fea. Ella no... ella... los tiene normales, me parece... Sí, eso es, normales, ni grandes ni pequeños...

—¿Y a usté le gustan así, ni grandes ni pequeños?

—Sí, me gustan así, ni grandes ni pequeños, ¡qué pasa!

—Nada, nada. Allá cada cual. Color.

—¿Cómo?

—Color de los ojos.

—No son azules...

—¿Ah, no?

—No, de eso estoy seguro. Son... Me parece que como el pelo, sí, verdes no son...

—No, no me ha dicho usté que tuviera el pelo verde.

—No estoy para coñas, niño.

—Bueno, pues en serio: color de los ojos.

—Yo creo que... así como marrón, sí me parece que sí, sí...

—¿Color caramelo?

—¿Caramelo?... No, creo que no...

—¡No tiene usté ni puta idea de cómo es, Cazorla, ni puta idea! No sabe cómo es su pelo, ni sus ojos. Y seguro que no sabe cómo son sus narices, ni su boca. ¡Y no hablemos de los pezones, ni el ombligo! ¿Y está usté loco por ella? ¡Usté no está loco por ella, está loco de nacimiento, Cazorla!

—¡Pues sí, si esto es estar loco, estoy loco! Pero no sé decirte cómo es, cómo tiene el pelo, los ojos, las narices, la boca, y sin embargo, la veo, la estoy viendo ahora, y cuando se me aparece como ahora, que la estoy viendo ahí, ahí enfrente, en el cielo oscuro, ¡es como si una mano me apretara las tripas y no puedo respirar!

—La verdá, no le entiendo a usté, aunque le pongo buena voluntá —insiste el conductor—: ¡habérsela tirao!

—Sí, así de sencillo: llego, la conozco, me gusta y me la tiro. Allí, donde sea, sin más ni más, en un santiamén. Tú todo lo ves demasiado fácil.

El conductor lanza a su acompañante, de reojo, para no perder de vista la cinta blanca, es un profesional consciente, una mirada despectiva, como si aquel hombre maduro, de pelo crespo y canoso, negras cejas espesas, entrecejo fruncido, nariz de boxeador, ojos cavernosos y cara trabajada por el tiempo, comparado con él fuese un párvulo.

—¡Que no, que no, que no es que yo lo vea fácil! Ni fácil ni difícil. No se trata de cómo lo vea yo, ¡joder! Es lo que es, como todo en esta vida, las cosas son lo que son, y no hay que darle más vueltas.

—¡Cuando te emperras eres la leche! Si lo que yo quiero decirte es que...

Pero el conductor no respeta ya la diferencia de edad, o cree que la edad más respetable es la suya, y no deja seguir al otro, sino que le interrumpe sin contemplaciones, muy convencido de la validez de sus razonamientos.

—¡Lo que yo le diga, ¿me oye?, lo que yo le diga! ¿Usté a qué cree que están las tías? A ver, a ver, ¿a qué están? Pero no se precipite, piénselo bien antes de contestarme. ¿A qué cree usté que están?

Pero a pesar de lo apremiante de la pregunta, no aguarda la respuesta.

—¡Pues a eso, a lo que usté y yo sabemos! ¡A qué carajo van a estar!

—Eso, algunas, no te lo discuto; o muchas, puede ser. Pero ésta no, ésta no, ya te digo que...

El joven conductor le remeda en el tono de la voz y en

la expresión del rostro, exagera, burlesco, el acento quejumbroso que ha utilizado el acompañante.

—Ésta no, ésta no... ¿Y usté cómo lo sabe? ¡Si son todas unas...!

Ahora es el acompañante quien no le deja hablar, quien interrumpe al conductor.

—¡El que no lo sabes eres tú! —vocifera indignado Cazorla—. ¡Tú eres el que no lo sabe, listo! ¡Pero si te lo estoy contando yo, leche! ¡Si te estoy hablando de cosas mías! ¡Tú qué coño vas a saber, Diego! Tú, por el momento, de este asunto no sabes más que lo que yo...

Pero el joven conductor, como si estuviera sordo y no se hubiera enterado del arrebato de Cazorla, sigue a lo suyo y ahora se pone machacón.

—Que son todas unas putas, Cazorla, lo son. Y qué se le va a hacer. Bien mirao, mejor para nosotros, ¿verdá? Unas lo disimulan mejor, otras peor y otras no pierden el tiempo en disimularlo. Pero calentonas, todas, tío.

Pero Cazorla, aunque algo más calmao, no da su brazo a torcer.

—Ésta no, créeme, Diego. Lo que pasa es que tú hablas por hablar, sin conocerla, pero...

Diego, el conductor, no le escucha. Primero se pone en cronista de sociedad y luego en moralista, y comienza un discurso con ánimo de aconsejar.

—Unas se calientan con la música, les mola igual el bolero que el rock, va en modas; otras se calientan porque es de noche y no tienen que madrugar...

—A ésta la conocí de noche, de noche... —se dice a sí mismo Cazorla, que de pronto se ha quedado solo, muy lejos del conductor, y deja vagar la mirada por el cielo azul oscuro y las lejanas estrellas.

—¿Ve usté? A otras le pone cachondas la bebida, a otras el baile, a unas por el movimiento y a otras por el roce, y a algunas no les hace falta nada, están cachondas de nacimiento. Así es, tío. Y como es así, si a uno le mola alguna, pues a tirársela. Pero, vamos a ver, ¿en dónde conoció usté a la jai?

—¿Que en dónde la conocí? ¡Pero si ya te lo he dicho antes: en un baile! —Cazorla grita porque empieza a estar harto, pero vuelve a bajar el volumen de la voz para justificar a la mujer de la que habla—. Porque fue con unas amigas, a ella no le gusta salir.

—Serénese, Cazorla —aconseja el joven maestro a su maduro discípulo—, y contésteme a una pregunta que voy a hacerle, pero contésteme de verdá, sin andarse por las ramas: ¿a qué cree usté que esas amigas fueron al baile?

La pregunta deja atónito al acompañante, que mira al conductor como si fuera un ser de otro planeta, y contesta convencidísimo:

—Pues a bailar.

—¡Que no, Cazorla! A follar, fueron a follar. ¡Lo que yo le diga, Cazorla, lo que yo le diga!

El candor, la ternura que hay en la mirada del acompañante contrastan con la rudeza de su aspecto cuando, esforzándose en suavizar su áspera voz, dice:

—Ésta no, ésta no, te digo que no.

—Pero por qué, ¡rehostias! Que está usté ya rompiéndome los cojones.

Sin inmutarse, responde el acompañante:

—Porque está enamorada.

Tras un instante de estupor, que le deja mudo, Diego consigue exclamar:

—¡¿Cómo?!

El joven conductor prorrumpe de repente en sonoras carcajadas.

—¿Enamora...? ¡Ja, ja, ja!

—Sí, de un muchacho de su pueblo —añade Cazorla.

—¿Enamorada? ¡Ja, ja, ja! Pero ¿en don...? ¡Ja, ja, ja!

¿En dónde ha oído usté eso, Cazorla? ¿En dónde lo ha oído? ¿En la...? ¡Ja, ja, ja! ¿En la televisión? ¿En un concurso de la tele?

Una noche veraniega y lluviosa, el escritor y guionista cinematográfico Enrique Lafuente, hombre de no mal aspecto, con poco más de cuarenta años, copulaba, entusiasmado y gozoso, con Águeda, su joven amante. La luz del dormitorio estaba apagada, pero aun así, con la escasa que a través del balcón, llegaba de la calle, un observador al que —no fue este el caso— se le hubiera permitido contemplar la deleitosa ceremonia habría advertido que la casa no era ni miserable ni lujosa y que en ella había libros por todas partes, pues llegaban hasta invadir una de las paredes del dormitorio, cerca de la cama, que estaba situada en un rincón del cuarto, o sea que daba a dos paredes, una la de la cabecera y otra la de uno de los laterales, detalle ahora innecesario pero que más adelante tendrá su función. Los dedos de la lluvia tamborileaban en los cristales de la ventana. Ese sonido y el de *Matías, el pintor,* de Hindemith, acompañaban el acto sexual.

Estoy gozando de un modo frenético, sobrehumano, como todas las noches en que me tiro a Águeda. No puedo asegurar que sea la mejor de las amantes que he tenido, porque la memoria traiciona mucho, pero sí que me vuelve loco de gusto. Es una mujer ardiente, fiel, desvergonzada. Nuestra unión dura más de un año y siempre me hace correrme como una catarata. O mejor, como el Guadalquivir en Cazorla:

Un borbollón de agua clara
debajo de un pino verde
eras tú, ¡qué bien sonabas!.*

* A. Machado, *Proverbios y cantares.*

Arrullado por el repiqueteo de la lluvia y la sinfonía de Hindemith, tras la exaltación erótica, el escritor Lafuente se quedó dormido como un niño hasta que un leve sonido le despertó.

Águeda, fuera de la cama, se estaba vistiendo.

Enrique se desperezó y al ver a Águeda vistiéndose intentó incorporarse, aunque el sopor se lo dificultaba, y también comprender lo que estaba sucediendo.

—¿Te has despertao, Águeda? ¿Qué pasa? ¿Qué estás haciendo?

Ella, indiferente a las preguntas de Enrique, no interrumpió lo que hacía, siguió vistiéndose y respondió lacónicamente pero sin sombra de aspereza.

—Vestirme.

—¿Vestirte? ¿A estas horas?

—Sí.

Enrique encendió la lámpara de la mesilla de noche para consultar el reloj.

—Pero, Águeda, ¿te has dao cuenta? Son las cuatro de la madrugada.

—Ya lo sé.

—Pero, Águeda...

—No me preguntes, no digas nada.

Enrique consiguió incorporarse. Además de medio dormido, estaba perplejo.

—¿Cómo que no diga nada?

Ella dejó de vestirse durante unos instantes; así, con la blusa en la mano, miró fijamente a Enrique, que también la miraba a ella en espera de sus palabras, que al fin llegaron.

—Enrique: ha sido la última vez.

Y continuó vistiéndose.

Enrique, de un salto, quedó sentado en la cama.

—¿La última vez? ¿Qué dices, Águeda? No te entiendo.

—Sí, me has entendido muy bien.

Águeda hablaba a Enrique sin ninguna agresividad, sin sombra de rencor o de despecho, casi con ternura.

—Me marcho.

—Pero... ¿ahora?

Águeda asintió en silencio.

—¿Y te vas a ir... así?

Águeda ya había terminado de vestirse.

—Ya he hecho la maleta. La tengo en el pasillo.

Enrique todavía no se había repuesto, decía incongruencias inútiles.

—Pero... son las cuatro... Llueve a mares.

—Me esperan abajo, con un noche.

—¿Quién?

—No le conoces.

Esquivó la mirada de Enrique y salió de la habitación. Enrique gritó:

—¡Águeda!

Y se tiró de la cama. Dando voces salió del dormitorio mientras Águeda iba decidida hacia el recibidor, donde tenía la maleta.

—¡Águeda! ¡Águeda!

Se abrió una puerta y asomó Alicia, la criada, una mujer ya entrada en años.

—¿Qué pasa, señori...? ¡¡Ah!!

Gritó la criada al ver a su señorito desnudo, y automáticamente volvió a entrar en su cuarto. También, rápido, Enrique volvió a entrar en el suyo, fue hacia el armario, sacó una bata y se la puso. De su alcoba salió al pasillo la madre de Enrique, en camisón de dormir. Era una anciana agradable y no excesivamente resentida. En aquel momento estaba soñolienta y muy alarmada.

—¿Qué voces son esas, Alicia?

Desde su cuarto respondió la criada.

—¡El señorito! ¡El señorito!

Águeda, que ya había abierto la puerta de la calle, dejó caer la maleta y, hecha un mar de lágrimas, corrió a arrojarse en brazos de la madre.

—¡Perdóname, Basilia, perdóname! ¡Yo te quiero mucho!

—Yo también a ti, hija, Águeda.

—Pero me voy. Perdóname, Basilia, has sido una madre para mí.

—¡No te vayas, Águeda! —suplicó Enrique, que en ese instante salía de su cuarto, iba hacia Águeda, intentaba retenerla. Pero su madre le retuvo a él.

—¿Qué te pasa, Enrique?

—¡Se marcha, madre, se marcha!

Águeda cogió de nuevo la maleta y salió de la casa.

—Pues déjala que se vaya. Ya está en edá de saber lo que hace —Basilia abrazaba a su hijo.

—¡Suéltame, madre, suéltame!

—¡No hagas locuras, hijo, Enrique!

—¡Que me sueltes! —y corrió hacia la puerta—. ¡Águeda!

—Pero ¿adónde vas a ir así? ¡Si está lloviendo a cántaros!

Pero Enrique ya había salido de la casa.

—¡Alicia! ¡Alicia! —llamó la madre.

Alicia asomó por la puerta de su cuarto.

—¿Qué quiere, señora?

—¡Corre, y bájale a mi hijo la gabardina!

—¿La gabardina? Pero ¿no va descalzo?

—¡Pues unos zapatos también!

Alicia fue, apresurada, al dormitorio de Enrique. De otro cuarto salió Quique, el hijo de Enrique Lafuente, de diez años recién cumplidos, residuo de un matrimonio frustrado. Parecía soñoliento y temeroso.

—¿Qué pasa ahora, abuela?

—Nada, Quique. Anda, vuelve a la cama.

Quique dio media vuelta y obedeció gustoso la orden de la abuela.

Llovía torrencialmente y no había nadie en la calle, sólo unos cuantos coches que pasaban la noche allí. Hacia uno que estaba junto a la acera de enfrente, en doble fila, corría Águeda cuando Enrique salió del portal de su casa ¡Águedaaa!, y él también corría hacia la otra acera sin preocuparse de la lluvia, que le empapaba ¡Águeda! ¡Águeda!

Águeda había entrado ya en el coche y un hombre se había apeado y metía la maleta en el asiento trasero, sin duda para no perder tiempo en abrir el portaequipajes. Cerró la portezuela. Llegó Enrique junto al coche, pero de un empellón, sin que mediara ninguna palabra, el hombre le tiró al suelo y después, muy deprisa, se metió en el coche y arrancó. Enrique se incorporó, dio unos pasos inútiles hacia el coche que se alejaba, le vio doblar una esquina y volvió despacio hacia su casa, bajo la lluvia. Estornudó.

En el rellano de la escalera, indecisas, la madre y la criada Alicia, ésta con la gabardina y unos zapatos de su señorito en las manos, se miraban una a otra, sin saber muy bien qué hacer.

—¿Usté qué cree, señora? ¿Debo bajar por las escaleras o por el ascensor?

Las dos estaban nerviosísimas.

—¡Vaya una pregunta, Alicia! ¡Por donde llegues antes!

—Pues eso digo, señora. Que cómo cree usté que llegaré antes. No vaya a ser que baje yo por el ascensor y llegue el señorito por la escalera.

—¡Mujer, en ese caso da igual! ¡Si llega aquí, ya está bajo techao!

—Es verdá, es verdá.

En ese momento llegó el ascensor y de él salió Enrique Lafuente, que nada más salir estornudó de nuevo, lo que causó la alarma de la madre y la criada.

—Tome, señorito, póngase esto —y le ofreció los zapatos y la gabardina.

—¡Déjame en paz, Alicia!

—Ya no hace falta, mujer —medió la madre.

—Perdone, señora, estoy dormida.

Basilia miró a su hijo de arriba abajo.

—Cómo te has puesto, hijo. Estás hecho una sopa.

Enrique fue, rápido, hacia el interior y las dos mujeres le siguieron, correteando, hasta que entró en su dormitorio.

—¡Enrique, sécate cuanto antes! ¡Vas a pillar algo! ¡Ay, Dios bendito!

Desesperado, lloroso —Águeda, Águeda—, incapaz de contener los estornudos, se dejó Lafuente caer en cama y, en su desesperación, golpeó con los puños la pared una vez y otra al tiempo que mascullaba:

—¡Puta! ¡Puta! ¡Puta!

Entraron en el dormitorio la madre y la criada, ésta aún con la gabardina y los zapatos en las manos, que no sabía qué hacer con ambas cosas y optó por dejarlas sobre una butaca y en el suelo. La madre fue en seguida a la cama, junto a su hijo. Le miró como tantas otras veces, con profunda compasión, como a alguien a quien dejar por imposible.

—Cálmate, hijo, te lo pide tu madre. Hazlo por mí. Vas a matarme.

—Ya me calmo, madre, no te asustes.

La madre intentaba consolarle, pero no encontraba nuevas palabras para aquella escena repetida. Le cogió las manos y le dijo con ternura.

—No sirves para el amor, hijo.

A pesar de su depresión, de la mojadura, del frío, de los estornudos, Enrique se sintió herido en su orgullo de macho y se revolvió.

—Tuve cuatro novias, luego una esposa; después he tenido cinco amantes, esta era la sexta.

—Pues por eso digo que no sirves. Por eso lo digo, hijo, no sirves para el amor, no sirves. Te pasa lo que a tu padre, que en gloria esté.

—No empieces con eso, madre.

Pero la madre siguió con lo que había empezado, aunque sus palabras fueran las mismas de tantas veces.

—Si no hubiera sido porque yo tengo muy buen fondo...

Enrique no había dejado de sentir escalofríos y lanzó un tremendo estornudo, se bajó de la cama y salió corriendo del dormitorio.

—¡Enrique! ¿Adónde vas, hijo?

—¡Señorito!

Y las dos fueron precipitadas tras él, que entró velozmente en el cuarto de baño y abrió un armarito, vació sobre la palma de una temblorosa mano todas las píldoras contenidas en un frasco, vertió el agua del vaso de lavarse los dientes...

—¡Hijo! ¡No, Enrique, no hagas eso!

Alicia se arrojó sobre Enrique, pero tarde. Enrique ya se había tragado las píldoras, bebía el vaso de agua.

—¡Llama al doctor Ibáñez, Alicia! ¡Llama al doctor Ibáñez!

—¿A estas horas?

—¡Que le llames! —insistió la madre, desesperada.

Alicia salió del cuarto de baño al mismo tiempo que Enrique se dejaba caer en la banqueta y su madre corría a atenderle sin saber cómo.

II

Donde el curioso lector puede entrar en Leda Films

El despacho de Domingo Núñez, presidente del consejo de administración y consejero delegado de la productora cinematográfica Leda Films era en aquellos años moderno, muy grande, algo más de lo necesario, como ostentoso y grande era su ocupante, aunque no moderno, pues ya iba camino de los sesenta años, y había pasado su infancia y su adolescencia en una época prehistórica sin televisión, sin cine en color, sin electrodomésticos, sin supermercados, sin fines de semana, sin pantalones vaqueros, sin píldoras anticonceptivas, sin obreros y oficinistas con automóvil, sin aire acondicionado, sin rock, sin hamburguesas, con teléfono en la tienda de abajo y Alfonso XIII, guerra de África, dictadura, república, socialismo, fascismo, anarquismo, guerra civil pequeña, sólo para nosotros y guerra grande, importante, para todo el mundo, incluidas la Suecia y la Noruega.

A ninguna persona que entrase en aquella suntuosa

estancia podía caberle duda de que se hallaba en el principal despacho de una importante productora cinematográfica, concretamente de Leda Films, porque en lugar bien visible presidía el ámbito, en barroco marco dorado, una reproducción fotográfica a gran tamaño de *Leda y el Cisne*, de Leonardo da Vinci. También adornaban las paredes originales de los carteles de películas de la casa, *A morir, que son dos días*, *¡Vuelve, hija mía!*, *Trasplante de sueños*, *Una familia al desnudo*, *De loca a loca y me toca*, *La noche secreta* y unas cuantas más.

—«¡Ja, ja, ja! ¿En dónde ha oído usted eso, Cazorla? ¿En dónde lo ha oído? ¿En la...? ¡Ja, ja, ja! ¿En la televisión? ¿En un concurso de la tele? El joven conductor no puede contener las carcajadas...» —leía tras la enorme mesa de despacho, en unos folios mecanografiados, el productor ejecutivo de la empresa y director cinematográfico Domingo Núñez, al tiempo que le escuchaba de pie el poeta, escritor y guionista de cine, radio y televisión Enrique Lafuente, con aspecto débil, decaído, lánguido, apoyándose en la mesa—, «... mientras el acompañante le mira perplejo».

El gran directivo dio por concluida la lectura y alzó la mirada de los papeles: esto es para la última escena —dijo, pero más bien como quien pregunta.

Lafuente contestó desfallecido, sin poder ocultar su tristeza, su depresión, ni hacer en realidad ningún auténtico esfuerzo por disimularlas.

—Sí, para la última. La de la carretera. La que empieza con los dos camioneros, Cazorla, el mayor, y Diego, el joven, que hablan de amor, de mujeres.

—Ya, ya. Que si cachondas, que si no cachondas...

—Sí, eso es —afirmó Lafuente, y añadió fatalista, resignado—: no te gusta, claro, te parece mal. No he conseguido hacer lo que tú querías.

—Voy a decirte la verdá, Enrique. Siempre te la he dicho.

—Sí, sí, no me lo recuerdes —se permitió un rasgo de ironía el guionista.

—Sí no me gustara tu guión desde un principio, desde que hace un año Leda Films inició el planteamiento del negocio, no empezaríamos la película dentro de quince días. Lo único con lo que Leda Films no está todavía de acuerdo, lo que no acaba de gustarle del todo es eso: la última escena.

Lafuente sacó fuerzas no se sabe de dónde para rebatir con buenos modos a su empresario y amigo.

—Pero, Domingo, no me vengas con ésas. Todos sabemos que Leda Films eres tú.

—Bueno, eso es mucho decir. Tú eres el primero en saberlo, que trabajas para mí desde que firmábamos los contratos en tugurios y leíamos los guiones en casas de putas.

Enrique hizo intención de sentarse en la butaca que había frente a la mesa, pero el productor Núñez se levantó de su sillón giratorio y circulante y le detuvo con un ademán.

—No, no te sientes ahí, ven aquí.

Rodeó la mesa y cogió a su amigo y colaborador del brazo.

—Sabes que Leda Films soy yo, Domingo Núñez, pero también mi mujer...

Mientras proseguía su alegato llevó a Lafuente hacia el amplio y cómodo tresillo en el que se sentaron los dos, alejados del formalismo de la solemne mesa de despacho, para charlar confianzudamente, como tantas otras veces. Enrique Lafuente más que sentarse, se desplomó. Sin advertirlo, Núñez continuó el párrafo comenzado.

—... mis dos hijos, la aportación de tía Leticia, los accionistas, las acciones liberadas del ex ministro, la parte del general, muy de tener en cuenta...

—Pero, Domingo, ni tu mujer ni ninguno de esos que dices siempre, han leído el guión.

—Mi hija la pequeña, sí —precisó sin ningún ánimo de polémica el productor—. Y te aconsejo lo mismo que cuando *La noche secreta* o *De loca a loca*, que hagas caso a Leda Films, que ha acertado muchas veces.

Tras una leve pausa, en la que contempló al guionista como si por primera vez desde que estaban reunidos reparase en él, le reprochó:

—¡Pero no estés así, coño!

Enrique fingió sorprenderse, no entender, a pesar de que Águeda apareció como otras veces sentada en uno de los sillones del tresillo, luciendo sus magníficas, indecentes piernas.

—¿Así? ¿Cómo? Estoy normal.

—¿Normal? ¿Te atreves a decir que ese aspecto y esa cara son normales?

—No sé lo que quieres decir.

—Que estás hecho una mierda. En ese estado de ánimo no se pueden dar los últimos toques a un guión, a ningún guion, pero mucho menos a un guión para Leda Films.

—¿En qué estado de ánimo? Domingo, no sé a qué te refieres. Estoy...

Núñez le interrumpió, enérgico, autoritario, casi de mala manera. O aún peor: en tono paternal.

—¡Lo sabes de sobra, Enrique, no vengas con cuentos! Todo el mundo lo sabe, no sólo tú.

Se arrepintió de su brusquedad, no se consideraba un hombre agresivo ni violento, pero sí se dejaba a veces arrastrar por la vehemencia, y habló a Enrique en tono cordial, sinceramente amistoso. A pesar de la diferencia de edad, eran amigos de muchos años, coño.

—No te preocupes tanto, hombre, que ya no eres un chiquillo. Eso nos pasa a todos, y a los que nos conservamos bien seguirá pasándonos. Ya encontrarás otra.

Enrique se espantó, dio un salto en el sillón, agitó las

manos sobre la cabeza para alejar de sí aquella idea, como si le atacase un repugnante moscardón.

—¡No, no, quita, quita!

Con tranquilidad, no era él el afectado, Núñez le preguntó oportunamente:

—¿Quieres beber algo?

—Bueno, si vas a beber tú también...

—Sí, yo sí. Ya es mi hora, según el médico.

Se levantó y fue a pulsar un timbre, mientras decía, torciendo el morro:

—Esa última escena, dale vueltas, hombre, dale vueltas... Esos camioneros...

Águeda, Águeda. «Un borbollón de agua clara...» Ya no estaban en el sillón las piernas indecentes. Otras veces había llovido, pero nunca como aquella noche. No subí a casa por la escalera ni por el ascensor. Subí nadando. Bueno estaba yo, allí, en el despacho de Domingo, para pensar en escenas y en camioneros. Águeda desnuda, arrodillada a los pies de la cama, ofreciéndose. Además, aquel guión lo había escrito hacía dos años y ya ni me acordaba.

—A mí me parece bien —se defendió Lafuente—, sobre todo por lo que viene después. Hay que considerar la secuencia completa, hasta el final.

Se abrió la puerta y entró Anita, monísima recepcionista, refrescante, moderna (entonces).

—Tráenos dos Chivas, Anita, por favor.

—Sí, Domingo.

Anita desapareció, y mientras el director productor volvía a sentarse, el guionista reanudó el párrafo interrumpido.

—Y diré más: no sólo hay que considerar esa secuencia, sino su relación con el resto de la trama. Teniendo en cuenta la historia, los precedentes.

—Comprenderás que no te iba a poner pegas sin tener en cuenta todo eso.

Lafuente hizo un esfuerzo por centrarse en el tema que los había reunido.

—¿Por qué no te gusta, Domingo? Concrétame algo más. ¿Te parece un poco grosero el diálogo? ¿No te gusta porque no acaba bien? ¿Poco comercial?

—No, hombre —respondió casi despectivo el productor—. Leda Films no es tan vulgar, estás harto de saberlo. Leda Films ha producido en los quince años que lleva existiendo un montón de películas que acababan mal y han dao dinero. Eso del final feliz era una cosa del Hollywood de hace treinta años. Si ya acaban mal hasta las de aventuras, las del oeste. Y sin irnos tan lejos, sin salir de aquí, en aquel guión tuyo, *A morir, que son dos días*, morían los buenos y se salvaba el malo. Y en *¡Vuelve, hija mía!*, la hija no volvía y fue un río de oro.

—¿Entonces...? ¿Qué le encuentras de malo a esa secuencia final?

Anita había entrado y, sin interrumpir el parlamento de su jefe, sirvió los dos whiskys. Con ágil andar cimbreante que a Lafuente le hizo mirar para otro lado, se retiró.

—A Leda Films —respondió Núñez a la pregunta del guionista— esa escena le parece tosca, un poco grosera, como has dicho tú antes, pero no sólo por el diálogo. No está a la altura del resto del guión, que tiene tanta sutileza, tanta originalidad, y su poquito de poesía... Pero de pronto, esos camioneros expresándose así... Ahí no se nota que tú de joven quisieras ser poeta, Enrique... Esos camioneros tan zafios... Leda Films cree que un tema como éste...

¿Qué más está diciendo? Yo qué sé. ¿Qué dice esa boca que se mueve y se mueve y no deja de moverse entre el bigote y el firme mentón de ese lejanísimo, difuso, desvaído amigo mío? Leda Films, Leda Films, Leda Films. Es posible que no diga más que eso. Leda Films, Leda Films... Estoy hasta los cojones de Leda Films; pero la verdad es que si no hubiera sido por Leda

Films quizás no fuera guionista de cine, radio y televisión sino sólo poeta lírico y eso, pasados los treinta años, no hay quien lo defienda. Catorce guiones he colocado ya a Domingo. Y produjo para la tele mi novela del Nadal...

Ya van varios tragos de whisky, el vaso está mediado, y Núñez sigue hablando del guión, del pasado y el porvenir de Leda Films «aunque esto cambie». A veces, interviene en la conversación el guionista Lafuente, pero ni sabe a ciencia cierta lo que dice su amigo y productor, ni siquiera lo que dice él mismo, que, desde luego, no es lo que piensa, lo que le interesa.

Pero siempre con esas pijoterías, que si tal escena, que si ambientes demasiado caros, que si el cine intimista no está de moda, que si los americanos tal, que si los americanos cual, que si el tema del amor es cursi, Águeda, Águeda, sus labios entreabiertos, gemidos de placer... Y siempre sin tener en cuenta el estado de ánimo de uno, del que trabaja, del que escribe, del padre de la criatura. Y sigue moviendo la boca, sigue moviéndola, debe de estar contestando a algo que he dicho yo, ya casi no queda whisky. Y lo malo es que no puedo consolarme pensando o diciéndoselo a quien quiera escucharme, que Domingo Núñez es un canalla y un tarugo, porque no lo es. En la posguerra hizo Filosofía y Letras, especializándose en Filología Moderna; luego un máster de empresariales en Estados Unidos. Era de familia acomodada, de posibles, gente de orden, que se decía de los que armaron lo del 36. Y yo, en cambio, por aquella manía contestataria que nos entró de abandonar los estudios, o vaya usted a saber por qué —mi familia tampoco nadaba en la miseria, aunque mucho menos en la abundancia— no llegué ni a Preu. Pero soy superior a él, no me cabe la menor duda, especialmente cuando no se lo digo a nadie sino que «converso con el hombre que siempre va conmigo», porque el tiempo que él perdió en la universi-*

---

* A. Machado, *Retrato.*

dad estudiando por encima cosas que no le importaban —sólo para pasar al curso siguiente— yo lo dediqué a atiborrarme de lecturas, pero de las que me gustaban y de las que podían contribuir a formar el cerebro y el espíritu de un poeta, lo que yo era entonces, o de lo que soy ahora: un novelista que no escribe novelas porque tiene que perder el tiempo escribiendo guiones de cine —también hago radio y televisión, estimados clientes— para sujetos como Domingo Núñez y otros peores que él.

En aquellos tiempos no tan lejanos, a los que ya podemos llamar «entonces» era una gloria el Gran Café de Gijón, que así se llama en realidad, aunque incluso los preparadísimos correctores de periódicos y editoriales lo ignoren, una gloria, un paraíso, una universidad, un parlamento, una cueva conspiratoria, un centro de contratación, una «isla de libertad», como lo llamó don Francisco Umbral, una antesala, una trinchera contra la soledad, un criadero de amistades, un campo de honor donde golpear a los críticos, un club de ajedrez, una agencia de información, una caja de préstamos, un estanco, un restorán, un café en el que entró, abismado en sus pensamientos, aquel día de verano del sesenta y tantos, el guionista Enrique Lafuente, porque, si bien a esas horas de la mañana el ágora en que solían reunirse entonces actores, actrices, pintores, poetas, periodistas, autores teatrales, novelistas, agitadores políticos, asesinos internacionales, maniquíes de alta costura, leguleyos del cercano Palacio de Justicia, militares del también cercano Ministerio de Defensa Nacional estaba escaso de clientes, siempre podía encontrarse alguien con quien pegar la hebra o con quien compartir una bebida y un silencio. Lafuente encontró a su íntima amiga —y nada más— Luisa Coral, actriz de cine joven y guapa, y con ella, o a ella, hablaba muy irritado, muy interesado en el tema, su tema.

—El guión a Núñez le parece bien, muy bien, ¿comprendes? Dice que en general lo encuentra cojonudo, y la prueba es que produce la película. Pero la escena de los camioneros no le gusta. Cuando os leí el guión a Pascual y a ti os gustó, os pareció bien. Y también a otras personas *Águeda, Águeda, puta, puta, puta,* a las que se lo di a leer. Pero lo peor no es que a Núñez no le guste sino que para quitar esa secuencia hay que suprimir otras que sin ella no tendrían ningún sentido, porque en este guión, como en casi todos los míos, cada escena es consecuencia de otra anterior, cuando los productores y la censura no lo impiden. Los guiones de Riskin también son así; y los de Mankiewicz.

—Pero ¿mi personaje queda igual? A mí me gustaba mucho tal como estaba.

—De tu personaje no ha dicho nada. Ni del de ese actor que traen de Italia, Carlo Manzi. Con lo que está pesadísimo es con la secuencia final, ya te digo, la de los dos camioneros que discuten sobre el amor.

—Carlo Manzi habla muy bien el español —dijo Luisa Coral, como para hablar de otra cosa.

—Esa fue una de las razones para darle el personaje de Gerardo, que, como vivió cinco años en Argentina, donde empezó a trabajar como actor, el español lo habla muy bien, aunque con acento de allá, y tal vez por eso haya que doblarle, pero no es ninguna pega.

—El acento argentino es muy bonito, se oye muy bien. Y que hable español es una ventaja no sólo para rodar con él sino para entenderse fuera del plató, porque si no, tirarte siete semanas con un tío al que no le entiendes ni papa, como me pasó a mí con el alemán que trajeron para *El último confidente,* ya me dirás.

—Sí, debe de ser un coñazo.

—A éste, al galán que traen de Italia, a Carlo Manzi, yo ya le conocía.

—Claro, es bastante famoso. Han llegao aquí algunas películas italianas de él. Una tuvo bastante éxito, *De tripas, corazón,* se llamaba en español, con Silvana Mangano. Imitaba las comedias americanas a lo Lubitsch.

—Sí, eso ya lo sé, pero yo quiero decir que le conocía personalmente.

—¿Ah, sí? No lo sabía.

—Le conocí en Chile, en el festival de cine de Viña del Mar, cuando fuimos Paco Rabal y yo con *Ábrete, corazón*. A ti te lo puedo decir porque eres discreto, no eres de esos que como más se divierten es largándolo todo por ahí. Además, tú también me cuentas tus rollos: cuando le vi me quedé soponciada. Pero de esto, a Pascual, ni palabra, Enrique, por favor.

—No, mujer, descuida. Tú misma acabas de decirme que soy discreto.

Buen marco para un festival cinematográfico la ciudad chilena de Viña del Mar. «Pacific Ocean resort, Valparaíso region, central Chile, just northeast of Valparaíso city. A large municipal gaming casino, beaches, and a pleasant summer climate attract substancial numbers of domestic and foreing vacationers»*.

Aquel año, 1961, los organizadores del festival habían logrado una concurrencia abundante y selectísima. Entre los asistentes había unas cuantas estrellas de las que más brillaban en aquella época, y no sólo latinoamericanas, como el argentino Luis Sandrini o la ya internacional María Félix, sino americanas del Norte, Audrey Hepburn, Gregory Peck, Burt Lancaster, o europeas, Claudia Cardinale, Alain Delon, Jean Paul Belmondo, Vittorio Gassman, Michael Caine... Pero la estrella más refulgente, según el sen-

* The New Enciclopaedia Britanica.

tido de la vista de la prometedora y bella actriz española Luisa Coral, era el joven actor italiano Carlo Manzi. Destacaba en un grupo, sonriendo a unos y a otros con sonrisa luminosa, prodigando su encanto varonil sin rubor, con la seguridad que le daba el conocimiento de su belleza, de su infalible atractivo. Luisa Coral, copa en mano, no tan cerca del grupo en que se hallaba el italiano como ella habría deseado, sin atender a los que la rodeaban, se quedó extasiada contemplándole. Mas para desdicha suya podía asegurar que el bellezo ni la miró, no durante aquel cóctel sino en todos los días que duró el festival. Y podía asegurarlo porque ella en cambio, sin poder evitarlo, estuvo siempre pendiente de él. ¡Qué hombre más guapo! Cuando las mujeres dicen que no les gustan los guapos, no quieren decir eso sino que también pueden gustarles los otros. Y de aquél le atraía todo, la armonía de su rostro, el color de su pelo, su modo de andar, tan varonil, tan insinuante, tan dominador. Y su modo de quedarse quieto, con las piernas separadas. Era al mismo tiempo un señor y un macho. ¡Y cuidado que eso es difícil!

Al guionista Lafuente le costaba algún trabajo interesarse en la narración, o panegírico erótico, de la actriz, pero se esforzaba en conseguirlo. Al café iban llegando más clientes.

—Y muy procaz, ¿sabes?, muy procaz. ¡Qué mirada, Enrique, no te puedes hacer una idea!

—Pues qué quieres que te diga, eres una chica afortunada, Luisa, no como otros.

—¿Por qué?

—Ahora tienes al italiano a tiro.

—No sé, no sé... Lo de la mirada no te lo digo porque me mirase a mí, ya te he dicho que no lo hizo ni una vez en todo lo que duró el festival: miraba a las otras, a la tías más buenas, a las que al primer golpe de vista os las imaginais en la cama. Y mi encanto no es del primer golpe de vista, ¿verdá?

Lafuente sonrió, sin comprometerse.

—No, pero es del segundo.

—Gracias por la mentira.

Bebió un sorbito del vermú y se marchó a Viña del Mar, donde Carlo Manzi, esta vez en la playa, sonreía descarada y provocativamente a unas y otras, a Liv, a Claudia, a Lisselote, pero no a ella.

—Y ya ves lo que son las cosas, las cosas estas del corazón, o del sexo, o como se llamen, la indiferencia de Carlo Manzi hacia mí fue tan evidente que mis defensas funcionaron y ya hace tiempo que el italiano ese no es para mí ni siquiera el recuerdo de un deseo, de un deseo frustrado, y si recuerdo algo su cara, sus ojos, su boca es por haber visto fotos suyas en los periódicos. Para mí, mucho mejor, ¿no crees?

—Desde luego —concedió sin ningún entusiasmo Enrique Lafuente, que seguía pensando en lo suyo.

Entre los clientes que llegaron al café estaban tres o cuatro amigos de Luisa y Enrique, que se sentaron a su mesa. Una pareja joven, que no tiene ninguna significación en esta historia, el periodista Pascual Ortuño, de *Pueblo*, uno de los predilectos de su director, Emilio Romero, y compañero de Luisa Coral, y el pintor Quintana, aparentemente no muy despierto ni muy comunicativo, casi siempre lacónico, de aspecto descuidado, aunque vendía caro, y al que, sospechosamente —y sin fundamento, como más adelante se sabrá—, no se le conocía ninguna relación femenina. Esta característica despertaba el interés de Lafuente, en su papel de escritor, pues deducía que podía ser un personaje interesante, pero no había logrado que abandonase su hermetismo para sincerarse con él.

La llegada del grupo cambió el rumbo de la conversación y a los pocos minutos llevaba la voz cantante el guionista, al que los demás, precisamente por ser de confianza, amigo íntimo de todos, no escuchaban con demasiado interés.

—El guión, dice Núñez que le parece bien, muy bien, eso dice, ¿sabéis? Pero quiere un desnudo, o casi, para Silvia Flora, porque ahora, con la llegada de Fraga al ministerio, parece que la censura ha abierto la mano, ya sabéis la coña esa que dicen los de la tele, «con Fraga hasta la braga», y quiere también que suprima al cura borrachín, porque en Leda Films ha entrao dinero del Opus, y también que haya algo más de violencia.

—En los periódicos —dijo el pintor Quintana, que muy de vez en cuando intervenía en las conversaciones— salen muchos artículos contra la violencia en la tele, pero la violencia en la pintura no les importa.

El guionista Lafuente siguió a lo suyo.

—Pero si se mete todo eso, hay que quitar otras muchas cosas. Y si quiere quitar muchas cosas, ya que dejarlas no puede ser, porque la película no debe durar más de hora y media ¿por qué dice que le gusta el guión?

En vez de responderle a él, su amigo el periodista Pascual Ortuño respondió a Quintana.

—Bueno, yo puedo aclararte algo, Quintana: lo que, según yo, y quizás me equivoque, no digo que no, no le importa a nadie es la pintura, por eso mi periódico se ocupa poco de ella.

—Nada —dijo Quintana.

—Y perdona, que no lo digo por joderte, sino para que estés bien informao.

Enrique insiste y cambia la mirada hacia la otra pareja, que le escucha con relativa atención pero sin interesarse por su problema.

—¿Eh, por qué dice Domingo Núñez que le gusta el guión, si quiere cambiar tantas cosas?

—Mmmm... —replicó Quintana a la información del periodista.

—Créeme. Es como te lo he dicho.

—Lo de que la pintura no le importa a nadie —se quejó el pintor— es mucho decir.

—Hombre, para especular, sí, a los que pueden, los que tienen dinero para moverlo —aceptó Pascual Ortuño—, y para blanquear.

A partir de este momento el periodista y el pintor, que abandonó temporalmente su laconismo, decidieron hablar los dos a un tiempo, hábito muy extendido en el café, y es imposible transcribir lo que dijeron.

No es que a mis amigos del Café Gijón no les importen las cosas de los demás, no, no es eso, son unos tíos legales, pero les importan más las suyas, es lógico y natural. Luisa Coral sí me ha seguido, y a mí me parece que con interés, en lo que estaba diciendo sobre el guión... Pero claro, es que ella va a trabajar en la película.

Enrique Lafuente, como ya se sabe, era guionista de cine, radio y televisión, frustrada su juvenil vocación poética, desaparecida al mismo tiempo que el acné, aunque llegó a finalista del Adonais, pero también novelista —obtuvo el prestigioso premio Nadal con *Aguacero*—, aunque de producción escasa por la deficiente organización de la sociedad de aquel tiempo, incrementada por el odio a la intelectualidad profesado abiertamente y sin ningún disimulo por el general Franco y sus secuaces, y también publicaba con frecuencia artículos en la prensa, principalmente sobre cine, radio y televisión, pero no muy bien pagados.

Con esto quiere decirse que la casa de Enrique Lafuente —en realidad, de Basilia, su madre— era de baja clase media, si es que esta clasificación sirve para entenderse. O mejor, de media clase media, aunque pueda parecer más confuso. La casa se fue amueblando ella sola, poco a poco, sin atenerse a ningún plan previo, y sin dar muestras de tener afición a su propio adorno, aunque al separarse de su mujer, Regina, de nombre de amor Dulcinea, Lafuente hizo algunas reformas y consultó con su amigo Alarcón, el famosísimo decorador de cine, que al enterarse del presupuesto de Lafuente para la reforma no volvió a hablar del asunto.

Lo de que las casas se vayan amueblando por sí mismas, poco a poco, suele dar buen resultado, pero a veces lo da muy malo y otras veces no da ninguno. Este último era el caso del hogar que Enrique Lafuente compartía con su madre, Basilia, su hijo Quique y la fiel Alicia, a quien no le hacía gracia que hubiera libros en todas las habitaciones, pues los libros ensucian mucho, cogen polvo, desordenan y así no hay manera de tener ninguna habitación como Dios manda.

Hubo una época, muy corta, unos cuantos meses, en que la casa estuvo mucho mejor decorada, daba gusto verla y todos los que iban a ella, tanto amigos y compañeros de Enrique como vecinas y amigas de Basilia, se deshacían en elogios. Fue cuando las relaciones de Enrique con la cuarta.

Esta numerada por la madre como cuarta era una ayudante del decorador Alarcón, arriba mencionado, que abandonó el mundo del cine y se estableció por su cuenta como interiorista. Vendió en una almoneda todos los muebles viejos de la familia Lafuente, a costa de alguna llantina de Basilia, y los sustituyó por otros. Debe advertirse que comprándolos a su nombre hacían los proveedores sustanciosas rebajas. La cuarta, su auténtico nombre era Adelaida, conocida por Laida, se encaprichó de Enrique a las primeras de cambio, se enamoró de Basilia a los pocos días de conocerla, y de ahí que se esmerara en la decoración de la casa. Sus relaciones con Enrique fueron bastante tumultuosas. Ella, que venía de buena familia, de ahí su exquisito gusto para la decoración de interiores, no pudo soportar el trabajo del cine, aquellos platós siempre con obreros trabajando, dando voces y golpes, arrastrando trastos, hablando un lenguaje incomprensible, tercermundista; y las actrices, hijas de actrices, nietas de actrices, o peor aún, hijas de chóferes, de carpinteros, de barrenderos del ayuntamiento, de albañiles, de chupatintas, de rojos... A los galanes guapos —no había más que cuatro o cinco— se les veía a la legua el guardapolvo y el mostrador; de dos de ellos decían que eran hijos de un embajador, sería de un país socialista. Y los directores ¿de dónde habían salido? Salvo Berlanga y Saura, que parecían ser de buenas familias, los otros ¿de verdad habían pasado por la Universidad, aunque no fuera más que por la puerta? Uno de ellos creía que chipendale era una medicina. Pues ¿y el Café Gijón? Enrique la llevó dos o tres veces para que conociera su otro mundo, no el del cine sino el de la literatura y el arte. ¡Por Dios, qué café, qué gente! Aquello sí que era ya no una horterada, el colmo de la horterada. Aquellos que había desperdigados por las mesas —Enrique le señaló a algunos, la presentó a otros— se creían Miró, Picasso, Hemingway; uno muy triste, con aspecto de no haber dormido, iba despacio de un lado a otro, convencido de que era don Antonio Machado. Enrique le dijo que algunos días iba Cela, y también Umbral, un periodista nuevo, venido de provincias, del que hablaba todo el mundo. Pero ella no vio a ninguno de los dos. Al que sí vio fue a Buero Vallejo, entonces en la cima de su éxito. Se cree Benavente, dijo Ladia, que no conocía ninguna obra de Benavente, pero que, según le había dicho su padre, ya quisiera. Y las mujeres que iban por allí, aquellas putas...

No eran putas, intentaba aclarar Enrique, unas eran maniquíes, de alta costura, otras actrices, aquellas de allí las escritoras Eugenia Serrano y Mercedes Fórmica, la otra, una muy guapa, una pintora gallega que vendía mucho entre la clase política. Y esa otra, acompañada por un señor muy distinguido, su marido, la novelista Elena Soriano.

Pues todas parecían unas putas, según Ladia, unas putas. Y ¡cómo vestían! Por favor, por favor, pero ¿es que no echaban una ojeada al *Vogue?*

También le había presentado Enrique a su amigo Quintana, el pintor, al que nunca se le había conocido esposa, ni novia ni amante y sin embargo no era marica. A Ladia no le extrañó: con lo basto que era y lo guarro que iba.

Este era el punto de fricción que los separaba, las relaciones, las amistades, el mundo profesional de Enrique, y que obligaba a Basilia, la madre, y a Alicia, a escuchar discusiones interminables que a veces se prolongaban hasta el alba.

En cuanto a la familia de Ladia, a uno de cuyos miembros había visto sólo dos o tres veces, para Enrique era una entelequia, pertenecía al mundo de lo perfecto fantástico, era algo de película inglesa ante lo que el mundo aristocrático del cine americano, incluso *Historias de Filadelfia*, no era más que un sainete de provincianos, algo así como una película de Berlanga.

En sus disputas, Enrique ridiculizaba aquel ambiente, para él imaginario, y a aquellas personas, entre las que se encontraban los padres y los hermanos de Ladia. No sólo los ridiculizaba sino que los atacaba con saña, los de su clase habían provocado la guerra civil, habían traído al país un hambre que duró años, eran los culpables de las desgracias que afligían al último de los españoles.

—Tengo miedo, tengo miedo, Enrique, hijo —decía la madre—; esto no puede acabar bien.

III

Infancia y adolescencia de Enrique Lafuente y algo sobre Calderón de la Barca

Las discusiones, los enfrentamientos, los excesivos contrastes de pareceres —término que entonces estaba muy de moda—, las agresiones de palabra y casi de obra eran demasiado frecuentes. En la cama los amorosos beligerantes no debían de llevarse muy mal, puesto que la relación se prolongó unos cuantos meses. Pero una tarde sucedió algo inesperado y, desde luego, sorprendente.

Al pequeño Quique convenía extirparle las amígdalas y a la clínica se fueron a acompañarle su abuela y su padre, pues la abuela se negaba a no estar presente y sin la presencia del padre el pequeño se negaba a que nadie le hurgase en la garganta. En la casa, por consiguiente, se quedó sola la fiel Alicia, ya que eran las horas de trabajo de Ladia.

Llegaron de regreso de la clínica, hacia las seis de la tarde, el pequeño paciente, la abuela y el padre y, ante su sorpresa, hallaron en el portal, llorosa, sonándose con un pañuelo a la fiel Alicia. No se atrevía a dar explicaciones, sólo decía vengan, vengan, suban y verán, no me pregunten, no me pregunten, yo no he podido hacer nada, vengan vengan, suban suban. Subieron y vieron.

Vieron la casa absolutamente vacía. No había ni un mueble en el recibidor ni en el *living-room* comedor, ni en el pasillo ni en ninguno de los dormitorios. Ni rincón para que trabajase Enrique —cine, radio y televisión, premio Nadal— había (la máquina de escribir estaba en el suelo). Ni alfombras, ni cortinas, ni cuadros —sólo dos del pintor Quintana—, ni batería de cocina. Sólo suelos lisos, paredes planas, habitaciones vacías. A primera vista aquello era incomprensible. Escuchada la explicación de Alicia se comprendía algo más.

La señorita Ladia se había presentado con un camión de Mudanzas Megino, los de la calle de Trafalgar, y había arramblado con todo. Las facturas de los muebles, desde la del juego de vinagreras hasta las del bellísimo mueble aparador y las de las camas, estaban a nombre de ella, todo aquello era de ella, y ella había decidido romper las relaciones de cualquier género con el guionista Lafuente, porque estaba de él hasta la punta del pelo —así se lo comunicaba en carta que le entregó la criada—, y llevarse todo lo que era suyo.

Desolados, recorrieron su pisito Enrique, su madre, Alicia, Quique —sus libros de clase y sus juguetes, menos el tren eléctrico, sí estaban allí, en el suelo—... Iban de un sitio a otro y todos los sitios eran iguales, salvo el baño y la cocina. La madre respetaba el dolor del hijo, no quería hurgar en los rescoldos, pero murmuraba casi inaudible:

—Te lo tengo dicho, te lo tengo dicho...

De pronto Enrique empezó a aporrear con los puños una pared, aquella tarde no necesariamente la de su dormitorio, pues todas las paredes eran iguales y mascullaba entre dientes, tal vez para que no le oyera Quique, puta puta puta. Después se apoyó de espaldas en esa misma pared y se deslizó hasta el suelo. Allí se quedó acurrucado y lloró.

—¿Qué hacemos, señora, qué vamos a hacer? —preguntó Alicia, y se retorcía las manos.

La madre estaba más entera.

—¿Se ha llevado también el teléfono? —preguntó.

—No señora, ¡cómo se va a llevar el teléfono! ¡El teléfono es de usté, señora!

—Pues vamos a llamar a Evarista, la de La Avilesa.

Aquella noche, y tres o cuatro más, durmieron todos en un hostal —La Avilesa, que eran amigos—, y luego, poco a poco, la casa volvió a amueblarse y a decorarse a sí misma. Pero, en fin, todo esto era ya tiempo pasado.

Estaban ya dando cuenta del primer plato de la cena Enrique, una de las pocas ocasiones en que cenaba en casa, su madre y Quique, cuando Alicia, que servía siempre la mesa, sacó del bolsillo de su delantal un papel en el que había anotado algo.

—Le han llamado a usté de Leda Films, la señorita Anita, esa tan amable. Que es muy urgente, me ha insistido mucho en que no se me olvidara decírselo. Que mañana le mandarán aquí, a casa, el pasaje de avión para San Sebastián, para el festival de cine. Que tiene usté que ir, porque también irá, directo desde Roma, el actor Carlo Manzi, para presentarle allí a la prensa. Y Silvia Flora.

—Muchas gracias, Alicia.

La criada salió del estar-comedor y se llevó los platos que ya se habían usado.

—¿Y cuándo te marchas? —preguntó la madre.

—El sábado.

—¿Y cuándo vuelves, papá?

—Tres días después.

—¿El festival es tan corto?

—No, el festival dura más, pero nosotros sólo estaremos tres días, lo justo para presentar a Carlo Manzi como protagonista de *¡Stop!*

—¿Al fin se llama así la película? —preguntó Basilia.

—Sí, yo creo que lo único que no quiere cambiar Domingo Núñez es el título. No entiende que es una película de amor, que a mí el tema que más me ha interesado siempre es el amor de las parejas y la relación entre el amor y el tiempo. Aquella escena de los dos remando en el río dice que es muy larga. No entiende que...

Basilia, la madre, dejó la cuchara en el plato, se volvió hacia la puerta y llamó.

—¡Alicia!

Enrique se interrumpió. Gritó Alicia desde la cocina.

—¡Diga, señora!

—¿Llamaste al súper para decir lo del pedido de ayer?

Asomó Alicia y contestó desde la puerta.

—Sí, y les he dicho que recojan la sandía, que aquí nadie ha pedido eso.

Quique, contra su costumbre de permanecer callado durante las comidas, esta vez también dijo algo.

—Esta noche en la tele ponen *Dos hombres y un cadáver.*

El guionista Enrique Lafuente cambió la mirada de su madre a su hijo, que estaba exponiendo las razones que tenía para quedarse a ver *Dos hombres y un cadáver,* al mismo tiempo que la señora de la casa y la criada comentaban lo mal que funcionaba el súper.

No es que mis cosas no les importen, porque, al fin y al cabo, son las cosas de las que viven los tres. Es que son así. Cuando empecé con esto de escribir, a mi madre le interesaba también, y a mi mujer mucho. Luego a mi mujer empezó a aburrirle, la prueba es que se marchó. Mi madre acabó por comprender que era un trabajo como otro cualquiera y, encima, eventual. No se cansaba de decir «es que no estás en nómina, hijo, no estás en nómina».

—Papá, un compañero del cole me ha dicho que te pregunte por qué aquí, en España, no hacéis películas como las americanas.

—Eso no puede ser, Quique. El cine de cada país tiene su propio estilo.

—¿Ah, sí?

—Sí.

—¿Y por qué?

Lafuente decidió aplazar la respuesta.

—Anda, Quique, come, come.

Alicia había regresado a la cocina y la madre intervino en el diálogo.

—En San Sebastián ten mucho cuidao con esa artista, con Silvia Flora. He visto fotos de ella y es despampanante. Mucho cuidado, Enrique.

—Sí, madre, sí.

Sin necesidad de haber estudiado sociología o estar pendiente de las estadísticas, cualquier ciudadano normal sabe que la mayoría de los varones adultos tienen una novia, una amante o una esposa, y varios amigos.

Novias, amantes o esposas suelen tener una y amigos suelen tener varios. Había leído Enrique Lafuente en una encuesta de prensa que un conocido actor español tenía más de cien amigos, mientras otro confesaba tener sólo tres o cuatro y daba sus nombres. Esto le habría sido casi imposible, o por lo menos muy difícil, al de los cien.

Ni tanto ni tan calvo, pensaba Lafuente. Se entretuvo en recordar a sus amigos y también a los que eran amigos de esos amigos sin serlo de él y llegó a la conclusión de que tanto sus amigos como él mismo tenían alrededor de ocho amigos, pues no valía incluir a los compañeros de oficina o de redacción. Lo del centenar lo atribuía a una idea de la amistad que no se correspondía con la realidad.

Pero no nos andemos por las ramas y vamos a lo que íbamos: si amigos se tenían ocho o un centenar, en cambio, novia, amante o esposa no se solía tener más que una. No ignoraba Enrique la existencia de varones adultos que tenían al mismo tiempo esposa y amante, los había a montones, no sólo en la vida real sino en la literatura; y también sabía que algunos jóvenes disolutos y favorecidos por la fortuna tenían dos o tres novias, y los marineros una en cada puerto, pero estos casos no eran más que frivolidades pasajeras, como la misma juventud.

Había quien por aquellos tiempos anunciaba la inminente llegada de otros de más gozosa promiscuidad. Decían que eso ya se había iniciado en San Francisco (California) y se estaba extendiendo por Europa, con cabeza de puente en París. Pero aún había Pirineos y aquí las cosas estaban como estaban, poco más o menos como estaban en el siglo pasado (no en París, sino en Campanela o en Vetusta). Es cierto que las cabelleras de los jóvenes, que habían empezado a crecer con la aparición de los Beatles habían seguido creciendo y en algunos casos llegaban hasta los hombros, también que a veces se asomaban al café jóvenes vestidos de manera estrafalaria y también que abundaban en la plaza de Santa Ana y se reunían en una cafetería de la misma plaza. Pero eso era todo.

Una novia no es una amante, ni es lo mismo que una amante; una amante no es una esposa, ni es lo mismo que una esposa (parece ser que hay varones muy privilegiados que han conseguido tener amante y esposa en una sola pieza —con el ahorro que eso representa— y muchos pensadores están de acuerdo en que esa sería la esposa ideal, pero tal combinación es imposible porque entonces en la relación con la esposa no se daría la circunstancia de saberla engañada ni en la relación con la amante la de saber que se estaba engañando a la esposa). Sí hay una manera de que la esposa sea al mismo tiempo amante, y es que sea amante de otro. Pero esto algunas sensibilidades, entre ellas la de Enrique Lafuente, no lo soportan. El caso es que un varón adulto al que se puede considerar normal, en lo que a este tema concierne, puede tener una novia, una amante, una esposa y si pierde a la novia se queda sin novia, si a la amante sin amante y si a la esposa sin esposa. Puede perder a la amante y le queda la esposa, o viceversa, pero no es lo mismo, no es lo mismo. En cambio, como este varón adulto normal tiene, pongamos, ocho amigos, si pierde uno le quedan siete. Es cierto que los ocho amigos siempre serían distintos unos de otros y que el desaparecido nunca sería sustituido por otro igual, pero también lo es que cuando desaparece uno de nuestros ocho amigos no hemos perdido la amistad, y cuando desaparece la novia, la amante, la esposa, perdemos el amor. Hay amigos que se pierden sin que nos demos cuenta ¡huy cuánto tiempo hace que no veo a Ramiro!, nos decimos un día. ¿Sabéis algo de Reverte?, ya no viene por el bar. Lleva dos años en Canarias. ¡Ah! Esas desapariciones, esas pérdidas no duelen. Pero cómo exclamar ¡huy cuánto tiempo hace que no veo a mi amante! O no darse cuenta de que la esposa de uno lleva dos años en Canarias.

Por todo lo expuesto hasta aquí, al guionista de cine, radio y televisión Enrique Lafuente le daba miedo el amor, mucho miedo —el mismo que le daba a su amigo el productor Domingo Núñez como tema de película, le daba al guionista Enrique Lafuente como tema de la vida real—, un miedo que no le daba la amistad, ni la enemistad, ni su trabajo, ni las divergencias políticas.

Era muy sensible, demasiado sensible para estos tiempos (aquellos tiempos), no sólo lo advertía él mismo sino los demás, sus amigos, conocidos o compañeros, que a veces se lo decían incluso para ridiculizarle, y como era muy sensible, le hacían daño las pérdidas, las desapariciones, las soledades. Y como era muy sensible, necesitaba el amor.

—Se comprende.

—Tú lo comprendes, ¿verdad, Quintana?

—Sí, una necesidad.

—Eso digo. Para mí la soledad no es que sea un castigo, es algo más, es como si no me sintiera completo, yo soy yo y la otra, ¿sabes?

—Sí.

—Por eso cuando me engañan, cuando me abandonan, siento como si me hubiesen arrancado un trozo de mí mismo.

—Claro.

—Tú lo ves claro, ¿verdá?

—Pero te preocupan demasiao las mujeres.

—Es natural, ¿no?

Quintana no respondió. Se llevó a la boca la ginebra con hielo.

En su primera juventud, cuando estudiaba Derecho en Oviedo —no había universidad en Gijón, donde su padre era propietario de un chigre en la calle Langreo, cerca de Corrida—, Enrique era un muchacho bien parecido —seguía siendo bien parecido cuando ya no era un muchacho, al doblar la curva de los cuarenta— y las vecinas del barrio y las escasísimas compañeras de facultad le miraban con buenos ojos.

Él era entonces un hombre sin experiencia, sin dolores ni soledades, y se arrojaba al amor no como quien se tira a un pozo sino a una alegre alberca. La primera de esas muchachas a las que Enrique se insinuó hablándole de Campoamor, de las *Doloras* y de *El tren expreso*, se llamaba Ramona —para los amigos, Mona— y tardó aproximadamente cinco minutos en aceptarle.

Enrique lo atribuyó al buen parecido que ya se ha mencionado, mas al cabo no de cinco minutos pero de unos cinco meses tuvo motivos suficientes para comprender que Ramona le había aceptado con tanta rapidez no porque el tipo de belleza varonil del alumno Enrique Lafuente fuera de universal aceptación o porque coincidiera exactísimamente con los gustos de Mona sino porque Mona, según el lenguaje común de la época, era un poco puta.

Éste fue el motivo de que le aceptase con tanta rapidez y también el motivo de que él, que con tanta lentitud había ido comprendiendo las indirectas de sus amigos y condiscípulos y de Sabinín, su hermano pequeño, rompiese con ella.

Aunque la iniciativa del finiquito —así podía llamársele porque se devolvieron unas fotos, una billetera y un collar— partió de él, no pudo evitar el tremendo dolor que le produjo el desengaño y tras desechar la ida de asesinar a Mona, escribió unos cuantos sonetos que publicó en la revista poética *Vetusta*, que, financiada por alguien de la familia Heres, una de las más ricas de la comarca, surgió y agonizó durante los años 1945 y 1946 y de la que Enrique Lafuente llegó a ser redactor jefe.

A sus diecisiete años recién cumplidos, ya se sentía autorizado a sufrir como un hombre, no como cuando a los diez años se enamoró perdidamente de una vecinita porque un día la vio en la penumbra de la escalera subir con calcetines blancos, precisamente un día de comienzos del verano de 1936, cuando aquel verano todavía no era significante porque nadie conocía su significado, nadie sabía que poco después, en la eterna lucha del Bien contra el Mal les correspondería una victoria a las fuerzas del Mal y los demonios socráticos se dispondrían a barajar y barajar la baraja española de innumerables naipes para arrojarlos después sobre la piel del toro y mucho más allá en infernal desorden y que unos asesinarían a otros que no conocían, a unos por ricos y a otros por pobres, y que éste iría a parar a Moscú y su hermano a Sevilla y aquél a México y el otro a la cárcel y uno a matar y a morir en una barricada y unos chicos a bañarse a la playa porque era verano mientras sus padres temblaban aterrorizados en un sótano porque caían bombas y la niña de calcetines blancos en la escalera desapareció para siempre y sus padres y su hermano y nadie volvió a saber nada de ella y Enrique sufrió por aquella desaparición como creyó que no volvería a sufrir en su vida, tres años de guerra demoníaca y después el dolor de una ausencia inacabable.

A los diecisiete años, tras la ruptura con Mona, Enrique despreciaba aquel sufrimiento infantil porque no era un sufrimiento verdadero sino imaginario, no era un sufrimiento de hombre como el que ahora le atormentaba.

Sufría no sólo por haber perdido a Mona, el placer que le causaban sus caricias, el verla tan cerca, el tocarla sino por no haberla matado, como era su obligación de hombre, aunque este sentimiento no se atreviera a confesárselo ni a sus amigos más íntimos, pues sospechaba que, angustioso para él, a los demás podría parecerles ridículo.

Pero, retrasado en sus estudios por aquella guerra pequeña, por aquel barajar y barajar de los demonios, por aquel trágico rompecabezas, estaba en quinto curso de bachillerato —de algo que se llamaba «el plan del tres»—, en el que una de las asignaturas era Historia de la Literatura, y el profesor, un hombre de treinta y tantos años no muy agraciado, pequeñín y de facciones toscas, que tenía fama de carca, se había detenido no sólo con insistencia sino con regodeo en el excelso, altísimo poeta y dramaturgo don Pedro Calderón de la Barca, asombro de su tiempo y del presente, maestro indiscutible de la escena castellana, tras la muerte de su predecesor Lope de Vega, a quien superó en enjundia y preocupación moral. Resaltaba el profesor especialmente su *teatro del honor,* denominación que repetía veces y veces, cumbre de la dramática española y europea.

El que ninguna de las compañías teatrales que durante los veranos actuaban en Gijón, las más prestigiosas de España, llevase en su repertorio los dramas de honor, celos y venganzas de Calderón no se debía a que el gusto del público hubiese cambiado desde el siglo XVII, sino a que el público había perdido no sólo el gusto sino el sentido moral. Enrique Lafuente escuchaba al profesor prendido en sus palabras. Gutierre Alfonso, *El médico de su honra,* sorprende un inocente encuentro entre su esposa y un antiguo pretendiente y esto enciende en él la llama de los celos, avivada a partir de entonces por una serie de peripecias más o menos casuales; doña Leonor, esperando a don Lope, con el que se ha casado por poder, *A secreto agravio, secreta venganza,* añora dolorida el amor de don Luis, muerto en Flandes. Pero don Luis, que no ha muerto, regresa y asedia a doña Leonor, quien le dice que ya no hay remedio, pues pertenece a otro hombre. Un amigo se cree obligado a comunicarle sus sospechas a don Lope, quien, de manera espectacular —por medio de un incendio—, pero muy secreta, da muerte a su esposa, lo que confiesa al rey, que encuentra adecuado su comportamiento. También don Gutierre da muerte a su esposa, y el rey Herodes, *El mayor monstruo, los celos,* y el gentilhombre Juan de la Roca, *El pintor de su deshonra.* Según el profesor, los celos, aunque contribuían en gran medida a la decisión, aprobada por los reyes —quiere decirse por la ley—, de dar muerte a la infiel o a la que estaba en camino de serlo, no eran el principal impulso de estos actos sino la defensa del honor, defensa que, según el código consuetudinario de la época, era un deber social. Enrique Lafuente pasó sus horas libres en la biblioteca del instituto. Leyó, bebió a grandes tragos y luego releyó con reposo aquellas obras hasta hacer suyos el concepto del honor, la tortura de los celos, la sed de venganza. Y advirtió cómo surgía en su ánimo un sentimiento que no habían conocido los valerosos y aristocráticos héroes calderonianos: el sentimiento de impotencia, de automenosprecio, la certidumbre de que él no sería capaz de matar a Mona, por muy infiel que hubiera sido, ni siquiera de golpearla, como habría hecho su condiscípulo Ricardo Caso, el que le había enseñado que si pegabas a una mujer una buena paliza ya nunca se separaba de ti. Y sufría desesperadamente porque tenía plena conciencia de que él no era uno de aquellos antiguos nobles, al fin y al cabo soldados, sino un cobarde, hijo de un tabernero y de una maestra depurada, ni siquiera un revolucionario, como Manolín, su hermano mayor, muerto años atrás, 1936, en el cerco de Oviedo.

Para sus padres, Manuel, minero retirado que convalecía de la silicosis aspirando el aroma de los chorros de sidra de su chigre, y Basilia, ignorantes de las torturas internas que soportaba su hijo, la noticia de la ruptura de Mona y Enrique supuso una buena alegría, ya que Sabinín les había puesto en antecedentes de la generosidad erótica de Mona.

Por suerte de Enrique, en el horizonte apareció Guillermina, pues antes de enamorarse, declararse, ponerse en relaciones formales —entonces en provincias todavía se usaba esta locución—, casarse y separarse de, a, con y de Regina, lo que le causó una herida que tardó muchísimo en cicatrizar, tuvo dos novias más que le duraron poco y no le causaron heridas ni simples picaduras, aunque Guillermina resultó mucho más eróticamente generosa que Mona, por lo menos con él, que no la dejó porque se sintiera insatisfecho sino porque de repente le entró una pasión desbordada por Covadonga, la hija de unos panaderos de la calle Corrida a la que conocía desde niño pero que de pronto, en la primavera del 46, dio un cambiazo tremendo que Enrique fue uno de los primeros en advertir, y antes que llegase el mes de abril ya se puso a hablarle de Campoamor y de las *Doloras* y de «Mi carta, que es feliz pues va a buscaros...».

Enrique Lafuente no era un ignorante en materia poética sino un poeta bien preparado, muy de su tiempo, y por lo tanto, sabía que Campoamor no era uno de los poetas que él debía preferir. Para él hasta Rubén Darío estaba anticuado y era un tanto facilón; lo suyo eran Juan Ramón Jiménez y Antonio Machado. Pero si se trataba de iniciar un acercamiento a una muchacha consideraba más útil a Campoamor, no sólo por más sencillo y transparente sino por asturiano, que en España eso del paisanaje casi siempre da buen resultado. De Campoamor pasaba a Bécquer y solía dar la puntilla con:

> Quiero hacer contigo
> lo que la primavera hace con los cerezos*.

Covadonga no pudo resistir la belleza prometedora del *hai-kai* y se rindió, dentro de un orden, corría el año 1946, aún los turistas que salvaron nuestra economía no habían corrompido nuestras costumbres. Este amor, o mejor: estas nuevas relaciones formales, duraron poco. No es que los propietarios del chigre y los de la panadería fueran Capuletos Montescos, pero la panadería era un negocio mucho más próspero, más decente, y estaba en plena calle Corrida, no en una bocacalle como Langreo. Por otro

* Pablo Neruda, *Veinte poemas de amor y una canción desesperada.*

lado, Enrique Lafuente, recién cumplidos los veinte años y aún sin aprobar el Preu, no era un partido como para hacer feliz a una madre.

—No te preocupes, mujer —le decía el padre—, esto no va en serio, no es más que un noviazgo de entrenamiento.

Además, y esto fue lo definitivo, en la vivienda del chigre casi no cabían el matrimonio y los dos hijos, allí ni pensar que se metiera Covadonga, y no había pisos vacíos, ni en alquiler ni en venta; no es que no hubiera pisos en Gijón, no los había en Oviedo, en Madrid, en España. Encontrar un piso era más difícil que encontrar el tesoro del capitán Flint. Ya antes de la guerra civil había en España una tendencia a los noviazgos largos, no sólo entre la gente de orden, pero esta tendencia fue incrementada por la carencia de pisos.

Tenían preferencia para ocupar los escasos pisos vacíos los militares, los sacerdotes, los empleados del Estado; luego venían «los demás». A los que refunfuñaban se les explicaba que en la URSS la crisis de la vivienda era mucho más grave, a los treinta años de la Revolución. Fue el tiempo de los realquilados y de los pisos repartidos entre dos y tres familias. Franco era partidario del sistema de compra del piso y no del alquiler, porque deseaba que todos los españoles tuvieran su casa propia y resolvieran el problema de la vivienda para siempre. Él lo ha resuelto con el palacio de El Pardo, decían los resentidos criticones que nunca faltan, y entre los que se encontraba Enrique Lafuente.

En este panorama se presentó de pronto Agustín Pola. Muchos domingos Enrique y Covadonga con algunas otras parejas iban a bailar a Somió, y uno de esos domingos su grupo de amigos se vio incrementado por otro grupo en el que se encontraba Agustín Pola, de familia de funcionarios públicos y al que su padrino, hombre adinerado, había proporcionado un piso en la calle Marqués de Casa Valdés, 40, cerca de la playa y del centro de la ciudad, porque estaba a punto de casarse con su prima Joaquina. En fin, no hay por qué extenderse en detalles ya que todas las historias de amor son iguales: a Agustín Pola le causó Covadonga la misma impresión que le había causado a Enrique Lafuente cuando la vio por primera vez y rompió las relaciones con su prima. Como tenía veinticinco años, era de familia de funcionarios, acababa de ganar unas oposiciones, no era mal parecido y tenía piso, se casó con la bella Covadonga.

¿Covadonga le había sido infiel? No. La chica vino por derecho, por derecho coqueteó un poquito, sólo un poquito con Agustín Pola, por derecho le confesó a Enrique que le habían surgido una dudas en su interior, que llevaba unas noches sin dormir, que ya no se sentía tan atraída por él, que qué rara es la vida, que Agustín Pola se le había declarado y que ella le había dicho que sí. Inmediatamente, se echó a llorar de manera incontenible y, como si lo hiciera adrede, con la llantina se puso muy fea. A pesar de esta repentina fealdad, Enrique empezó a sentir unas tremendas punzadas no sabía bien si en el corazón o en el estómago. Tampoco sabía qué hacer ni qué decir. Lo que no quería de ninguna forma era echarse a llorar él también, así que antes de que la mano que empezó a estrangularle lo consiguiera, dijo de un modo un tanto solemne, que le sonó a falso:

—Adiós, Covadonga —y echó a correr hacia ninguna parte.

Covadonga no había sido infiel, no había manchado el honor de los Lafuente, no había dado motivos para la venganza, pero sí para los celos, para que dentro de su cerebro, de su corazón, de su alma, de sus tripas germinara y se desarrollara el mayor monstruo, uno de los monstruos calderonianos. Y no debía confundir los celos con el honor de los Lafuente, eran cosas muy distintas, y no debía acusar a Covadonga de infiel, pues no lo había sido (¿o se puede ser infiel al futuro?), y en cualquier caso no debía matarla, en primer lugar porque era muy difícil y en segundo porque los hijos de los dueños de los chigres de hoy no eran como los hijos de los nobles del siglo XVII, no contaban con el perdón del rey, así que debía consumirse en el sufrimiento sin atenuarlo con el bálsamo de la venganza.

Enrique no sabía que aquella muchacha que, en el chigre, a una hora en la que no había clientela, mostraba unos libros a sus padres era Regina, ni que Regina, con el tiempo, habría de causarle más profunda herida, más lacerante que las causadas por Covadonga o Mona, aunque se sumasen una con otra, por eso se acercó a mirar los libros. Y a mirarla a ella.

—Estamos viendo estos libros para ti —le dijo la madre—, y para Sabinín. A nosotros no pueden interesarnos.

—Pero para los estudios de los chicos son muy útiles. ¿Qué estás estudiando tú?

—Ahora empiezo sexto, porque me retrasé por la guerra. Mi hermano está en segundo.

—Pues no te serán útiles sino necesarios. En la biblioteca de un estudiante no pueden faltar.

El pelo de la vendedora era castaño oscuro, a punto de ser negro, los ojos de un azul muy claro, casi transparente, la nariz recta y breve, las mejillas rellenas, la boca pequeña, pero de labios carnosos, y el color de la tez pálido y rosado. El conjunto del rostro daba la impresión de no ser carnal sino cuidadosamente dibujado y expresaba un sentimiento de indefensión, de fragilidad, que aumentaba su encanto.

—La *Historia del Arte*, de Editorial Salvat, comúnmente

conocida por *el Pijoán*, el famoso *Pijoán*, obra de José Pijoán, el ilustre publicista y también historiador español, nacido en Barcelona, de prestigio internacional. Esta obra ha sido la tabla de salvación de muchísimos universitarios. La que les ofrecemos a ustedes es ya la tercera edición, de 1941, todavía más cuidada que las dos anteriores.

La muchacha frágil de rostro dibujado debía de tener unos dieciséis años, no más, aproximadamente, la misma edad que él, que Enrique, pero representaba menos, parecía no haber salido aún de la infancia, quizás por el candor celeste de su mirada y la ternura de su voz, con que pronunciaba aquellos párrafos, sin duda aprendidos de memoria, que repetía con inocencia escolar y sin apasionamiento, sin ninguna señal de admiración por la obra del prestigioso historiador ni por cuarenta mil años de arte, desde Altamira hasta los abstractos.

—Cuatro tomos lujosamente editados y encuadernados, mil seiscientas páginas en papel cuché, elaborado especialmente, dos mil ochenta reproducciones en blanco y negro y color...

Una muchacha con apariencia de niña, con aquellos ojos de agua transparente, aquellas mejillas de armoniosa curva, aquella boquita y aquella voz de pajarito perdido, aunque hubiera tenido paciencia para aprenderse todo aquello, y lo que faltaba por decir de otros libros, no podía tener fuerzas para herir a nadie, allí no había peligro, en el cielo o mar de aquella mirada nadie podría desintegrarse ni ahogarse como en el mar de Mariana, la cruel Mariana llamada Mar. (Había existido muy poco tiempo, entre Covadonga y Regina. A las dos semanas de «relaciones formales», se limitó a decir: no me gustas, Enrique. Y echó a correr.)

Cuando, después de colocar a los padres de Enrique, el tabernero Lafuente y Basilia, maestra depurada, *el Pijoán*, *el Hasler* y *Las Razas Humanas* —este último a petición de Sabinín, el hermano menor—, a plazos mensuales con la garantía de tener casa abierta, Regina —que todavía no era Regina, la Regina de Enrique— abandonó el local, Enrique, con aire indiferente, para no levantar sospechas de sus padres, que con Sabinín ojeaban los catálogos, salió tras ella, pero no se atrevió a abordarla, sólo a seguirla a prudente distancia, como él y sus amigos habían seguido a otras chicas de Gijón y a muchas veraneantes en julio y agosto.

IV

En el que Regina se transforma en Dulcinea

Con tan arcaico procedimiento, el hijo del tabernero silicótico y la maestra depurada consiguió saber que la muchacha de la voz de pajarito herido se hospedaba en la pensión Astur, a cuya puerta se encontraba al día siguiente, a las ocho y media de la mañana, el estudiante retrasado de bachillerato Enrique Lafuente, que había decidido fumarse las clases aquel día para arrojarse en brazos de su desastroso destino.

Luz de la mañana, hija del alba. Regina surgió resplandeciente de la negra boca del portal, cargada con la mochila en la que llevaba libros y catálogos y tal vez un rimero de ilusiones.

—Perdone que me dirija a usté, señorita, pero nos conocemos desde ayer tarde. Buenos días.

—Muy buenos.

La voz de pajarito herido fue voz de pajarito helado.

—Sí, ya me acuerdo. Eres el hijo de los propietarios del chigre. Te llamas Ernesto.

—No, Enrique.

—Bueno, Enrique.

Se había atrevido a hacerse el encontradizo y a abordarla; tras la obligada frialdad de los saludos, se esforzó en estar ingenioso sin prescindir de cierta dosis de realismo, de veracidad.

—Señorita, por favor, escúcheme unos minutos. Estoy enamorao y últimamente me ha ido muy mal, he sido traicionao, abandonao. Estuve unos días dudando entre el asesinato, el suicidio y no hacer nada. Por suerte, elegí esta última opción que me ha permitido la dicha de conocerla a usté.

—De tú, de tú —dijo con simpatía Regina, sin negarse al diálogo.

Ante tal estímulo, Enrique prosiguió con los intentos de ingenio.

—Gracias. Dicen que un clavo saca otro clavo. Si tú, Regina... *Sí, yo sabía desde el día antes que la vendedora de libros se llamaba Regina, pero no sabía que «era» Regina, ni que acabaría llamándose Dulcinea*. Si tú, Regina, me permitieses enamorarme de ti...

Regina se detuvo un instante para rendir homenaje a aquel rasgo de ingenio.

—Mira, eso tiene su gracia.

Sonrisa de Enrique. Regina volvió a caminar.

—¿Se lo has dicho ya a muchas chicas? —preguntó la muchacha con un repunte de mala intención.

—No, Regina, puedes creerme. Te doy mi palabra de honor *honor, honor, honor* de que se me acaba de ocurrir en este mismo instante.

—Pero no sé por qué me pides permiso. El que te enamores o no te enamores no depende de mí. Es cosa tuya, depende de ti.

Con la voz de pajarito herido no hablaba, cantaba.

—También tú debes poner algo de tu parte, si tienes tiempo libre —dijo él, cada vez más ingenioso.

Hablaban caminando, miraban al frente, pero en aquel momento ella le lanzó una mirada, un poco de reojo, a él, tal vez para decidir si merecía la pena poner algo de su parte.

El destino no pudo hacer más de lo que hizo por salvar a Enrique —aficionarse a la poesía, retrasarle los estudios, darle unos padres taberneros y de izquierdas en pleno franquismo, proporcionarle cuatro o cinco desengaños amorosos, para que aprendiera, a los diecisiete años de edad—, pero Enrique, como los héroes de las tragedias clásicas, no de los dramas calderonianos, luchó a brazo partido con el destino en busca de su perdición, de las heridas, del dolor, del sufrimiento, y acabó a la vuelta de unos cuantos años encontrando todo lo que tan pertinazmente había buscado.

«¿Quieres decir... —mi mujer tosió para escupir una pequeña flema que se le había formado en la garganta— que te lo has gastado todo?

—Sí, pero... en catorce meses, ¿comprendes? Mil pesetas al mes... Algo así como seis duros diarios. Para un hombre no es nada.

—Pero... pero... me parece que estoy soñando, que no te entiendo bien.

Sí, sí me entendía, porque alzaba la voz poco a poco.

—¿Te has gastado las veinte mil pesetas...?

—Quince. Tres eran de impuestos y las otras dos mil que quedaban están...

—¿Te has gastado veinte mil pesetas por ahí sin acordarte de mí, ni de tu pobre padre paralítico en Asturias, ni de tu hijo?

—No es eso, Dulcinea...

—¡Déjate de estupideces!

—No es eso, Regina. Me he acordado mucho de vosotros y siempre pensaba traer a esta casa el pellizco gordo.

—El pellizco gordo: dos mil tiñosas pesetas. ¿Y puedes decirme en qué te has gastado ese capital? En mujeres, claro, y en vino y en jugar a las cartas o al ajedrez ese de los demonios que te tiene loco.

—No, mujer; eso no es de dinero.

—Pues ¿en qué?, ¿en qué?

—En nada..., en alternar... Se sale con unos, con otros... Esta gente del cine tiene mucho dinero, ya lo sabes. Son gente espléndida. Hoy te invitan ellos y mañana tienes que invitar tú...

—Y tu gente que se pudra, ¿no?

—Treinta pesetas al día se van sin notarlo. Sólo con que pagues un taxi...

—¡Niño! ¡Arriba!

—¿Qué haces, Regina?

—Nos vamos a casa de mi madre.

—No puedes hacer eso.

—Puedo hacer lo que me dé la gana, porque tú nos has abandonado.

—No, mujer.

El niño asomó por un lado del biombo. El sueño no le dejaba asombrarse y nos miraba distante, aburrido como siempre ante los insignificantes problemas de los mayores.

—Y habrás sacado por ahí a bailar a la Elvira Santillana, a ese cacho de golfa.

—No, ya ves, eso no.

—Hijo, tu padre, ha derrochado por ahí, en los hoteles, en los teatros, en los juegos de bolos, una fortuna, mientras tú no tienes libros para el colegio, ni zapatos; mientras tu madre friega y cose de la mañana a la noche y no puede ni ir al cine todos los sábados, como las demás vecinas. ¡Ese es tu padre!

—Pero, Regina, perdóname... Comprende que..., que soy un hombre... Sé que soy un pobre, un fracasado; pero, para una vez que tengo dinero, tengo también derecho a gastarlo, a creerme un poco como los demás y a poder corresponder con ellos. Sí, me lo he gastado por ahí, ¿y qué? ¿Cómo voy a ser escritor si no puedo vivir, conocer ambientes?

—Pero ¿no me dijiste que te ibas a especializar en los bajos fondos para gastar poco?

Mi mujer estaba fea y llena de ternura, con la boca crispada y las mejillas cubiertas de lágrimas. El niño también lloraba, por simpatía. Mi mujer me miró quieta, fija, respirando extrañamente, midiendo en mis ojos la categoría del crimen con una mirada profunda. De pronto exclamó:

—¡Malvado! Eso es lo que eres tú: ¡Un malvado! ¡Malvado, sí, malvado!

Y se cayó al suelo, hipando, hecha un ovillo. Parecía un montón de ropita sucia del que asomaban unos pelos de muñeca.

Pensé: "Qué adjetivo más extraño, 'malvado'. Qué poco natural. Nunca creí que una mujer, en esas circunstancias, emplease ese calificativo."

Mi hijo había abandonado el biombo y decía:

—Mamá, no llores.

Sentí un profundo remordimiento. La verdad era que debía haber traído ese dinero a casa por mucho que me tirasen la buena vida y las mujeres hermosas. No pude contenerme y me arrodillé junto a Regina.

—Perdón, Dulcinea —le dije con voz grave y sincera—; perdón.

Estaba muy oscuro. Entre el niño y el camisón de mi

mujer no acertaba a encontrar la cara de Regina. Pero hubo un cambio en el ritmo de sus gemidos y comprendí que empezaba a perdonarme»*.

Ramona, Guillermina, Covadonga, la cruel Mariana llamada Mar (ni recordarla quería), y algunas otras. Su madre se sabía la lista y llevaba mejor la cuenta. Pero al final llegó Regina. Regina trajo el final. Un final que fue al mismo tiempo el principio de un nuevo género de avatares, Purita, Adelaida, María, Leila, Manuela, *Águeda Águeda Águeda.*

En su casi inconsciente juventud, Enrique, aunque sí sabía lo suficiente del enemigo del hombre denominado «carne», ignoraba casi todo lo referente al sentimiento denominado amor por los novelistas, las niñas y las criadas. Aunque no era creyente, iba a misa muchos domingos y se confesaba una o dos veces al año para no caer mal en la rígida buena sociedad provinciana y sobre todo en la poderosa familia Heres. Viene este dato a cuento de que, con otras palabras, el confesor le aconsejaba que para sofocar la hoguera de su edad, en vez de perseguir a las jóvenes puras, se fuera de putas de vez en cuando, pues son muy graves los pecados contra la pureza. Esto mismo, y también con otras palabras, le aconsejaba su madre; no así su padre, a quien sus ideas sociales y políticas le llevaban a ser enemigo de la prostitución.

Más de acuerdo con su padre estaba Enrique que con su madre y el confesor, aunque no sabía si por razones éticas o porque le atraía precisamente la pureza de las jovencitas.

Como he dicho, Enrique ignoraba lo referente al sentimiento denominado amor, pero en cambio, un condiscí-

---

* F. Fernán-Gómez, *El vendedor de naranjas,* Selecciones Austral, Espasa Calpe.

pulo suyo, Armando Suárez, de su misma edad, lo sabía todo de aquel enemigo, aquel sentimiento y aquella fuente de placeres y dolores. Así como conocía los más intrincados recovecos de ese mundo tan misterioso para muchos hombres maduros, incluso filósofos, médicos o sacerdotes que es el alma, el espíritu, la mente, la conciencia de las mujeres. Si bien para los temas escolares, desde las matemáticas hasta los idiomas o la historia, el alumno Suárez era una nulidad, en estos otros era una lumbrera y su condiscípulo Lafuente le había aceptado como su mentor. Él le indicaba si convenía ir al cine, al baile o al paseo, si a tal chica se debía uno dirigir por carta o de palabra o con simples miradas o no mirándola nunca. Sabía cuándo convenía estar gracioso y cuándo romántico o solemne. Las tácticas de seducción no debían ser las mismas para todas las mujeres, eso lo sabía cualquiera. En primer lugar había que proceder a un superficial y rápido (una de las condiciones de la caza amorosa era no perder tiempo, las mujeres eran fugaces) estudio psicológico de la pieza. A algunas les iba bien el desprecio, los achares, una ostensible indiferencia, a otras las atenciones, la insistencia, la súplica; a ésta, el romanticismo, la lírica; a aquélla, la violencia, incluso una dosis de zafiedad; la asiduidad y la cortesía que unas agradecían y llegaba a conmoverlas y a predisponerlas, a otras les parecía una tortura insoportable.

Un método muy recomendado por el mentor Suárez, y que fue el aconsejado para el caso de Regina la librera, de quien Lafuente se confesó rendidamente apasionado, cuya seducción le parecía imprescindible para recuperar el sosiego, el equilibrio mental...

—Si no me la tiro por lo menos una vez no soy hombre ni nada, soy una boñiga de la carretera...

consistía en la mezcla de tres o cuatro de aquellos métodos: asiduidad, desprecio (alternados), romanticismo, una insinuada violencia.

Durante el mes que Regina permaneció en Gijón —allí se hospedó mientras trabajaba la demarcación que la empresa le había asignado, Asturias y norte de León—, Enrique le envió todos los días un ramito de flores; cada día más pequeño, no porque descendiera su entusiasmo sino porque mermaba su menguada asignación. El chigre familiar no daba para muchos excesos.

Siguió al pie de la letra las indicaciones de Armando Suárez, aunque en algunas ocasiones se encontrara un sí es no es ridículo, y si no consiguió tirarse a la muchacha de voz de pajarito herido, sí consiguió formalizar sus relaciones con ella, que se cartearan cuando ella volvió a Madrid, desplazarse a su vez a Madrid a ocupar un modestísimo puesto de gacetillero en el diario *El Centro*, gracias a las relaciones de la familia Heres, no a su prestigio como redactor jefe de *Vetusta*, y, esto ya lo sabe el resignado lector, casarse al cabo de unos años.

Mucho le sorprendió y le hizo sufrir al guionista Enrique Lafuente que su mujer, Regina, la de la voz de pajarito herido, para el amor Dulcinea, le abandonase a los pocos meses de dar a luz a su hijo, el pequeño Quique.

Él se había creído aquello tan divulgado de que para la mujer lo más importante en la vida son los hijos, más que el amor, el sexo, el marido, la familia, la política, el trabajo, y que los hijos sólo eran de las madres y demás afirmaciones por el estilo, y le causó una desagradable sorpresa y un profundo dolor, difíciles de superar por un hombre sensible y poco firme en sus ideas como él, que Regina se marchase a correr mundo con un compañero de trabajo, aunque de la especialidad electrodomésticos, mochila llena de libros a la espalda, en vista de que él, tras la desastrosa peripecia de Pumicas Films, de la que sólo consiguió llevar a casa dos mil pesetas, no pareció levantar cabeza ni mucho menos presentar el panorama de un brillante porvenir. Todas las reglas tienen su excepción y por lo visto Regina-Dulcinea era una excepción a la regla del amor materno. Es cierto que, en cuanto pasaba por Madrid, iba a visitar a Quique, simulaba no ver a la amante de turno de Enrique y se deshacía en llantos y en abrazos. Pero a los dos o tres días se volvía a recorrer España difundiendo la cultura universal y compartiendo aventuras, desventuras y porcentajes con el otro vendedor.

Parece una crueldad decir que por suerte, coincidiendo con esta desventura familiar, su padre, paralítico en Gijón, como se ha dicho, falleciese repentinamente y su madre, Basilia, traspasase el chigre y vendiese las tierrinas, colocase el producto a un modesto interés y se trasladase a Madrid a vivir con su hijo y a cuidarlos a él y al nietecito. Parece una crueldad decir que esto ocurrió por suerte, pero así fue; por suerte para Enrique.

V

¿Qué es el amor para el guionista Enrique Lafuente?

La Real Academia de la Lengua Española, siempre tan cautelosa, como debe ser, en aras de esa cautela admite a veces algunas palabras, neologismos, extranjerismos, tecnicismos profesionales cuando están casi pasados de moda. Algo así ha ocurrido con la palabra «interviú», que aunque últimamente la haya admitido la Academia, cuando ya estaba en desuso entre los profesionales, sustituida por «entrevista», nunca ha tenido buena acogida entre la gente de la calle, y con bastante razón, pues su sonido es excesivamente extranjero. Lo de «entrevista» tampoco parece del todo aceptable, pues su significado habitual y más preciso sigue siendo, como registra el *Moliner,* el de «reunión de dos o más personas para tratar algún asunto...».

... y no el de «acción y efecto de entrevistar o entrevistarse», siendo «entrevistar»: «Mantener una conversación con una o varias personas, acerca de ciertos extremos para infor-

mar al público de sus respuestas», según ha aceptado la Academia, pues esto que yo hago ahora con ese locutor de la tele no es conversar sino someterme a un interrogatorio. En la prensa escrita y en la tele y en la radio hay interrogadores amables y otros duros, amenazantes, y lo mismo ocurre en las comisarías, en los juzgados, los confesionarios o los tribunales de exámenes. A mí, si voy a ser sincero, y no tengo por qué dejar de serlo ahora que «converso con el hombre que siempre va conmigo», me gusta que me hagan interrogatorios, no porque halaguen mi vanidad, porque a veces las preguntas son impertinentes o bajo la solapa de preguntas ocultan críticas adversas, sino porque sé que a mi madre le enorgullece que se hable de mí en los periódicos y mucho más poder verme en la tele, como me verá esta noche con motivo de la inauguración del Festival de Cine de San Sebastián. Pero a lo que voy es a que esto no es un diálogo, ni una interviú, ni una conversación, ni una entrevista: es un interrogatorio. Pero no debo distraerme pensando en estas menudencias, porque acabaré contestando más tonterías de las habituales.

—No es la primera vez que escribo un guión para el director y productor Domingo Núñez, y espero que no sea la última. Nos entendemos muy bien.

—Sí, que yo recuerde —dijo el locutor, que estaba junto al que manipulaba la cámara de vídeo, consultando unas notas—, *Aguacero,* la novela social-realista, así la definió la crítica, con la que ganaste hace unos años el premio Nadal, fue producida y dirigida por Núñez. Y también *La sombra del desprecio,* una imitación de los melodramas decimonónicos. ¿Alguna más?

La interviú, entrevista o interrogatorio tenía lugar en una calle de San Sebastián cercana al mar y ante un gran cartel que anunciaba:

PRÓXIMO RODAJE
SILVIA FLORA Y CARLO MANZI
EN

¡STOP!

UN FILM DE DOMINGO NÚÑEZ
CON LUISA CORAL Y TOMÁS PONTE

¡EL FILM DEL AÑO QUE VIENE!

En el cartel, que en realidad era un gran primer plano de Silvia Flora, la actriz aparecía en la plenitud de su hermosura, deslumbrante.

—La primera fue *Trasplante de sueños* —dijo Lafuente en respuesta a la última pregunta de su interrogador—, un fracaso, debo reconocerlo, y seguramente buena parte de culpa era mía. Y sin embargo Leda Films, la productora de Domingo, me compró otro guión, cuya idea partió de mí, no fue un encargo, *La noche secreta*. Hay que reconocer que Domingo es un valiente.

—Ahora, años después de su estreno, ¿tú qué crees? ¿Que con esa acertasteis?

—Hombre, ya sabes lo que es nuestro cine... Pero, en fin, yo creo que sí. Fue un éxito de público, en unos años en que gustaban muy poco las películas españolas, y la crítica, sobre todo la de los diarios, que es la que influye más en la taquilla, no le puso muchos reparos. A mí, como guionista, no me trataron demasiado mal, aunque ya se sabe que yo no soy Riskin ni Ben Hecht ni puedo compararme con Rafael Azcona. Yo quedé satisfecho, en particular porque el productor y director Domingo Núñez a los pocos días del estreno me encargó que escribiese otro guión para Leda Films. Esta película que empezará a rodarse dentro de dos o tres semanas, *¡Stop!*, es la catorce que he escrito para esta productora.

—En *La noche secreta* había varios temas entrelazados, pero el predominante era el amor.

—Sí, es cierto, aunque quizás tratado de una forma excesivamente ligera, superficial que a mí mismo nunca me convenció del todo.

—Puede que sea una pregunta poco adecuada para hacerla así, a bocajarro, pero ¿qué es el amor para el guionista Enrique Lafuente?

—¿El amor? ¿Nada menos que el amor? Pues... *Sí, a ti te voy a decir yo ahora, aquí, en medio de la calle, de repente, lo que es para mí el amor, si no lo sé ni yo mismo. Ni posiblemente lo sabían los que se han atrevido a escribir libros sobre ello. Además, esa pregunta es para una folclórica o para niñas de bachillerato, no para un intelectual, que es que bueno está lo bueno, en este país ni con la dictadura corporativista se respetan las distancias.* Pues... te diré... también así, a bocajarro, como tú dices, que sentar afirmaciones rotundas es muy arriesgao. Hace poco he leído que un pensador español había dicho, con grandes posibilidades de error, algo así como que «el amor es la amistad más los placeres del tacto». Yo, personalmente, y sin ánimo de controversia, estimo que ese pensador no ha debido de conocer nunca el amor o ignora lo que es la amistá, pues no tiene nada que ver lo uno con lo otro, y en cuanto a confundir el amor con los placeres del tacto es confundir a los seres humanos con los más rudimentarios animales irracionales. El amor es... ¡todo! *Este final me ha salido un poco folclórico, pero no se me ha ocurrido otra cosa.*

—Si no es indiscreción, y si te parece indiscreción, no contestes la pregunta, ¿interviene mucho Domingo Núñez en los guiones?

—Hombre, yo creo que sí es indiscreción, pero no tengo inconveniente en contestarte: interviene algo, puesto que es el director y productor, pero me deja una gran libertad —y sonrió para decir lo siguiente—: Al fin y al cabo, da igual, porque al estrenarse la película, como es el director, todo el mérito se lo van a atribuir a él. Es la costumbre.

Domingo Núñez, que cerca de allí, en la misma calle, presenciaba el interrogatorio, al que él ya se había sometido, soltó una sonora carcajada.

—En compensación, también le achacarán todos los defectos.

—¿*¡Stop!* es un filme de amor, en la misma línea de *La noche secreta?*

—Sí, puede decirse que sí: es una película de amor y de pasión.

—Te he hecho la pregunta anterior porque por el título no lo parece.

—El título es un poco desconcertante, estoy de acuerdo. Pero es llamativo, a la distribuidora le pareció cartelero, y se refiere a uno de los tres sectores de que se compone la estructura narrativa, y que se interrelacionan: el sector acción, el sector amor y el sector pasión, entendida la pasión, según la considera parte de la psiquiatría actual, como una exaltación aberrante y enfermiza del amor.

—¿Te parece Silvia Flora, hasta ahora especializada en películas de corte vodevilesco, la actriz adecuada para expresar todo eso?

—Espero conocerla personalmente aquí, durante el festival. Hasta ahora la conozco sólo por las películas y me parece no ya una actriz espléndida, sino una mujer con un atractivo fascinante, capaz de despertar el amor y con el peligro de arrastrar a la pasión.

El director del programa de tele había estado pendiente de su reloj y dijo al oído del locutor:

—Stop.

El locutor y los técnicos interrumpieron la grabación y empezaron a recoger sus cacharros y a despedirse de los cinematografistas, mientras el grupito de curiosos que se había formado iba dispersándose.

Enrique Lafuente se había quedado quieto, rígido, inexpresivo, en el lugar que había ocupado frente a la cámara de vídeo.

Pero ¿cómo se me ocurrió decir eso? ¿Cómo puedo ser tan gilipollas? ¿Es que nunca voy a corregirme? Si parecía... parecía... ¡No, no parecía: era! ¡Era un augurio funesto, una maldición gitana que yo acababa de echarme a mí mismo!

Dio media vuelta y quedó enfrentado al cartel en que resplandecía la belleza de Silvia Flora. Domingo Núñez se le acercó, le echó una mano por el hombro y le apartó de allí.

Durante el almuerzo en el comedor del hotel María Cristina, muy dificultosamente consiguió Enrique apartar dos o tres veces la mirada del rostro, los hombros, el busto de Silvia Flora, que estaba en su misma mesa, con Carlo Manzi, Luisa y Núñez, para llevarla a los manjares inútiles que habían perdido la forma, el olor, el sabor, las proteínas y las vitaminas y se obstinaban en no atravesar el estrecho túnel de la garganta. En otras mesas estaban Brigitte Bardot, Catherine Deneuve, Sofía Loren, Sonia Bruno... Enrique se enteró al día siguiente, por los periódicos.

El miedo... el miedo... un miedo tremendo que no es injustificado ni producto del histerismo o de un complejo de infancia sino que está producido por la experiencia, por múltiples experiencias, empieza, como ya me ha ocurrido en otras ocasiones, a subirme desde las tripas al estómago, al pecho, a la garganta... Y lo malo es que aquí, entre tanta gente, no puedo expulsarlo con un grito, como cuando era niño, y quizás de la garganta me suba al cerebro.

—Y lo mejor del guión, lo más conseguido —era Núñez quien hablaba— es que todos y cada uno de los personajes tienen un temperamento muy definido.

Naturalmente, Enrique, el autor del guión, no escuchó el elogio.

—Tiene usted razón, Núñez —dijo el italiano.

—Casi siempre la tengo —y soltó una de sus características carcajadas.

—Mi personaje es interesantísimo —prosiguió Carlo Manzi—, ideal para un actor.

—Yo creo que sí —corroboró Silvia Flora.

—Y yo, y yo —se sumó Luisa Coral.

—Pero ¿no les parece a ustedes —preguntó sonriente, afable, el italiano— demasiado retraído, algo opaco, poco brillante?

La pregunta escandalizó a Núñez.

—Pero ¡qué dice usté, Manzi! ¿Cómo Leda Films iba a producir una película con un protagonista poco brillante? ¡Imposible para Leda Films! Precisamente una de las razones de que Leda Films haga esta película es este gran personaje creao por Enrique Lafuente, que es una síntesis del amor, del placer y de la pasión. Y que estará desgarrao nada menos que entre el atractivo de Luisa Coral y la belleza irresistible de Silvia Flora, lo que...

Sin respeto a la jerarquía intervinieron a un tiempo Silvia y Luisa para dar la razón a Núñez y también Carlo Manzi para justificarse. Hablaron todos a un tiempo y en la exaltación de la controversia el encendido rostro de Silvia se mostraba bellísimo.

Casi todos mis amigos se sienten atraídos por la belleza de las mujeres. No sólo atraídos sino estimulados. Yo también siento esa atracción y ese estímulo, que muchas veces me ha servido incluso para mi trabajo. Pero lo que no siento, desde que la infancia me abandonó, es que eso lleve consigo una promesa de placeres, de felicidad, de alegría... No, yo no siento sino exactamente todo lo contrario...

Por la noche, en la gran ceremonia de la inauguración del festival, los espatadanzaris los recibieron, como al resto de los invitados, con una danza ritual, homenaje de bienvenida. Ellos se detuvieron al pie de la escalinata para presenciar la danza, y la hermosura de Silvia Flora, aumentada por el atrevido atuendo, se llevaba todas las miradas, no sólo la del predestinado guionista de cine, radio y televisión. Subieron la escalinata y Enrique corrió para adelantarse y desde arriba ver cómo se acercaba con solemne y cimbreante paso Silvia Flora, cómo se acercaba como si se acercase a él. En el grupo de *¡Stop!* iba también discretamente, pero tan discretamente que no se le veía, a pesar de ser hombre distinguido, de buena presencia, el marido de Silvia Flora, riquísimo especulador, alférez provisional que fue.

Siento como un vértigo que me da espanto, un vértigo que me llama con una voz irresistible hacia un abismo en el que sé, desde que empiezo a escucharla, que no voy a encontrar, como otras tantas veces, sino desengaño, sufrimiento, lágrimas.

El teatro Victoria Eugenia estaba totalmente lleno, a rebosar, el acontecimiento era de los más importantes que vivía a lo largo del año la ciudad. El todo San Sebastián y el todo cine español y una nutrida representación del extranjero ocupaban el patio de butacas, los palcos, las localidades altas (en el último piso se agolpaba la gente común y algunos cinéfilos poco relacionados con los organizadores del certamen). Aquel año concurrían, entre otras películas que al cabo del tiempo siguen siendo famosas, *Del rosa al amarillo, Días de vino y rosas, Ocho y medio.* Y allí estaban algunos de sus actores, actrices, directores, productores...

Y a pesar de la absoluta seguridad que tengo en mi irremediable fracaso, no puedo liberarme de la atracción de esa voz, aunque mentalmente repase una y otra vez los guiones de mis anteriores desengaños. Mi pobre madre conoce bien toda su estructura, la presentación, el nudo, el desarrollo, el clímax y el anticlímax, el funesto desenlace, porque desde que se marchó Regina es mi paño de lágrimas, quien presta oídos a mis ridículas endechas y asume la imposible y sacrificada labor de consolarme.

Dormía con plácida apariencia Enrique en su habitación del hotel María Cristina, aunque sus sueños estudiados por un psicoanalista quizás no resultaran tan plácidos, cuando sonó, impertinente y alarmante a pesar de su sordina, el teléfono. Se despertó Enrique, encendió la luz de la mesilla y descolgó.

—Ah, ¿eres tú? Pero ¿cómo llamas a estas horas?... No, después de la proyección hemos tomao una copa en un bar que hay al lao del Victoria Eugenia y nada más... Llevo casi dos horas durmiendo, sí... Pero ¡qué dices! No, no estoy con Silvia Flora... ¡Que no!... Al bar no ha ido, estaba cansada... Pero si ha venido con su marido... Catalán creo, sí, un señor muy agradable. Hombre de negocios, dicen... ¡Que no, de verdá que no!... Claro, ya me imagino que estará durmiendo; dale mañana un beso de mi parte. Y otro para ti. Buenas noches, mamá.

Sin querer confesarse a sí mismo que le había resultado molesta la llamada de su madre, colgó el microrreceptor, apagó la luz de la mesilla y cerró los ojos. *Silvia Flora, Silvia Flora.*

El conductor Diego y Cazorla, su acompañante, no han llegado a un acuerdo, quizás no se lo han propuesto, y prosigue la encrespada discusión.

—¿En dónde ha oído usté eso? ¿En la...? ¡Ja, ja, ja! ¿En la televisión? ¿En un concurso? ¡Ja, ja, ja! ¡Enamorada! ¡¿No te jode?!

El joven conductor no puede contener las carcajadas, mientras el acompañante le mira, perplejo.

—¡Oye, niño, bueno está lo bueno! ¡A ver si te moderas, y procura tener más cuidao con el cachondeo! ¡Hay que tener modales aunque sea entre compañeros! ¡Que yo podría ser tu padre, coño! ¡Un respeto!

El conductor se disculpa, aún entre risas.

—Perdone, Cazorla, pero es que no he podido contenerme. Pues claro que podía ser mi padre, ¿quién dice que no? Por eso no puedo aguantarme y me muero de la risa.

—Pues a ver si te explicas, Diego, porque lo que es yo no le veo a esto puñetera gracia. ¿Puede saberse en dónde cojones está el chiste?

El acompañante, Cazorla, está irritadísimo, como si le hubieran mentado a la madre. A pesar de su aspecto feroche, de tipo de cuidado, es un hombre ingenuo, sencillo y no está dispuesto a tolerar que aquel niñato destruya sus principios, lo que aprendió desde la cuna.

—Bueno, bueno, no se altere.

—¡No quiero decir que esté encoñada! ¡No señor, no señor! ¡A ver si te enteras de una jodía vez! ¡Que yo siempre se lo que me digo!

—Que sí, hombre, que sí.

—¡Y ahora quiero decir eso, nada más y nada menos que eso: enamorada!

—¡Y dale!

—Tenías que haberla visto, llorando en mi brazo, cuando yo le hice proposiciones y ella, aunque yo no le caía mal, tenía que decirme que no, porque estaba enamorada de aquel hijoputa que no le hacía ni caso.

—Todo eso tal como usté lo cuenta está muy bien, Cazorla, pero yo lo que le digo es que a estas alturas, a mediaos del siglo veinte...

Aunque algo se había calmado el acompañante al recordar la escena de la mujer apoyada en su brazo, llorando por un mal hombre, el sonido de la voz del joven conductor, tan sabio como todos los de su edad, vuelve a crisparle.

—¡Hay que haber vivido para dar lecciones a las personas mayores! ¡Hay que haber vivido y no sólo charlao en una cafetería! ¡Cuando te retiren el biberón y la vida te dé unos cuantos trastazos, te enterarás de que una cosa es el amor y otra cosa muy muy distinta el coño de las mujeres o el culo de las locas, que para el caso es lo mismo!

Cazorla ha enrojecido, en la frente le brillan gotas de sudor, espurrea salivilla. Diego se alarma.

—Oiga, Cazorla, tenga cuidao, que no es para tanto. No le vaya a dar a usté algo aquí, en el camión, que nos la jugamos por una chorrada.

—No, no me va a dar nada, gilipollas, no te asustes.

El acompañante da una larga chupada al pitillo. Expulsa el humo y se arrellana para relajarse dentro de lo posible. Ya algo repuesto, ataca de nuevo.

—Ya lo irás viendo, ya, que a lo mejor a ti, que te las das de sabio, te queda mucho por aprender de eso del amor.

Ya algo restablecida la calma, el conductor se atreve a comentar, sarcástico:

—¡Huy, huy, huy, qué daño está haciendo la tele! ¡Pero qué daño más grande!

Y vuelve a prorrumpir en carcajadas.

En la *suite* de Domingo Núñez en el hotel María Cristina había una pequeña reunión, guionista y protagonistas de *¡Stop!* aguardaban a su director. Silvia Flora y Enrique Lafuente cambiaban monosílabos. El aterrado guionista no estaba en condiciones de dar mayores muestras de talento. El galán italiano, hasta este momento no había dado pruebas de que para él ni Silvia Flora, ni la que había de ser su pareja en el trabajo, Luisa Coral, despertasen más interés que el puramente profesional. Ahora, en lo que aguardaban a Núñez, bebía un sorbo de su copa y miraba de reojo a Luisa Coral. Carraspeó como para llamar la atención de la joven actriz y la miró claramente.

—Ya sabe usted, señorita, el desconocimiento que hay entre los países europeos de nuestras respectivas cinematografías.

—Sí, es verdad.

—Estamos muy cerca, pero no sabemos nada los unos de los otros.

Luisa estaba de acuerdo cuántas veces había hablado de lo mismo con algunos compañeros, y sonrió.

—Tienes razón, Carlo. En España sabemos todo de los actores de Hollywood, y nada de portugueses, franceses, italianos, que están aquí al lao.

A Carlo se le iluminó la sonrisa para decir:

—A mí me han dicho de usted, Luisa, que es una actriz famosísima en España, con multitud de admiradores. Y al verla en persona, lo comprendo perfectamente.

La mirada de Carlo recorrió la cara y el cuerpo de Luisa, los acarició. A Luisa, el galán, visto de cerca, le parecía más atrayente que en las fotos o en su recuerdo de Viña del Mar. Interrumpió el diálogo el director y productor Domingo Núñez, que enfundado en su esmoquin, salió del dormitorio.

—Bien, ya saben ustedes que soy partidario de hacer unas lecturas conjuntas del guión, como se hace en América, antes de iniciar el rodaje, pero eso lo dejaremos para Madrid, pues aquí faltan algunos de los actores principales. Ahora, por favor, vamos a bajar al cóctel de los franceses, que si no, lo toman a mal.

El salón estaba repleto. A los camareros les resultaba difícil pasar con sus bandejas. A Luisa Coral y a Carlo

Manzi tampoco les resultaba fácil mantener una conversación íntima, el diálogo iniciado en la *suite* de Domingo Núñez.

—Me parece imposible, Luisa, lo que usted me dice: que coincidimos en el Festival de Viña del Mar y yo no reparé en usted.

—Pues así fue —afirmó Luisa, sonriente.

—¿Y cómo pude estar tan corto de vista?

—Había demasiaos sitios adonde mirar.

—Debo decirle, Julia...

Sin proponérselo, y a causa de la aglomeración, un camarero los empujó al presentarles una bandeja.

—Perdón. ¿Unas croquetas?

—Gracias, no.

—Son de cigalas.

—No, no, de verdad.

El camarero se alejó.

—Aquí no hay manera de hablar. ¿No hay en el mismo hotel otro sitio donde...?

—Podemos salir a la terraza —propuso Luisa—. Hay unas mesitas.

Y hacia allí fueron. En otro grupo, formado por Domingo Núñez, Enrique Lafuente, Silvia Flora y su marido, opinaba la bellísima estrella:

—El guion es de los mejores que tú has hecho, Lafuente. Si no el mejor. La parte central es espléndida, llena de fuerza, de pasión.

—Opino lo mismo —dijo Núñez.

—A él, al hombre —prosiguió Silvia—, el amor se le transforma en pasión, mientras que ella se ha quedado en el amor. Hay frases que parecen escritas desde dentro del alma de una mujer.

Pero se diría que Enrique Lafuente no escuchaba, que no le importaban aquellos elogios. No tenía oídos para nada; era sólo ojos, ojos para contemplar la hermosura de Silvia Flora.

—Lo que quería decirle, Julia —explicaba en una mesita de la terraza Carlo Manzi— es que me parece imposible que la viera en aquel festival...

—Carlo —le interrumpió Luisa—, yo no me llamo Julia, me llamo...

Sonriente, Carlo también la interrumpió a ella.

—Ya, ya lo sé. Usted es Luisa Coral, así se llama, pero la actriz Luisa Coral. Julia es el personaje de la película. ¿Me permitirá que durante estas semanas de trabajo que nos esperan la llame Julia? Tengo esa costumbre. Así usted ya no es la actriz Luisa Coral: es Julia, mi amante, no sólo en el plató sino aquí, en esta terraza.

Luisa lo pensó sólo unos instantes, le divertía la idea y, también sonriente, aceptó.

—Ah, me parece muy bien, Carlo. ¿Qué me estabas diciendo, Gerardo?

—Que es posible, Julia, que no te viera en Viña del Mar. Hay tanta gente en estos festivales... Pero es imposible que si te hubiese visto no te recordara.

Enrique dormía, esta vez no plácido sino inquieto, cuando le sobresaltó aún más el sonido del teléfono.

—Diga... Ah, ¿eres tú?... ¿A esta hora?

Echó una mirada al reloj.

—Es verdá, aún no son las cuatro... ¿Acabas de leerlo otra vez? ¿Y no te has dormido? ¿Cuatro o cinco veces ya?... Gracias, muchas gracias... Sí, esa secuencia es buena, a mí también me gusta... Pero, ahora... Sí, claro, tienes la lectura reciente... Lo comprendo, yo tampoco tengo buena memoria... Bueno, pues... Ahora bajo... ¿Es el tres...? Tres, diecisiete, sí, gracias. Dentro de cinco minutos estoy ahí.

Se quedó un momento quieto, sin volver a tumbarse,

sin mirar a ningún lado, intentando serenarse, reponerse. De repente, de un salto, se precipitó en el cuarto de baño. Se quitó el pijama, lo lanzó al aire, se lavó los dientes, se puso desodorante, se dio una pasada con la eléctrica, empezó a vestirse de esmoquin y a la mitad se dio cuenta de que era un disparate, parecería que estaba en la cama vestido así, se lo quitó, sacó del armario unos pantalones, una camiseta, una cazadora, se lo puso, se peinó, se perfumó.

Llamó con unos discretos golpecitos a la puerta de la *suite* tres diecisiete, que se abrió inmediatamente. Apareció Víctor, el marido de Silvia, con pijama y bata. Enrique ocultó perfectamente su desagradable sorpresa y Víctor se mostró amable y educado.

—Buenas noches, Lafuente. Pase, pase usté.

—Muchas gracias. Buenas noches.

Fueron los dos hacia el saloncito.

Silvia está esperándole.

—Me he dao prisa, pero...

—Sí, estas no son horas. Pero ya sabe usté, las mujeres...

Llegaron al saloncito al mismo tiempo que, del dormitorio, surgía la resplandeciente hermosura de Silvia Flora entrevelada por un vaporoso salto de cama.

—Gracias por haber venido, Enrique. Comprendo que esta es una hora intempestiva.

—No te preocupes, Silvia.

—Usté me disculpará, Lafuente —dijo Víctor—, pero no estoy acostumbrado a trasnochar. Los dejo. Hasta mañana.

—Buenas noches.

—Hasta pronto, amor. Son cinco minutos.

Víctor desapareció y Silvia, con un ademán, indicó a Enrique que se sentara en el sofá.

—Intentaré no tardar mucho más, pero después de esta nueva lectura del guión no he podido contenerme.

Estoy conmovida, Enrique. No tenía más remedio que llamarte.

—Muchas gracias.

—Yo te las doy a ti.

Sin preguntar, fue hacia el minibar y llevó a la mesa, mientras hablaba, todo lo necesario para servir dos whiskys.

—¿Cómo puedes hacerlo, Enrique?

—¿Hacer el qué?

—Sentir como una mujer.

—Ah.

—Has conocido a muchas, me lo imagino. Un hombre como tú tiene que haber conocido a muchas.

Mona, Covadonga, Guillermina, ah, me he saltado a la cruel Mariana, llamada Mar, Regina, Purita, Adelaida, María, la cuarta, la quinta, alguna que otra suelta, y Águeda; tengo que añadir a mi madre, que también la conozco y la he tratado mucho. En resumidas cuentas, pocas, muy pocas.

Silvia hablaba en voz baja, seguramente para no turbar el sueño de su marido. Se acercaba al sofá en que estaba Enrique.

La perfección externa es la belleza física, algo que despierta el asombro. ¿Esto que se acerca a mí es la belleza, la perfección? No debo dudarlo, no puedo dudarlo, no lo dudo. Estos pasos que da hacia mí, hacia este sofá, convierten en eterno este instante; eterno porque desde ahora mismo sé que será inolvidable, el lento vaivén de las caderas, la proporción de éstas con la cintura, el festín enloquecedor, que se transparenta a través de los finísimos, casi inexistentes tejidos; la concordancia perfecta entre la hora, la luz de la lámpara baja y la que despide el cuerpo que se acerca. Y la sombra que vela la luz de su mirada. ¿De dónde nace esta belleza? ¿Por qué unas veces se forma y otras no? ¿Por qué diferencio tanto esta belleza de la fealdad? ¿Y qué relación tiene esta belleza con el fluir de mi sangre? ¡¿No puedo de una vez apartar el pensamiento y dejar todo mi espacio mental al sentimiento?! ¡¿No puedo convertir todo mi cuerpo en manos y borrar hasta la última huella de la memoria?! Ahora comienza el mundo. Ven hacia mí, belleza. Sí, curva así la cadera para sentarte, deja que el agudo vértice del ilion se marque en el tul violeta. ¿Vas a sentarte frente a mí o a mi lado? Sí, lo haces, lo estás haciendo ya, lenta como una pluma, aquí, a mi lado, en el sofá. ¿Por qué la belleza humana, la belleza viva despierta en nosotros el deseo de tocarla? Al fin consigo escuchar algo de lo que Silvia Flora dice.

—Pero de todas maneras... Hay escenas en las que me siento totalmente identificada con Laura. Como si las hubiera pensao yo, como si lo que vive Laura lo estuviera viviendo yo.

Ya estaba sentada en el sofá, junto a Enrique.

—Laura no puede soportar a su marido —aclaró el guionista.

—Bueno, no quiero decir que lo estuviera viviendo de una manera exacta, total. Por ejemplo, yo a mi marido sí le soporto.

Se detuvo un instante, para meditar superficialmente.

—Sí, eso es: le soporto —dijo como fruto de su meditación—. Enrique, como mañana, en Madrid, tendremos la primera lectura del guión, hay algo que quisiera aclarar por si lo he entendido mal.

—¿El qué?

—¿Laura es una mujer apasionada?

—Yo no diría que es apasionada, pero sí que llega a apasionarse.

—¡Eso es, eso es!

—En mi intención, todos los personajes llegan a estar apasionados. Los cuatro personajes principales, quiero decir. Sobre la casa, como una tormenta, se ha desencadenado la pasión.

—¡Ah, lo he entendido bien! Por lo tanto, Laura, desde una escena «está» apasionada.

—Todos, todos. *¡Stop!* es la llamada que hacen al destino, al demiurgo para que cese la tormenta.

—Hay una escena, la del jardín, en la que Laura debe estar «muy» apasionada.

Tomó una mano de Enrique y la estrechó, la acarició con suavidad.

—Exacto.

—Enrique, yo no soy de esas actrices que van pidiendo al director que les haga primeros planos y al operador que les ponga bonita luz y al guionista que les alargue los párrafos. Yo no necesito eso.

—Desde luego que no.

—Yo me lo saco todo de dentro, del corazón, de los ovarios.

Enrique sonrió, asintiendo.

—Pero en esa escena —prosiguió Silvia— tú debes hacer que Laura esté un poco más apasionada.

—Puedes conseguirlo con la interpretación.

—¿No me ayudaría una palabrita aquí, otra allí?

—No sé...

—Bueno, tienes tiempo para pensarlo. Y en Madrid, aparte de los ensayos, podemos seguir hablando de esta maravilla —se refería al guión, que estaba sobre la mesa—, así, como ahora, a solas...

Cuando de nuevo sonó el teléfono, Enrique estaba en la cama, despiertísimo. Se abalanzó sobre éste y descolgó.

—¡Diga!... Pero ¿eres tú? ¿A estas horas? ¡Son las seis de la mañana...! ¡No, madre! ¡No está aquí Silvia Flora!

El teléfono de casa de Enrique estaba en el pasillo, por eso su madre, aunque todavía era verano, se había echado una bata sobre el camisón.

—Ten cuidao, Enrique, mucho cuidao. Que te conozco; acuérdate de las otras veces, que luego son los lloros.

—Sí, madre, me acuerdo muy bien... Anda, duérmete y déjame dormir a mí, que mañana el vuelo es muy temprano... Sí, un beso para Quique. Y otro para ti.

VI

EN EL QUE LA ALEGRÍA DE UN HOMBRE PRODUCE ESPANTO EN SU MADRE

Ya en Madrid, estaban reunidos en el despacho de Domingo Núñez en Leda Films Luisa Coral, Carlo Manzi, Silvia Flora, el guionista Lafuente, los actores Sebastián López y Tomás Ponte y el ayudante, Cascales. Y Anita, que atendía a unos y a otros mientras se acomodaban. La conversación giraba en torno a si la película vencedora del Festival de San Sebastián sería *Ocho y medio,* de Fellini, o *Días de vino y rosas,* de Blake Edwards (nadie acertaría: fue *Mafioso,* de Latuada). El jefe, Domingo Núñez, guión en mano, interrumpió las inútiles especulaciones.

—Bien, pues como ya les había dicho, yo soy partidario de hacer una lectura conjunta del guión antes de iniciar el rodaje, es una costumbre americana, aceptada en Francia y en otros países, sólo con los actores principales. Ya se conocen todos, ¿no?

Un rumor general y complacido de asentimiento.

—¿Han traído los guiones?

Más asentimiento, con la excepción de Luisa Coral.

—Yo no; yo creí que...

—Es igual, Luisa, es igual.

Hizo una seña a Anita.

—Anita, trae un guión para Luisa. Bueno, al grano, a mí me gusta ir al grano. Esto es sólo una primera toma de contacto, pero si cualquiera de ustedes necesita alguna aclaración, o tomar café o agua, o bebidas alcohólicas, o fumar un porro, no tiene más que decirlo. Empiezo. «Gasolinera. Exterior. Día. Es un día brumoso, como tantos en la meseta castellana, en el horizonte... eee... Bueno, bueno... Dos personas van en el coche, un hombre y una mujer... El vestido de ella puede ser de última moda, quizás lleva un fular al cuello o en la cabeza... eee... bueno, esto... bueno, bueno...»

El guionista Lafuente le lanzó una mirada no muy agradable en lo que el director y productor Núñez recorría con la vista la página.

—Aquí. «Laura...» A ver, lee tú, Silvia.

—«¿Cuánto falta para llegar a Toledo?» —leyó Silvia.

—«Menos de media hora, Laura; no te impacientes» —leyó el actor Ponte.

Durante este tiempo, Enrique Lafuente, salvo la fugaz y no muy agradable mirada que lanzó a Domingo Núñez, no vio más que a Silvia Flora, las promesas de sus ojos, la carnosidad de sus labios, lo erguido de sus pechos, la perfección geométrica de sus rodillas. Luisa Coral no sabía sentir de una manera tan minuciosa y literaria, pero tampoco había dejado de mirar al bello Carlo Manzi, con quien hora y pico después, a la salida de Leda Films y tras despedirse de los otros, caminaba despacio por la calle, indecisos los dos.

—Tengo mucho gusto en invitarla a tomar una copa en cualquier sitio agradable, Julia. Pero, por favor, donde esté segura de que no van a llegar compañeros o admiradores.

—Entonces, vamos hacia el otro lao.

Dieron la vuelta y echaron a andar en dirección contraria.

—Me parece usted muy distinta a las actrices italianas y argentinas que he conocido. Incluso francesas, Brigitte Bardot, por ejemplo.

—¿Te parezco peor?

—No, no digo eso, Julia. Pero me parece usted una señorita española, con todo el encanto de la sencillez.

Luisa le miró en silencio y luego apartó la mirada. Quizás había esperado un elogio de su belleza, o de su atractivo sexual.

—Es aquí —dijo—, a la vuelta de la esquina.

Había pocos clientes en el pub. Alguna pareja. Música discreta. Ambiente selecto y acogedor. Luisa y Carlo llevaban ya un rato de charla intrascendente, pero tal vez el italiano iba ya por el segundo o tercer *campari* y eso le estimulaba.

—Pienso que para ampliar estos ensayos que hemos empezado hoy con la lectura del guión, podíamos vernos a solas.

—¿A solas? ¿Dónde?

—No sé... Podría ser en mi hotel. Este sistema lo he utilizado con otras actrices, y también con actores, y siempre me ha dado buen resultado. Rompe la frialdad de encontrarse por primera vez frente a frente en el plató.

—Yo no estoy muy segura de eso, Carlo.

—Llámeme Gerardo, como en el film.

—Pues háblame de tú —replicó Luisa, sonriendo—, como en el film.

—Ah, muy bien, Julia. Iba a decirte que así preparaban sus interpretaciones los americanos.

—Pero yo no puedo verme contigo a solas en tu hotel, aunque sea para ensayar, que eso nunca sería demostrable.

—¿Por qué?

—Por mi marido.

—Ya, ya sé que estás casada. Me lo dijo mi *manager.*

—Estoy soltera, Gerardo. Pero no vivo sola. Desde hace un año vivo con un chico. Para el caso, como si fuera mi marido.

Echó una mirada a su reloj.

—Ahora ya tendría que irme. Me espera en el Café Gijón. No es que Pascual sea muy celoso, pero yo cuido nuestras relaciones porque está muy enamorao. Ahora, como ya es tarde, puede que haya llamao a Leda Films.

—Pero, si no en mi hotel, ¿no podemos vernos en un sitio más... más íntimo que éste?

—No sé...

—Piénsalo, Julia.

—Bueno, Gerardo. Conozco un sitio... parecido a éste, con reservaos.

A esa hora de la noche, poco antes de la cena, el café estaba bastante concurrido. Público habitual: escritores, pintores, músicos, actores de cine y de teatro —en la barra Paco Rabal, Fernando Rey, Conrado San Martín, Enrique Álvarez Diosdado— y unos cuantos burgueses —los precios del local eran demasiado altos para la clase obrera— que se acercaban a tomar allí el aperitivo para ver de paso a algún «famoso».

Solos, en una mesa, Enrique y Luisa, que bebía a rápidos sorbos su *gin tonic* y fumaba nerviosa mientras Enrique la observaba con cierta sorpresa. Ella hablaba en tono confidencial, no por temor a que pudieran escucharla desde otras mesas (había muchísimo ruido de conversaciones) sino porque, deformación profesional, le parecía el tono más adecuado para la índole íntima y escabrosa de la cuestión que planteaba al que tantas veces había sido su director, o por lo menos consultor espiritual.

—¿Tú crees que debo tirármelo, Enrique? La verdá, ¿eh?, la verdá.

Enrique no ocultó su perplejidad.

—Mujer, planteao así, tan a la pata la llana...

—Al fin y al cabo de eso se trata, no vamos a andarnos con rodeos. Dime, Enrique, con la mano en el corazón, ¿tú qué crees? ¿Debo frenar el deseo que siento por ese hombre? —preguntó precipitadamente, como si le urgiera mucho la respuesta—. ¿Debo frenarlo?

—Eso es cosa tuya, Luisa.

—Es que voy a descarrilar, Enrique, voy a descarrilar. Dime, por favor, aconséjame como otras veces, que tenemos confianza de sobra y tú además tienes buen ojo, según tú, ¿debo frenarme?

No debía de estar el guionista Lafuente para consejos, ni para augurios o prospecciones en el futuro, al menos en el futuro de los demás, porque se limitó a decir que de eso no podía opinar.

—No te me escabullas, Enrique. Siempre nos consultamos estas cosas, ¿no?

—Sí, tienes razón, y más lata te he dao yo a ti que tú a mí.

A Enrique se le fue la mirada hacia el pintor Quintana, que aquel día se había sentado a otra mesa, con los pintores.

—Ese tiene estos problemas resueltos.

—¿Quién?

—Quintana, con su castidá. Dice que se la impuso hace años. No por motivos religiosos, sino por salú mental.

—¿La castidá? —preguntó horrorizada Luisa—. ¡Quita, quita! Habiendo hombres como Carlo Manzi.

—Tú sabrás, Luisa. Pero ¿y Pascual? ¿Vas a terminar con él?

—Es distinto, tú lo sabes. Además esta vez, ante este hombre siento algo que no he sentido ante Pascual. Como si lo mío con Pascual fuera un amor de infancia, de colegio, y yo dejara ahora de ser niña, me hiciera mujer de pronto, fíjate tú, a estas alturas, y sin embargo así lo siento cuando estoy cerca de este hombre, de Gerardo...

—¿Quién es Gerardo?

—Bueno, Carlo. Gerardo es el nombre que tú has puesto a su personaje, ¿no te acuerdas?

—Sí, pero ¿eso qué tiene que ver ahora?

—Que nos llamamos así cuando estamos juntos, Gerardo y Julia. Ayúdame como otras veces, Enrique: ¿qué hago?

—Pero... ¿tú de verdá quieres tirártelo?

—Con toda mi alma, Enrique. Pero ¿debo oponerme a este calentón? Porque de ese tío, en el mejor de los casos, no voy a sacar más que un gustazo.

—¿Y te parece poco?

—¿Poco? ¡Me parece de alucine! Y tal como se porta, veo que él también quiere, y sólo de pensarlo ya me... ya me... Pero ¿me conviene, Enrique, me conviene o debo darme duchas, estudiar a solas mi papel, leer el periódico y pensar en mi Pascual? —se interrumpió, porque acababa de advertir en el rostro de Enrique una sensación de lejanía, de ausencia—. Pero tú, Enrique, en lo que hablo estás pensando en otra cosa.

—¿Yo? ¿En qué? —disimuló Enrique malamente—. Mira, ahí llega Pascual.

Efectivamente, en ese momento había entrado en el café el periodista Pascual Ortuño, lo que puso fin a las confidencias.

—¿En qué estás pensando, Enrique? —le preguntó su madre cuando terminaban de cenar—. Se lo preguntaba porque Enrique tenía en una mano una manzana a medio pelar, en la otra un cuchillo y se había quedado quieto, mirando a las musarañas.

—¿Eh?... ¿Yo?... Pues en esto.

—No me digas que estás pensando en cómo se pela una manzana.

—No, claro.

—¡Estás pensando en Silvia Flora!

—¡Pero, madre!

—¡No se te ocurrirá meterla aquí!

—Pero, madre, ¿cómo voy a meterla aquí, si su marido es multimillonario?

—¡Qué tendrá que ver! Lo digo por tu bien, hijo, Enrique. Acuérdate de la última, que cuando se marchó te tomaste un frasco de píldoras.

—¡Eran para el catarro, madre!

—Sí, para el catarro, para el catarro. Y acuérdate de la primera —Basilia empezaba a contar desde la esposa legítima—, que lo único que conseguiste fue un hijo sin madre.

—Bueno si vais a empezar con esas cosas, me marcho —dijo Quique, que se sintió aludido y además empezaba a estar harto de la estúpida conversación de los mayores.

Enrique intentó mostrarse enérgico.

—¿Que te marchas? ¿Que te levantas de la mesa? ¡Será si yo te lo consiento!

—Si ya me he comido la manzana, papá. ¿Para qué quieres que me quede aquí? ¿Para oíros discutir como siempre a ti y a la abuela?

Y, hombre que unía la acción a la palabra, tal como lo dijo, lo hizo, se marchó.

—¡Pobre hijo, pobre hijo! —exclamó lamentosa la madre—. Qué ejemplo le estás dando.

En el confortable reservado, al que llegaba, suavísima, una música moderna (entonces) y sugestiva, el bello galán italiano consideraba superados los preámbulos a los que había dedicado la media hora anterior y, estrechando a Luisa Coral entre sus brazos, se mostraba ostensiblemente apasionado.

—No puedo, Julia, no puedo apartar tu imagen de mi cabeza, tus ojos, tu boca... Es imposible. Ayer, en cuanto me separé de ti estaba deseando volver a verte. No te busqué porque no sabía adónde llamarte. Te aseguro, Julia, puedes creerme, que muy pocas veces me ha ocurrido sentir una atracción tan repentina y tan intensa por una mujer.

A Luisa, la belleza del rostro del italiano a un palmo de sus ojos la atraía como un abismo.

—¡Carlo!

Se estrecharon más aún, se abrazaron, se besaron larga y profundamente.

Luisa susurró:

—No me lo creo... Me parece imposible... imposible...

—¿El qué?

—Tenerte así.

—¿Por qué, Julia?

—Cuando hace dos años, en Viña del Mar, durante una semana, ni me miraste ni me viste, creí que eras un imposible, Carlo... Un imposible, Gerardo...

Carlo le alzó las faldas, ella llevó sus manos a la bragueta del italiano y comenzaron a masturbarse.

—No puedo más, no puedo más... —murmuró el italiano—. Estoy deseando joderte. Vamos a mi hotel, Julia.

Julia necesitaba no poder dominarse, y respondió:

—Sí, vamos a tu hotel. Vamos adonde tú quieras, Gerardo.

Recompusieron apresuradamente sus ropas, pulsaron el timbre para que acudiera el camarero, salieron del local y entraron en el coche de Carlo Manzi, que abrió, solícito, un portero uniformado. Arrancó el coche y al mismo tiempo llegó otro del que se apearon Silvia Flora y Enrique Lafuente. Enrique entregó las llaves al portero y la pareja fue hacia Trampas Piano bar. Cuando entraron en el reservado, un camarero retiraba los servicios de la anterior pareja. Silvia habló en tono bajo, aunque no le importaba demasiado que el camarero escuchase lo que decía.

—¿Tú has venido aquí más veces?

—No... Bueno, sí... Hace tiempo...

—¿Y a ti te gusta este lugar?

No estaba muy seguro Enrique de lo que era oportuno responder.

—Pues, sí... Pero si a ti no te gusta... A mí me parece discreto, y muy cómodo.

—Yo lo encuentro sórdido.

—Ah.

—Enrique, ¿por qué no vamos a tu casa?

—Es que... Vivo con mi madre y con la criada y con mi hijo...

—Ah.

—Sí, ya ves.

—Pues a mi hotel.

—¿Y... Víctor?

—Víctor está en Barcelona. No vuelve hasta dentro de dos o tres días.

En la conserjería del hotel Palace, Carlo Manzi mantenía una amable discusión con el amable y sonriente conserje.

La señorita —o sea Luisa Coral— no podía subir a la

habitación del señor, a no ser que fuese también huésped del hotel. Pero no, no lo era. Carlo Manzi primero se sorprendió, luego se escandalizó. El conserje, sin prescindir de su sonrisa, amable, cada vez más amable, se justificaba. No era culpa suya, el señor Manzi debía comprenderlo. Carlo Manzi lo comprendía, pero alegaba que ni en Roma ni en París ni en Buenos Aires le habían impedido recibir visitas en su habitación, porque era «su habitación», y tenía derecho a recibir a quien fuera, sin que importara el sexo de la visita. Allí, en su habitación, había recibido al señor Domingo Núñez, y al ayudante Cascales y a Montroy, el pederasta que se encargaba de la ropa, y no le habían puesto ningún inconveniente. También recibía todas las mañanas a la camarera, y podía haberse entregado con ella a los placeres carnales. Era injusta esa discriminación con la señorita Luisa Coral, con la que, simplemente, pretendía repasar el texto de la película que iban a rodar juntos. El conserje estaba de acuerdo con el actor. A él aquello no sólo le parecía injusto, sino desde algún punto de vista ridículo y muy comprometido para él, que discusiones como aquélla se veía obligado a tenerlas todos los días y con personas de muchísimo respeto, porque en el hotel Palace no era precisamente gallofa la que se hospedaba, pero insistía, no dependía de él, eran órdenes superiores. Y tampoco partían de la dirección del hotel sino de la Delegación de Turismo, una cosa eran las casas de citas, los *meublés*, el señor Manzi lo comprendería, y otra un hotel como aquél. El hotel Palace era la imagen de España (la de entonces, el conserje no sabía que se encontraba en entonces, y que las imágenes cambiarían, pero aunque lo hubiera sabido por poseer dotes premonitorias, entonces habría seguido siendo entonces y Carlo y Luisa habrían seguido sin tener donde acostarse). Luisa Coral que, impertérrita —pero en su interior maldiciendo a Franco, era de familia pobre—, escuchaba la amable discusión, dio unos discretos golpes con el codo en uno de los codos de su dificultoso amante para que éste volviera la mirada hacia el ascensor, a donde Silvia Flora y el guionista Lafuente se dirigían sin que nadie les molestase lo más mínimo; al contrario, un botones les abría las puertas. Carlo Manzi comprendió la seña de Luisa y, sin disimular su indignación, olvidando la amabilidad con que se desarrollaba la controversia, se encaró agresivamente con el sonriente conserje.

—¿Y esa mujer por qué puede recibir en su habitación a ese hombre?

—¿Esa señora? ¿La que acaba de subir en el ascensor?

—Sí, ésa. Ese hombre no se hospeda en este hotel, le conozco yo y sé que no se hospeda aquí.

—Por favor, señor Manzi, no establezca comparaciones, no me ponga en un compromiso. Doña Silvia Menéndez se hospeda en el hotel con su marido...

—¡Qué Silvia Menéndez! Esa mujer es Silvia Flora, la artista de cine.

—Sí, los dos tenemos razón, y perdóneme que se lo diga —abrió aún más la sonrisa y se le vio un diente de oro—. La señora que ha subido en el ascensor con ese caballero que usté dice conocer, de nombre artístico Silvia Flora, es doña Silvia Menéndez de Caralt, es la esposa de don Víctor Caralt Espona, con quien se hospeda aquí, y nosotros, el hotel, no tenemos derecho a dudar de la respetabilidad de la señora de Caralt.

—¿Pero sí de la respetabilidad de esta señorita, de Luisa Coral?

—No insistas, Carlo, yo sé lo que son estas cosas. Vivo en este país.

—Señor Manzi, puede usté imaginar lo comprometidas que son para mí estas situaciones. A veces he pensao en renunciar a mi oficio o, por medio de nuestro club internacional Las Llaves de Oro, encontrar un puesto en el Caribe o en cualquier otro sitio en que la moral sea menos estricta que en España. Porque, al fin y al cabo, usté y yo estamos analizando el problema como personas civilizadas y por eso la situación no es tensa, pero no sabe usté cómo se ponen otras personas, por ejemplo, los sacerdotes.

—¡¿Los sacerdotes?! —exclamó Carlo Manzi.

—Perdone que me explaye, pero quiero que comprenda mi situación y que yo no tengo nada contra usté ni contra la señorita. El mes pasao una señora de muy buen ver vino preguntando por un sacerdote huésped del hotel, sabía el número de su habitación y yo la dejé subir. ¡Bueno se me puso después el sacerdote! Que por quién le había tomao, que si creía que él se había hospedao aquí para recibir mujeres en su habitación, que si el hotel Palace era una casa de citas.

Intentó decir algo el italiano, quizás solidarizándose con las desdichas del conserje, pero este no se lo permitió.

—Escuche, escuche. A mí aquello no me impresionó demasiao, porque para mí no era nada nuevo, con los sacerdotes siempre estamos en las mismas. Hace unos días, otro sacerdote en otra habitación y otra mujer, esta vez una jovencita que quiere subir a verle y yo que se lo impido y la jovencita que habla con él por teléfono y el sacerdote que baja hecho una furia y pide hablar con el director y me pone de vuelta y media porque no he dejao que la señorita entre en su cuarto, que si no me he enterao de que es un sacerdote, que si no sé lo que es el voto de castidá, que si yo pensaba que él recibía a aquella señorita en su habitación para copular con ella, que aquella señorita era hija del general Simeón... Escuche, escuche. Por favor, señor Manzi, no ponga las cosas más difíciles. Usté es un artista, no un sacerdote. Yo, por ayudarle y por la admiración que siento, como actriz, hacia la señorita, a mí y a mi señora nos encantó en *La segunda luna de miel,* puedo ofrecerle dos soluciones.

—La primera, que nos casemos, ¿verdá? —dijo Luisa Coral.

—Hablo en serio, señorita.

—Pues, ¿qué soluciones ofrece?

—Una: que la señorita tome habitación aquí, en el hotel. Ésta tendría que ser a partir de mañana, porque hoy está todo lleno. Y dos: que vayan ustedes a otro hotel. Yo puedo darle a usté, señor Manzi, las direcciones de dos o tres que, como es natural, no tienen la categoría ni el prestigio de éste, pero son muy buenos hoteles, en los que no echarían nada de menos y que tienen más tolerancia que el Palace porque no están obligados a ser la imagen de España, ¿comprende?, y la Delegación de Turismo no les molesta tanto como a nosotros.

—¿Y en uno de ésos encontraré habitación?

—Si usté me permite hacer una llamada por teléfono...

—Hágala, y mientras tanto yo haré mis maletas. Estoy deseando marcharme de este hotel.

—No es necesario que haga usté las maletas; se las hará la camarera. Mientras tanto, pueden esperar en el bar, cómodamente.

Sin despedirse del amable conserje, ni agradecer sus servicios —Carlo Manzi recordó su baja extracción, la suya, no la del conserje—, agarró por un brazo a Luisa Coral y la arrastró hacia el bar al tiempo que murmuraba:

—Qué país, qué país.

Le pareció oír al conserje, que decía:

—España es diferente, señor Manzi.

Eran las tantas de la madrugada cuando el amante Enrique Lafuente entró en su casa cantando:

Éramos como dos remos
de una misma embarcación...

En su dormitorio, Basilia, la madre, al oír cantar al hijo se despertó espantada, horrorizada. Se incorporó en la cama.

—¡Hijo! ¡¿Pero vienes cantando?! ¡¿Estás contento?! ¡No, Enrique, no!

Enrique entró en el dormitorio de la madre. No sólo cantaba sino que daba pasos de baile con los que se acercaba a la cama para besar a su madre:

Lo mismo que dos latidos
en un mismo corazón.

Con la misma alegría y el mismo baile, después de dar el beso, salió de la habitación. La madre no pudo contener el llanto. Cogió un pañuelo de la mesilla, se enjugó las lágrimas y se sonó.

—¡Otra vez, hijo —se lamentó, fatalista—, otra vez!

El conductor comenta, sarcástico:

—¡Huy, huy, huy, qué daño está haciendo la tele! ¡Pero qué daño más grande! Deberían prohibirla para mayores.

Vuelve a reír el conductor. Imita a un presentador o presentadora de televisión.

—Díganos, simpático, y muy inteligente, concursante número dos, en su opinión, ¿esiste el amor?

¿Se lo pregunta el conductor a su acompañante? ¿Me lo pregunto yo a mí? Esta es la zona que no le gusta a Núñez... Otras veces he escrito a estas horas, sí, muchas veces, pero hoy me parece que no estoy yo para... ¿Que si existe el amor? No sé, pero ¡Existe Silvia Flora! «Éramos como dos remos / la la, lará, lalaló...» Existen sus ojos, su carne, sus manos. ¡Existe el sexo, la lascivia, existen los placeres del tacto Silvia Flora, Silvia Flora, Silvia Flora, Silvia Flora, Silvia Silvia, Flora Flora. «¡Carne, divina carne de la mujer, arcilla, / que dijo Hugo, am-

brosía más bien, ¡oh maravilla!». Así, con los ojos cerrados, veo el espléndido culo de Silvia, rotundo y luminoso. Si los abro, veo la máquina de escribir y en la máquina de escribir a los dos camioneros y tras los dos camioneros a Domingo Núñez. Pues ya está, no los abro, no los vuelvo a abrir. Los he cerrado y los voy a dejar así, porque así, con los ojos cerrados, estoy viendo mis manos que apañuscan las tetas de Silvia Silvia Flora Flora tan enhiestas, tan suaves, tan duras, tan tiernas. No abro los ojos, para seguir viéndola, para seguir viéndonos, me voy a la cama. Me sé la habitación de memoria. No me desnudo, he tirado la americana no sé dónde sin abrir los ojos. Sólo voy a aflojarme el pantalón, a desabrocharme la bragueta. ¡Vaya una erección, qué lástima! Esta es la cama. Yo estoy tumbado en ella, así, con los ojos cerrados y con Silvia Flora encima de mí... Silvia Flora, Silvia Sil via, Flo ra Flo ra, Sil via flo ra s i l v i a f l o r a s i l v i a f l o r a.*

* Rubén Darío, *Balada en honor de las musas de carne y hueso.*

VII

¡PUTA, PUTA, PUTA!

—Enrique, te digo la verdá, nunca podré recordar lo que hablé anoche en el café con Pascual y con Quintana, el pintor, que estaba con él, porque no escuché nada. Y no quería escucharlo porque lo que deseaba era volver a vivir los instantes, uno por uno, que acababa de vivir con Carlo en la habitación de su nuevo hotel.

El apartamento de Luisa Coral no era lujoso, pero sí confortable, muy moderno (entonces) y decorado con bastante buen gusto. Había una mesa de trabajo para Pascual Ortuño, el periodista, que vivía allí con Luisa. Pero ahora, quien estaba con ella, escuchándola, era Enrique, Luisa, crispada, no dejaba de fumar y beber. Totalmente sincera, le contaba a su amigo la primera experiencia con el actor italiano.

—No perdió tiempo en preparativos. Me recibió con un abrazo poderoso y prolongao, me besó la frente, las mejillas, los ojos, los labios, el cuello. Yo sentí que, sin poderlo evitar, se me cerraban los ojos de placer. Y te digo de verdá que lo lamentaba, porque prefería tener los ojos bien abiertos para ver el pelo rizoso del italiano, sus cejas espesas, sus ojos, esa nariz que es para devorarla... Te lo prometo, Enrique, yo es que me desleía en sus brazos. Al contemplar su belleza, su musculatura, el color tostao de su piel, a lo mejor, de cuarzo pero a mí qué me importa, me mojé, Enrique; me subió como una nube desde el vientre a la garganta y creí que se me iba a cortar la respiración. Pero él vino hacia mí... ¡Ah, bueno, en el café me quedé, por lo visto, como en éstasis! No miraba a ninguno de los que estaban conmigo, que se callaron mirándome, sorprendidos. Pascual me preguntó qué me ocurría. Entonces volví a la realidá y creo que estuve muy natural al esplicar que había estado toda la tarde estudiando el texto de mi papel en la película y no podía evitar aislarme de los demás y repetir mentalmente las frases, memorizando. Se lo creyeron, porque Quintana dijo que esto nuestro era un rollazo, toda la vida estudiando, y Pascual me autorizó a que siguiera memorizando en lo que ellos charlaban sobre que si los periódicos, los lectores, los plásticos... Yo seguí memorizando, ya lo creo, pero no el testo de mi papel. Y perdóname, Enrique, que mi papel es muy bonito, ya me lo sé de memoria. Pero también era bonito lo que acababa de pasarme. ¡Qué maravilla, Enrique, qué maravilla! ¡El amor, el amor!

Pascual había abierto la puerta del apartamento con su llave y fue hacia la sala.

—¿Qué maravilla? ¿Qué amor?

Sin inmutarse lo más mínimo respondió Luisa:

—El amor de Enrique, lo que acaba de contarme con todo lujo de detalles.

Tampoco se inmutó Lafuente, que fue hacia Pascual y le oprimió amistosamente los brazos mientras exclamaba, triunfante, radiante de felicidad:

—¡Al fin, al fin!

—¡No me digas!

—¡Sí, anoche! Con vosotros tengo confianza. Si no, ¿con quién voy a desahogarme?

—A desahogarte y a presumir.

—Déjale que presuma, hombre.

—Desde luego es para presumir, Pascual. ¡Qué pedazo de hembra, qué señora! Sabéis que yo no tengo mucha suerte en los ligues. Pero esta vez me ha tocao la quiniela. Una de las mujeres más guapas que he conocido, tierna, alegre, entregada... Entregada, ¿eh?

—Sí, hombre, sí —aceptó Pascual, sonriendo ante la euforia de su amigo.

—¡Qué maravilla, qué maravilla! —y añadió entre risas—: ¡El amor, el amor!

De repente, recordó algo que debía añadir.

—Ah, y la sorpresa: esta mujer hermosísima, ardiente... Ardiente, ¿sabéis?

—Que sí, que sí.

—Es una intelectual, aunque no dé esa impresión al cambiar unas palabras con ella.

Y pasó a referir cómo Silvia, desnuda, paseaba por el dormitorio leyendo el guión de la película en lo que Enrique reposaba en la cama tras el ejercicio amoroso. Leía Silvia: «... y si es mentira, es una mentira piadosa» y alzaba los ojos del guión para mirar a su autor y elogiarle la belleza del párrafo y su conmovedor final, pero le gustaba más otro párrafo: «Siempre que te miro a los ojos me viene a la memoria aquello que leí cuando empezaba a ser mujer y que me causó una impresión inolvidable: "Yo voy a ti como va / sorbido al mar ese río."» Eso le parecía precioso, sabía que eran octosílabos aconsonantados y creía que expresaban mejor que cualquier carta de amor lo que siente una mujer cuando está apasionada por un hombre. Estaba yo a punto de aclararle que esos octosílabos no eran míos, cuando ella ya decía el nombre del autor, Zorrilla, y elogiaba lo bien elegidos que estaban, lo adecuados para el momento en que los había intercalado. Dejó a un lado el guión y se lanzó sobre Enrique declamando con dulzura: «Yo voy a ti como va / sorbido al mar ese río.»

—Una intelectual, ya os digo —el entusiasmo de Enrique era mayor a cada momento—. Una mujer despampanante, entregada, ardiente y además intelectual. ¿Qué más puede pedir un escritor? ¿Eh? ¡Dime, Luisa! ¡Dime, Pascual! ¿Qué más puede pedir?

—Nada más, hombre —aceptó Pascual, divertido por el entusiasmo de su amigo—, estoy de acuerdo. Sobre todo, si la chica es tan mona como Silvia Flora.

—Serénate un poco, Enrique —le recomendó Luisa—. Tómate un trago más y baja de la nube, aterriza, que se nos hace tarde.

Se les hacía tarde para llegar a la copita que en el plató ofrecía Domingo Núñez —bueno, no Domingo Núñez, sino Leda Films— con motivo de la «primera vuelta de manivela» de la película *¡Stop!*

El último plano que se rodó aquella tarde fue el del rostro de Carlo Manzi ensangrentado por los puñetazos que le daba el actor Ponte —uno de los momentos de violencia añadidos por el director productor para contribuir a remediar la crisis del cine español (la de entonces)—. En el plató se encontraban ya bastantes invitados, periodistas, los demás actores que intervenían en la película, empleados de la empresa y la distribuidora, socios de Núñez... Había preparada una larga mesa con bebidas y canapés.

—¡Stop! —ordenó Núñez—. ¡Muy bien, muy bien! Termina la jornada. Pero no crean que todos los días acabaremos una hora antes. Hoy, como saben, Leda Films invita a una copa. ¡Podemos abalanzarnos sobre las bebidas y los canapés!

Fue hacia la mesa del ambigú. Enrique recibió una bebida de manos de un camarero, al tiempo que parecía escuchar a un joven actor.

—... y los productores y los directores siempre contratan a los mismos, a los mismos, a los mismos... Aunque los personajes sean distintos, y, claro, la gente está harta de ver siempre las mismas caras...

—Sí, claro —corroboró Lafuente.

—Pero, nada. Los productores y los directores no quieren saber nada de caras nuevas.

Enrique le ofreció un platito con croquetas. El actor joven tomó una, se la metió en la boca y se calló. Enrique no había estado escuchando, aunque pudiera parecer que sí, tenía —y seguía teniendo— la mirada y la atención fijas en otro lugar del plató en el que Silvia Flora reía con maravillosas carcajadas apoyada en el brazo de un hombre joven y bien trajeado. Suspendió por un instante las carcajadas para decir algo. Enrique seguía pendiente de todo esto, mientras el actor joven intentaba seguir hablando aun con la boca llena de croqueta.

—Y luego se lamentan de que al público no le gustan las películas españolas.

Lo que Silvia le había dicho al hombre joven que la acompañaba era que trajese una copa de las que llevaba un camarero en su bandeja. El hombre así lo hizo y Silvia se lo agradeció con una sonrisa seductora y volvió a colgarse de su brazo.

El actor joven había conseguido deglutir la croqueta, bebió un corto trago de cerveza y dijo:

—Ya verías tú cómo si hubiera caras nuevas…

Pero su argumentación cayó en el vacío, porque su interlocutor, siguiendo la dirección de su propia mirada, se alejó como hipnotizado, con aire decidido.

Al verle alejarse, el joven se calló.

Abriéndose paso entre los invitados, Enrique llegó junto a Silvia y el hombre joven. Silvia no mudó su actitud.

—Buenas tardes —dijo Enrique.

A lo que el hombre bien trajeado respondió:

—Hola.

—Silvia, tengo que decirte algo de la secuencia dieciocho —y se volvió hacia el otro—. ¿Me permite? Es una cosa privada.

—¿Cómo no? —respondió el joven, educadísimo. Sonriente, dio media vuelta y se marchó hacia otro grupo cercano.

—¿Qué pasa con la secuencia dieciocho? —le preguntó Silvia a Enrique.

—Nada, es una excusa. ¿Qué hacías hablando con ese imbécil?

—Pues eso que tú dices: hablar con ese imbécil. Que además no sé si es imbécil. Le conozco poco.

—Entonces, si le conoces poco, ¿por qué tienes que hablar con él?

Me parece que no he hecho bien al decir esto, al comportarme así, pero no he podido remediarlo. ¿Celos? ¿Así correspondo a la generosidad de esta mujer que se me ha entregado sin apenas conocerme? ¿Son celos? ¿Celos, como otras veces? He visto cómo Silvia estaba también dispuesta a entregarse a ese imbécil, que ni ella ni yo sabemos si es imbécil, y al verlo así, como en una premonición, empiezo a sentirme jodido, además de por pensar que tal vez la pierda y con ella ratos como el de la otra noche, «cuerpo de mujer, blancas colinas, muslos blancos / te pareces al mundo en tu actitud de entrega», porque al pensar en ella o al verla, como en este momento, se me viene a la imagi-*

* Pablo Neruda, *Veinte poemas de amor y una canción desesperada.*

nación la cópula de ella con el otro, desprovista de toda poesía, acto grosero y animal, y no puedo dejar de ver el momento en que penetra, como en un G. P. P. (GRAN PRIMER PLANO), no de sus rostros en éxtasis sino de sus partes pudendas en el instante de la penetración, y lo que era amorosa —o erótica o sexual o táctil— atracción, se me convierte en repugnancia. «Si alguien imagina que otra persona se une a la cosa amada por medio del mismo lazo de amistad, o de otro más estrecho que el lazo por el cual la poseía él solo, sentirá odio hacia la cosa amada y envidia del otro». Sí, ya lo sé, bien que lo sé. Cuando lo leí por primera vez ya había sufrido lo mío. Lo leí; luego, como me pareció tan preciso, tan exacto, tan luminoso, lo apunté y después me lo aprendí de memoria. Bueno ¿y qué? Todavía siento envidia de aquel comisionista que se lió con Regina y se la quedó para siempre, y todavía odio a Regina porque se entregara para siempre a aquel comisionista, aunque el odio, por ser un sentimiento tan grande, algo así como solemne, diría, me resulta más difícil encontrármelo, pero sí, gracias a Spinoza creo que es odio lo que siento por Regina, y por otras, aunque por Regina más porque el ver a diario al chico, a Quique, me lo refresca, o me lo acalora, me lo aviva, como se diga. Pero bueno, ¿de qué me vale saber que odio y envidio y que quizás estoy en este momento dispuesto a empezar a odiar y a envidiar de nuevo? De nada, no me vale de nada, porque, en resumidas cuentas, lo que voy a hacer, además de odiar y envidiar, es sufrir, sufrir, sufrir, sentir dolor, pena, pesar, aflicción, tormento, desconsuelo, angustia, tristeza y demás sinónimos, pero ningún antónimo.*

Al escuchar la pregunta de Enrique, Silvia pareció asombradísima.

—¿Que por qué tengo que hablar con él? Pero, Enrique, esto es un cóctel. Hemos venido a charlar unos con otros.

---

* Spinoza, *Ética*.

—¿Así, cogidos del brazo, como estabas tú, y delante de todo el mundo?

—Yo soy muy afectuosa, Enrique, ¿no lo has notao?

—No te cachondees, Silvia.

—No es cachondeo. Yo soy muy afectuosa, es mi natural. Con unas personas más que con otras, eso sí. Ese imbécil, como tú dices, es un periodista importantísimo y me estraña que no le conozcas. Dirige el programa «Allá películas», de la tele.

—¿Eso qué tiene que ver?

—Pues que es natural que le trate con cariño.

Esperaba una respuesta o una nueva pregunta de Enrique, pero éste no dijo nada, se limitó a mirarla.

—¿O qué quieres? ¿Que te coja del brazo sólo a ti, delante de todo el mundo?

—Sí.

—No puede ser, Enrique, por algo que ahora te diré y que entenderás en seguida.

Pasó junto a ellos Fernando Rey. Silvia en cuanto le vio, exclamó:

—¡Fernando! ¡Gracias por haber venido!

Le abrazó y le dio un beso en la boca.

—¡Gracias a ti, Silvia! —respondió sobre la marcha el famoso actor—. Cuando te recuerdo, te recuerdo guapísima, y cuando te veo, lo eres más todavía.

Y se alejó tras una mujer que le apartaba de allí a tirones.

Enrique reprochó a Silvia, sordamente:

—¡Pero, Silvia...!

—¿Qué pasa? Es Fernando Rey.

—Ya, ya lo he visto.

—Trabajamos juntos en *Aquellos veraneos de antes*, de Lazaga.

Enrique estaba a punto de comprender que la discusión, y quizás otras discusiones futuras, era inútil.

—Antes de este... de este arrebato sexual, ibas a decirme algo que, según tú, yo entendería.

—Sí, Enrique, tienes razón. Iba a decirte que todo esto lo hago, tengo que hacerlo, por ti.

En ese momento el asombradísimo fue Enrique.

—¿Por mí?

Silvia adoptó un tono más confidencial.

—Por lo nuestro.

Aumenta la perplejidad de Enrique, pero en aquel momento se acercó a ellos Domingo Núñez, muy campechano.

—Lo siento por ti, Enrique, pero Silvia no es propiedad privada.

La tomó del brazo y se la llevó al grupo en que estaban los distribuidores.

Un público muy parecido al del Café Gijón solía frecuentar el restorán —hasta poco antes «casa de comidas»— La Banderilla, aunque se encontraba en un barrio muy distante, cerca del Puente de Toledo. La carta era limitada, cocina casera, pero precios asequibles y el trato muy agradable porque a la familia hostelera le caía bien la gente bohemia —dentro de un orden (franquista)—, pues el padre del actual dueño se había casado, cuando la República, con una tiple de zarzuela.

Aquella noche había en el establecimiento muchas mesas ocupadas, pero Enrique, Luisa y Pascual estaban en una de un rincón algo discreto, que era su preferida.

Aguardaban el primer plato. Habían venido directamente de la «primera vuelta de manivela» de *¡Stop!* y las bebidas alcohólicas generosamente ofrecidas por Leda Films provocaban en ellos muy distintas reacciones. Pascual y Luisa encontraban gracioso hasta lo que no tenía gracia y en cambio Enrique sentía que algo que acababa de aprender, gracias a la experiencia y al talento natural de Silvia, era tan trascendental que podría incluso modificar todo su comportamiento futuro.

—Y creerme lo que os digo —decía con cierta dificultad de pronunciación, intentando hacer partícipes de lo aprendido a sus amigos—, tiene razón Silvia Flora, que ya os dije que no es tonta, que es mucho más intelectual, y más inteligente, que no es lo mismo, de lo que parece, tiene razón, mucha razón. Me lo ha esplicao hace un rato en el cóctel, entre whisky y whisky, cuando ha conseguido deshacerse del pesao de Núñez y de los parásitos de la distribución. Me lo ha esplicao muy bien y, os digo la verdá, a mí, que estaba a punto de liarme a hostias, me ha convencido.

El periodista Pascual Ortuño, que habitualmente era un hombre discreto, aunque extravertido y, quizás por su oficio, nada tímido, soltó una estruendosa carcajada empapada en cap, whisky, jerez seco y tinto de la casa. Tras la carcajada, o más bien al mismo tiempo que ella, replicó a su amigo.

—Pero ¿qué estás diciendo? ¡Enriquito, eres una auténtica caja de sorpresas! De verdá, con la mano en el corazón, ¿quieres decirnos que la gran Silvia Flora, la entregada, la ardiente, te ha convencido de que debe colgarse del brazo de uno y besar en la boca al otro, así, delante de todo el mundo?

Enrique se refugió en un trago de tinto para afirmar:

—Sí, poco más o menos, eso es.

—¿Y el milmillonario, qué? Su marido Víctor Caralt, de los Caralt, metalurgia, construcción y banca, ¿qué? Y las lenguas de doble filo, ¿qué? ¿O tiene dinero para comprar no sólo a los cotillas sino a toda la prensa del corazón?

Esta objeción de Pascual no pareció hacer mella en la convicción de Enrique.

—Precisamente, precisamente ahí está el quid del asunto, el meollo de la cuestión, la madre del cordero, que se dice, en el marido, metalurgia, construcción y banca como tú dices, en Víctor Caralt. Y en las lenguas de doble filo y la prensa del corazón.

—¿Qué quieres decir, Enrique? —preguntó Pascual, cuyo desconcierto era evidente—. Por favor, aclárate.

—Me aclaro, me aclaro.

—Hazte entender, para que no me sienta más imbécil de lo que piensan mis colegas del *ABC.*

—La gente es muy largona —dijo Enrique—, y en nuestros ambientes, en los dos, en el tuyo y en el nuestro, no digamos.

—Pues eso es lo que yo digo. Creí que se te había escapao ese dato.

—Escucha, escucha con atención y no te impacientes. Si Silvia Flora, de la que todo el mundo está pendiente, sólo se cuelga de mi brazo y sólo me hace arrumacos a mí y sólo me besa en la boca a mí y sólo sale conmigo, en cuanto el marido vuelva de Barcelona se lo cuentan.

Ante tal evidencia, Luisa, que había estado un tanto distraída, tal vez ensimismada en su problema, decidió entrar en la conversación.

—Eso, desde luego —afirmó, muy convencida—; y yo creo que Pascual tiene razón cuando dice que...

—... y se jodió el asunto —prosiguió Enrique sin atender a su amiga Luisa—, porque Silvia Flora pasa a ser una adúltera como otra cualquiera, y aunque el negociante catalán estuviera dispuesto a hacer la vista gorda pensando aquello de «mejor un bombón para dos que una mierda para uno solo», la cosa es demasiao seria para una sociedá tan restrictiva como la nuestra, y más para un marido de la burguesía catalana. Allí, ya se sabe, de tapadillo lo que quieras, pero en los papeles y voceándolo en la plaza, ni hablar. Pero si en vez de esto, de concederme públicamente la exclusiva, quiero decir, Silvia se cuelga de ese periodista y besa en la boca a Fernando Rey y dentro de unos días va al estreno de Buero Vallejo con Tony Leblanc, que ya me lo ha dicho, y un día va a cenar con el bailaor Antonio Gades y otro se la ve en el Victoria Club* con el ministro Girón, lo nuestro se diluye.

—Ah, se diluye —dijo torpemente, por los efectos del alcohol, el periodista, esforzándose en comprender las razones de su amigo.

—No me parece mala idea, oyes —comentó con alegre sorpresa Luisa, que había comprendido rápidamente—. ¡Caray con la Flora!

—No escuches estas filosofías, Luisa —le aconsejó Pascual—, no te esfuerces en aprender novedades, que tú ya sabes demasiao.

Tal como había anunciado, Silvia Flora, bellísima y estrenando modelo de Marbel, ante los disparos de los fotógrafos llegó al estreno de *Aventura en lo gris*, el acontecimiento teatral de la temporada, del brazo de Tony Leblanc.

Y mezclado entre el público, como un curioso más, se empinaba para verlos entrar el guionista de cine, radio y televisión Enrique Lafuente, que también pocos días después, cuando estaba de tertulia con Luisa Coral, Pascual Ortuño, el pintor Quintana *tendrá razón con su filosofía de la castidad como terapéutica mental, pero hay que ver la de festines que se pierde* y esa pareja de hombre y mujer que no es necesario describir, tuvo la suerte —buena o mala— de ver entrar en el local, muy divertidos y felices, cogidos del brazo, a Silvia Flora y al periodista joven y bien vestido en

* F. Fernán-Gómez, *El ascensor de los borrachos*, Espasa Calpe.

cuyo brazo se apoyaba cuando la «primera vuelta de manivela». Desentendiéndose de lo que se hablaba en la tertulia, no pudo evitar seguirlos con la mirada en lo que, saludando a algunos clientes, fueron hacia una mesa vacía.

Silvia no ha mentido. No sólo es intelectual, ardiente, entregada y todo eso; también es leal, sincera. Y hace esto de salir con unos y con otros, precisamente por mí, por nuestro amor, que cada día es más intenso. La táctica de Silvia es muy inteligente, no puede negarse, da muy buenos resultados. Nadie podría irle a su marido con el cuento de que, a juzgar por las apariencias, ella y yo habíamos ligado, éramos amantes, puesto que su trato conmigo era el mismo que con muchísimos otros. Pero mentiría si no dijera que esa táctica tan eficaz, a mí en el fondo empieza a resultarme dolorosa. En el supuesto de que Silvia estuviera dispuesta a romper con su marido, no puedo llevarla a casa por dos razones; no por el chico, que ahora, un niño de diez años, es como un hombre de treinta de mi generación, sino en primer lugar porque mi madre en cuanto me vea entrar con una mujer se muere de pena, no por celos sino por premonición de mis futuras angustias, y en segundo lugar porque las mujeres que llevo en seguida se enamoran de ella y entre las dos me hacen la vida imposible. Así que no he tenido más remedio que alquilar un apartamento para nuestras citas de amor. Luisa me ha ayudado a elegirlo. Ella sabe bien lo que puede gustarle a una mujer. Ya sé que es difícil una amistad así, sin más, entre un hombre y una mujer, pero Luisa Coral y yo tuvimos una suerte enorme al conocernos, no recuerdo en qué circunstancia. Si fuera verdad que el amor es la amistad más los placeres del tacto, podríamos decir que la amistad era el amor menos esos placeres, pero sustituidos por otros más espirituales, más elevados, más puros. El tacto entre Luisa y yo ha quedado siempre en estrecharnos las manos, en besos de saludo en las mejillas. Y en todos estos años nunca he sorprendido en ella una mirada insinuante y estoy seguro de que ella puede decir lo mismo de mí. Ya sé que los límites de la amistad son muy difíciles de precisar y que es un sentimiento o una actitud, una circunstancia, muy compleja, pero estoy con los que piensan que es uno de los premios más gordos que pueden tocarle al hombre en esta lotería. Y más cuando es tan singular, tan excepcional como la que se da entre un hombre y una mujer. Por eso me atreví a pedirle que me ayudara a elegir este apartamento, aun sabiendo que era para verme en él con otra mujer. Aquí estoy pasando noches maravillosas y otras no tanto... Tiene que haber de todo. La de hoy, hasta ahora, me parece dudosa.

El apartamento no era muy amplio, pero sí confortable, moderno (entonces), bien amueblado. Enrique, nerviosísimo, recorría el salón a grandes zancadas, fumaba, bebía, consultaba cada cinco o seis segundos el reloj, apagaba el pitillo, encendía otro, miraba por la ventana, desde la que se veía una calle, pero no la calle por la que venía Silvia Flora. Sonó el teléfono y Enrique se abalanzó sobre él.

—¿Eres tú, Silvia, eres tú?... Sí, claro que todavía estoy aquí, pero ¿qué pasa? Quedamos a las once, de once a once y media dijiste, y ahora son las tres de la madrugada pasadas... ¿Qué has dicho? ¿Que no vas a venir?... ¿Jugando al póker? ¿Te he oído bien, has dicho jugando al póker?... Pero ¿con quién, si no es un secreto?... Sí, ya sé, ya sé quién es, el periodista ese de «Allá películas», el que estaba en el cóctel de la «primera vuelta de manivela»... Ah ¿también Fernando Rey y Tony Leblanc? ¿Los dos? ¡Vaya, hombre, qué casualidad! Yo no sabía que Fernando Rey jugase al póker, de Tony Leblanc sí lo sabía... Sí, amigos, claro, al Gijón van por las noches, a la barra, con muchos otros... Ya, ya, un póker de cuatro... ¿Cómo? ¿Qué? ¡No sé lo que me dices, no te entiendo! ¡Habla más claro, coño!... ¡Ah! ¿También una señora y dos chicas? ¡Ah, un póker de siete! ¡Ya, ya! ¡Bueno, hasta mañana!

Colgó violentamente, no sólo con fuerza sino con

crueldad, como si la horquilla del teléfono fuera una oreja de Silvia Flora. Y, por costumbre, añadió sin bajar el volumen de la voz ni preocuparse por que sus gritos pudieran despertar a los vecinos:

—¡Puta, puta, puta!

VIII

A VECES NO SE ESCUCHA LA VOZ DE *¡STOP!*

Desde las diez de la noche era la primera vez que no tenía un pitillo entre los labios. Por eso, con mano temblorosa encendió uno.

¿Debo quedarme aquí, solo, fumando, bebiendo? ¿Debo irme a casa antes de estar borracho? Necesito beber, sí, beber, pero no aquí, en el apartamento, sino en otro lugar más asqueroso, más sórdido, más mierda.

Poco más o menos tres horas después —antes hizo alto en dos locales siniestros de los que entonces gozaban, por temporadas, de manga ancha respecto a la hora de cierre—, ya en su casa, se arrojó sobre la cama desesperado, destrozado. Se volvió hacia la pared y golpeó en ella duramente, una y otra vez con los puños, hasta hacerse daño, una y otra vez, una y otra vez, puta puta puta puta...

Después dejó caer la cabeza sobre la almohada y, a

punto de llorar, recitó con la áspera voz de la borrachera (después de todo, también el poeta fue un alcohólico):

> Dichoso el árbol, que es apenas sensitivo;
> y más la piedra dura, porque ésa ya no siente*.

Con cuidado, con sigilo, con amor se abrió despacito la puerta y asomó la madre, en camisón, ni tiempo se había tomado para echarse la bata por encima.

—No la veas más, hijo, no la veas más. Recuerda que te lo advertí...

—Sí, madre, sí.

—Pero ahora procura no verla. Te lo pido por mí y también por tu hijo, por el pobre Quique.

—¿Qué tiene que ver Quique?

—Vas a enloquecer, hijo. Piensa en nosotros.

Enrique cerró los ojos, como si se dispusiera a intentar dormirse.

—Déjame, madre, por favor, te lo ruego, déjame dormir, lo necesito.

—Sí que lo necesitas, sí.

—Y no te asustes. Estas cosas hacen sufrir pero no vuelven loco a nadie.

La madre, que había hablado desde la puerta entornada, fue hasta la cama y se sentó en ella como tantas otras veces.

—No la veas más. Tú ya has escrito tu guioncito, y muy bien que te quedó, de los mejores, según mi gusto, mejor que los que escribías con Vázquez, dónde va a parar. Y ya lo vas cobrando. No vuelvas por allí, por la oficina de Leda Films, más que para cobrar tus plazos, ni por los estudios, hasta que se acabe la película y ella se mar-

---

* Rubén Dario, *Lo fatal.*

che a Barcelona. Siempre me has dicho que en el cine a los guionistas no les hacen ningún caso, entonces ¿qué falta hace que vayas? ¿Por qué no te fijas en ese amigo tuyo del que me has hablado algunas veces, ese que es dibujante, que se llama Fontana?

—Es pintor, y se llama Quintana.

—Ése; pues tú me has dicho que, según él te ha contao, porque tú le has ido sonsacando, se las arregla muy bien sin mujeres, y se evita disgustos, quebraderos de cabeza, y desengaños y llantos.

—Es muy amigo mío, es verdá, y me cae muy bien; pero todo el mundo en el café le considera un tipo ridículo.

—¿Y tú crees que de ti no se reirán a tus espaldas?

—Yo qué sé, madre.

—Acuérdate de la tercera, acuérdate. Porque es que tú sufres cuando te engañan y cuando te dejan, pero en seguida las olvidas y volvemos a las mismas.

—No lo creas, madre —dijo sin abrir los ojos—. Aunque a ti te lo parezca, no se me olvidan.

¿Por qué miento? Sí se me olvidan. No digo ya las chicas del colegio y del instituto, que eran unas niñas y ahora, si hago un esfuerzo de memoria, las recuerdo a todas unas iguales a otras, sino a las de después de Regina, Purita, Adelaida, María, Leila, Manuela... ¿Cómo eran?

Recuerdo a Águeda, que se marchó hace un mes, pero ¿a las otras? Entre papeles viejos encontré una foto de María y me costó recordar quién era.

Sin embargo, lo que le he dicho a mi madre no es del todo mentira, porque no las recuerdo a ellas, pero, en cambio, no puedo olvidar el dolor que me han causado, el desprecio que he sentido de mí mismo, las noches y noches de sufrimiento hasta que otra vino a remediar mi soledad.

—Recuerda lo que te digo, y lo de la segunda, que estuviste cerca de tres años sin colocar un guión. Tres años viviendo de mi rentita.

El año 1945 fue fatídico, no para los aliados, que ganaron definitivamente la segunda guerra mundial, sí para los japoneses, a los que les cayeron las bombas de Hiroshima y Nagasaki, y sí para la familia Lafuente: a Enrique le abandonó Regina, que le quería mucho pero no podía pasarse más años soportando la convivencia con un inútil y volvió a su antiguo oficio de vendedora de libros en comisión, volvió a recorrer España —no tanto, pero una zona muy extensa: Castilla la Vieja, León y Asturias—, en fin, que se marchó de casa, una «separación amistosa», que se decía entonces, porque el divorcio estaba prohibido por inmoral. Al niño se lo quedó el padre, Regina era tan leve, tan dulce, tan delicada, tan pajarito, que su escasa energía y su exigua capacidad de orden sólo le daban para vender libros en comisión, pero no para la delicadísima tarea de educar a un niño, que además no podía acompañarla a ella de plaza en plaza. Sus apetencias sexuales las resolvió uniéndose a un antiguo conocido, comisionista de electrodomésticos; no se veían a diario, pero sí con frecuencia en las plazas en que coincidían por casualidad —ellos procuraban ayudarla— o en la pensión El Sol, de Salamanca, donde paraban habitualmente. Aquel año fatídico murió el padre de Enrique, y la madre, la maestra depurada, para no quedarse sola —el pequeño ya no era pequeño y estaba en Mieres, en la mina— y para sustituir a Regina en el cuidado de Quique, traspasó el chigre, vendió las tierrinas —de estas dos operaciones le vino la rentita— y alquiló en Madrid un piso en el que vivir con su hijo y su nieto.

—Sí, mamá, ya me acuerdo.

—Se colocaban muy bien los guiones de Lafuente y

Vázquez, pero como la segunda se marchó con Vázquez, se quedó solo Lafuente, y ya no era lo mismo.

—Madre, por favor, por lo que más quieras, te pido que no me atormentes.

—Si eras tú mismo el que me lo contabas: dicen en los cafés, en el Gaviria, en el Ibiza, y en las oficinas de las productoras que un guión de Lafuente no es lo mismo que un guión de Lafuente y Vázquez. Y hasta que se hicieron a la idea, tres años con articulitos de nada, porque lo que pagan por eso es una miseria, y a base de mi rentita.

—Ya lo sé, pero ¡por favor, madre!

—Es lo que quiero, atormentarte, para que recobres la memoria. Que no sabes lo que sufro cuando te veo sufrir y cuando te oigo golpear la pared, ¡que no te acuerdas de que esa pared es la de mi cuarto!

El rodaje de *¡Stop!* seguía su ritmo normal. Domingo Núñez, en uso de su perfecto derecho como director y productor, añadía sexo y violencia a la historia de amor que había escrito el guionista Lafuente. Si Lafuente había puesto una conversación en la que Silvia y Luisa —Laura y Julia— se lanzaban pullas con ironía, él añadía alguna agresión directa. No todos los días acudía Lafuente al rodaje, pues los guionistas no están bien vistos en los platós, pero algunos se emboscaba en un oscuro rincón para desde allí observar lo que consideraba tropelías.

JULIA.—Sólo fuimos a dar un paseo. Hasta la ermita vieja.

LAURA.—Ten cuidado, niña, que a veces no recuerdo que eres mi hermana.

JULIA.—Come mariscos: el fósforo es bueno para la memoria.

Eso había escrito Lafuente. Núñez había suprimido este diálogo por demasiado sutil. La escena que Lafuente veía rodar desde su escondrijo consistía en que Silvia-Laura, armada de una silla, destrozaba los cacharros y los muebles que había en el cuarto y como entre los muebles se encontraba Luisa-Julia, también la destrozaba a ella, que corría, aterrorizada, gritando, por la habitación, hasta que, con el rostro ensangrentado, caía al suelo. Silvia-Laura se apoderaba de unas tijeras que había en un costurero, se abalanzaba sobre Luisa-Julia.

—¡Stop! —se oyó ordenar a Núñez.

La relación de Enrique con Silvia también seguía su marcha normal. A Enrique le parecía una marcha buenísima, vivía los mejores días de su vida sexual. Algunas noches Silvia fue a cenar con Carlo Manzi, sin hacer de ello ningún secreto. Una de ellas coincidió con el rodaje, que duró toda la tarde, de una escena de cama —para la versión mexicana, se decía— apasionadísima, entre los dos, con besos profundos, caricias prolongadas, diversas posturas. La secuencia, que en el guión original de Enrique Lafuente no existía —era una simple reconciliación matrimonial, después de una cena, en la que los esposos se besaban en las mejillas—, se rodó desde distintos ángulos y con varios objetivos, y cada vez vuelta al apasionamiento, los besos, las caricias, las posturas.

Luisa se cabreó muchísimo al día siguiente cuando se enteró de que después de estar cuatro horas rodando esa escena se habían ido a cenar juntos. Por mucha buena fe que le ponía, no lograba comprender que Silvia Flora lo hacía para establecer contacto, para romper el hielo.

Siempre me ha parecido curioso cómo los actores y las actrices en las escenas eróticas consiguen simular el placer sexual, los gozos que proporciona el tacto, sin experimentarlos realmente. Considero ridícula la profesión de actor. En mi infancia no sabía que Johnny Weissmuller era un actor y nadador, creía que era Tarzán de los Monos, como creía que Charlot era un vagabundo que se llamaba Charlot y no un payaso de familia de payasos. Cuando más adelante me fui enterando de que existían los actores, de en qué consistía su trabajo me parecieron ridículos, en especial los llamados galanes, aunque se tratara del mismísimo Cary Grant. Me los imaginaba siempre avergonzados en su trato con las personas normales, que eran las de todas las demás profesiones.

Cuando los conocí personalmente, por mi trabajo de guionista —a los españoles, quiero decir—, aunque no tengo mucho trato con ellos, algunos hicieron que modificase mi opinión, sobre todo unos pocos de los llamados secundarios, que lo mismo podían ser comerciantes modestos, obreros o funcionarios públicos. Pero su trabajo no dejó de parecerme si no ridículo, por lo menos extravagante. Ridículo el de los galanes, siempre enamorados o enamorando, sonriendo de medio lado con los párpados entornados, alzando una ceja, imitando a sus maestros del lejano Hollywood, tan cercano en las pantallas de la Gran Vía o de los palacios de las pipas. Verlos allí, en fila, a la hora del aperitivo de la noche, en la barra del Gijón, tan fatuos, tan pagados de sí mismos, Conrado San Martín, José Suárez, Francisco Rabal, Fernando Rey, Ismael Merlo, es para morirse de risa. Y sin embargo yo me muero de envidia. Porque no puedo evitar que la libido invada constantemente mi pensamiento y al ver aquella fila de oficiantes de aquel ridículo oficio lo que me viene a las mientes son los abrazos, los besos que dan y reciben de sus compañeras de reparto, las caricias que comparten en todas las películas, porque son, como decían los cómicos antiguos, «galanes amorosos». Y entre sus brazos tienen en esta película y en la otra y en las que harán al año siguiente, los cuerpos, las carnes de Sonia Bruno, de Silvia Flora, de Sara Montiel, de Helga Liné, de Carmen Sevilla, de María Félix, de Conchita Velasco... Pero yo no habría sabido como ellos y ellas, y en eso sí les admiro, simular el placer sexual, yo lo habría gozado realmente y estoy seguro de que en algunas ocasiones hasta me habría corrido. Un ridículo mayor que el de los párpados entornados o la sonrisa sesgada.

Durante la semana pasada han estado rodando en Santander y Silvia no me ha llamado ni una sola vez, estoy seguro de que para ponerme a prueba. Esto a mí me hace sufrir, no debo ocultármelo, pero ya dijo el poeta oriental que todos los placeres no valen lo que una pena de amor.

Y, al fin y al cabo, a los escritores las penas de amor, como muy bien sabe Silvia, que no es nada tonta, nos valen más que a las personas normales, porque con ellas podemos hacer versos, o novelas, o incluso guiones de películas, si no abundaran los productores tan reacios al tema del amor como Domingo Núñez. En cuanto la censura abriera la mano, ya me dirían a mí si el amor interesaba o dejaba de interesar.

—Sí, es de amor, Domingo, es de amor.

—Pero, Enrique, por favor, si estás harto de oírme decir que el tema del amor, para las películas, hace años que ya...

—Escúchame, Domingo, es de amor, pero no lo de siempre. El sujeto, el protagonista, esiste, está arrancao de la vida real, y llevo mucho tiempo estudiándolo, sonsacándole, porque es muy reservao.

—¿Un amigo tuyo?

—Sí, un amigo.

—Y te ha dicho: mi vida es una película y tú te lo has creído. ¡A estas alturas! ¡No me jodas, Enriquito!

—No soy un imbécil, Domingo.

—Ya sé que no lo eres, pero te esfuerzas en parecerlo.

—Escucha, Domingo, que sé que ahora tienes un ratito libre. A un individuo le gustan mucho algunas mujeres, o le gustan lo normal, como a cualquier otro individuo del sexo masculino. Él no se gusta demasiao, no es muy guapo ni muy fuerte. Tampoco es feo, pero sus facciones son toscas, como de campesino. Viene, efectivamente de campesinos, aunque ahora es pintor, y le cae mal la ropa. No tiene mucha conversación, por eso se encuentra bien a solas y por eso se ha dedicao a una profesión solitaria: la pintura. Tiene una amante, que vive con él, pero a ella le cabrea que a él le guste estar solo, pintando. Tiene celos de la soledad de él, ¿comprendes?

—Sí, muy cinematográfico —ironizó Núñez—; me recuerda a John Ford.

Lafuente no le hizo caso.

—El pintor rompe con su compañera porque ella perturba su soledad. A veces incluso lleva amigas al estudio y se ponen a charlar. El pintor, después de la ruptura comienza a pintar su autorretrato, porque él, a pesar de lo que digan los demás, no se encuentra mal como ejemplar humano.

El amor de Luisa y Carlo también, como la película, seguía su proceso normal. Según lo apreciaba Luisa, y así se lo refería a su confidente el guionista, de semana en semana se iba convirtiendo en pasión. Ella lo sentía en su interior y lo percibía en la oscura y ardiente mirada del irresistible actor italiano.

La gente de la película había asumido fácilmente esa relación que los amantes no se esforzaban en ocultar y las escasas veces que el periodista Ortuño se pasó por el rodaje siempre hubo alguien que, con sabia discreción, avisó a tiempo a Luisa y a Carlo. Era una de las benéficas costumbres del oficio. Tras una o dos horas de preparación, estaba a punto de rodarse un plano. El decorado representaba un pasillo de una casa grande y rica, de provincia.

—¡Acción! —ordenó Cascales, el ayudante, después de comprobar que todo estaba listo y cambiar una seña con el director.

Por el pasillo avanzó Luisa en su personaje de Julia. Se

abrió con sigilo una puerta y por ella salió Carlo en su personaje de Gerardo. Fue hacia Julia.

CARLO/GERARDO.—(Vehemente.) ¡Te esperaba, Julia!

LUISA/JULIA.—(Con voz susurrada.) ¡No podía salir, Gerardo!

CARLO/GERARDO.—¡Estaba aquí, tras la puerta, procurando que no me vieran, esperando que pasases desde hace no sé cuánto tiempo, más de una hora, bastante más! ¿Cómo no has pasado antes?

LUISA/JULIA.—Me moría de ganas de verte, Gerardo; pero no podía salir; estaba con mi hermana.

CARLO/GERARDO.—¡No podemos seguir así, Julia! ¡Tenemos que hacer algo!

LUISA/JULIA.—¡Gerardo, Gerardo! Yo pienso lo mismo. ¡No puedo más, no puedo más! Creo que siempre he sabido dominarme, pero ahora estoy a punto de volverme loca.

Se besaron con ardor, con placer. Tal como exigía el guión o algo más.

Núñez, desde su silla de dirección, observaba atento, complacido al principio, pero poco después irritado.

—¡Stop! ¡Stop! —vociferó destempladamente, y el cámara dejó de rodar.

Los demás también suspendieron sus trabajos y miraron al director, excepto Luisa y Carlo —¿No Julia y Gerardo?—, que seguían abrazados, seguían besándose en profundidad porque no había nadie cerca de ellos, ni en todo el plató, ni en todos los estudios Sevilla Films, ni en la cercana y absurda ciudad de Madrid donde la gente iba a sus cosas sin besarse como ellos.

Núñez volvió a vociferar, esta vez de pie, empinado, para reforzar la autoridad de dirección producción presidencia del consejo de administración de Leda Films con la estatura.

—¡Stop, coño! —el antiguo alférez provisional conocía la eficacia de las palabrotas en casos de desobediencia.

Pero quizás la palabra «coño» no era una buena elección para que los desobedientes pensasen en otra cosa, porque no se separaron y hacia ellos fue Núñez gritando:

—¡¿No habéis oído el stop?!

—No, yo no... Creo que no... —musitó Carlo—. Como das las órdenes desde tan lejos... Cuando yo filmé con Antonioni, Antonioni a los actores...

—¡Déjate de Antonioni y de leches! ¿Que doy las órdenes desde lejos? Pues ¡desde dónde voy a darlas! ¡Desde mi silla!

—No, yo ta... tampoco... Tampoco creo haberlo oído —intervino Luisa—. Quizás haya sido porque estaba muy en la situación, muy motivada... No sé...

—¡No os beséis así, cojones! ¡Quiero erotismo, pero esto no es un porno, eso guardarlo para cuando venga la república! ¿Es que todavía no habéis leído el guión? ¿Qué carajo hacéis los fines de semana? ¡El actor es un ser que se desdobla! ¿No? ¿No habéis ido a ningún cursillo? El actor es un esquizoide y cuando el galán besa a la chica tiene que estar pensando al mismo tiempo en la lengua de la chica y en la censura del país en que se rueda. ¿O es que no sois profesionales? Este es un beso furtivo, rápido, estáis en un pasillo de la casa, ni siquiera en una habitación, pueden veros, la criada, el criado, la niña, la vieja, ¡es tu cuñada, Carlo, es tu cuñada! ¡Ya sé que en Italia sois muy machos, digan lo que digan, pero ¿besáis así a las cuñadas?! ¡Vamos, otra puñetera vez! ¡Y hacerlo como Dios manda, que aquí no hemos venido a enriquecer a la Kodak! ¡Hala, tomar claqueta!

Carlo y Luisa procuraron no dirigirse ni una mirada de reojo cuando fueron cada uno a tomar su posición, y se dispusieron a darse un beso furtivo, rápido.

¿Qué era aquella sombra que Luisa acababa de entrever al fondo del plató, donde estaban construyendo un pequeño decorado para la secuencia del estanco? ¿No era un hombre que se escondía? No, sin duda era uno de los carpinteros que estaba a lo suyo. Sin embargo, a Luisa le parecía que aquel hombre o sombra se había movido furtivamente, hacia abajo, como con intención de esconderse tras un medio bastidor de contrachapado, aún sin decorar. Y ese hombre, pelo castaño oscuro, bigote espeso, se parecía a alguien, al periodista Pascual Ortuño. Qué disparate, ¿por qué iba Pascual Ortuño a esconderse en el plató, en un decorado a medio construir? Pascual la visitaba en su trabajo muy pocas veces, no le gustaba; pero si iba no tenía por qué esconderse. Conocía al director productor, Domingo Núñez, al guionista, a ella, Luisa Coral. A no ser que quisiera espiarla sin ser visto. Volvió a ver a aquel hombre, o sombra o carpintero o periodista. Ahora le vio andando a gatas, sigiloso, trasladándose —así le pareció a ella— de un escondite a otro. Aunque quizás el carpintero buscaba por el suelo una herramienta y procuraba no hacer ruido porque en los platós de pronto se oyen estentóreas voces que piden silencio. En este caso, la voz estentórea gritó:

—¡Luisa! ¡¿En qué estás pensando?!

Habían dado las órdenes de «motor», de «acción» y Luisa no se había enterado. Cuando el apasionado Carlo-Gerardo se asomó al pasillo, allí no había ninguna cuñada a quien besar. Luisa volvió en sí, se excusó de cualquier manera, estaba distraída, motivada, muy motivada, intentó convencerse a sí misma de que aquella sombra huidiza era fruto de su imaginación, producto del sentimiento de culpa —Juan Orense, el psiquiatra que iba por el café, le había explicado bien lo que era eso— y se dispuso a dar a Carlo-Gerardo el beso que pedía el guión, que ordenaba Domingo Núñez y que admitía la censura.

Pero si mientras se preparaba para rodar la escena le

pareció ver escondido entre un decorado a medio construir a un hombre muy parecido a su compañero el periodista, ahora, cuando terminado el trabajo, el coche de la productora la llevaba a su casa, allí delante, en la carretera, vio que escapaba el coche de Pascual Ortuño. No alcanzó a ver la matrícula y, claro, como los coches los fabrican en serie...

—Amadeo —le preguntó al chófer— ¿tú sabes si Pascual Ortuño, el periodista, ha venido esta tarde al estudio?

—Yo no le he visto, Luisa. Pero si hubiera venido, le habrías visto tú.

—Sí, claro.

El actor Ponte, que los acompañaba en el viaje, intervino:

—Yo tampoco le he visto.

Aunque no sea del todo cierto, como se ha dicho, que los enamorados estén solos en el mundo, sí puede afirmarse, sin grandes posibilidades de error, que les tiene muy sin cuidado lo que en el mundo pase. No obstante, a Enrique Lafuente sí le afectó la muerte en el exilio de Luis Cernuda, señorito de izquierdas exiliado en Inglaterra, uno de sus poetas preferidos «quizás mis lentos ojos no verán más el sur / de ligeros paisajes dormidos en el aire / con cuerpos a la sombra de ramas como flores / o huyendo en un galope de caballos furiosos» y no tuvo más remedio que interesarse por el cambio que el generalísimo Francisco Franco estaba imponiendo a la política española para difuminar un pasado fascista y germanófilo —los jóvenes tecnócratas del Opus Dei sustituían a los maduros falangistas y a los restos de la Acción Católica—, pues era la comidilla de los clientes del Gijón más o menos politizados, ya fueran poetas líricos, periodistas, abogados, economistas, novelistas, pintores, incluso los marginales cómicos y cómicas, y mostrarse indiferente al proceso histórico del país no estaba bien visto.

Pero, privilegios del eterno femenino, a pesar de la revolución sexual de los sesenta y de la moda unisex, ni la evolución política anteriormente referida, ni el benévolo y bello otoño madrileño sucediendo al cruel verano, ni siquiera las muertes de Jean Cocteau y Edith Piaf y muchísimo menos el anuncio de que en el Concilio Vaticano II se había decidido que las misas se dijeran en lenguas vernáculas y no en latín, significaron nada para la enamorada —¿apasionada?— Luisa Coral. Su pensamiento, aparte de la pequeña parcela dedicada al trabajo, oscilaba aquellos días entre el placer que le proporcionaba su relación con Carlo Manzi y el temor que le causaba la sombra huidiza del plató. Si nadie había visto a Pascual en el estudio, tal vez aquella sombra fuera un obrero dedicado a su labor; pero también podían no haberle visto porque se escondiera. Luisa estaba segura de que no era la primera vez que Pascual en aquellos días se portaba de manera extraña.

El coche de la productora, según era habitual, la dejó en su casa y siguió viaje para dejar en la suya al actor Ponte.

Intentaba convencerse a sí misma de que era estúpido tener miedo, pero no conseguía evitarlo. Abrió con precaución la puerta del apartamento. Al entrar se detuvo un instante en el pequeño recibidor y escuchó. El silencio era total. Sólo llegaba el lejano rumor de la calle. Ni siquiera se oía la radio o la televisión de algún vecino. ¿Qué esperaba oír? ¿Una respiración? Tal vez. Pascual tenía sus llaves, podía entrar cuando quisiera. Encendió las luces de la sala, pero inmediatamente las apagó, porque se le había ocurrido mirar por la ventana. Y, de nuevo a oscuras, lo hizo. El piso era muy alto, un octavo, desde esa altura los transeúntes parecían muñequitos mecánicos y era muy difícil reconocer a alguien. Pero Pascual no era un transeúnte cualquiera, y aquel hombre que estaba allí, en la acera de enfrente, ante el escaparate de la lavandería, era Pascual. ¿Cruzaría la calle y vendría hacia la casa? No lo hizo; metió las manos en los bolsillos del pantalón y echó a andar, se alejó.

Encendió de nuevo la luz y echó las persianas. Antes de ducharse y cambiarse llamó por teléfono a casa de Enrique Lafuente, le necesitaba. Era quien podía ayudarla.

—Enrique no está en casa —le dijo Basilia, la madre.

—¿No le ha dicho dónde iba a estar?

—No, Luisa, no.

—Es que necesito hablar con él. Es muy urgente.

—Estará en el Gijón, perdiendo el tiempo, como siempre.

—Pero ¿no irá a cenar?

—Aquí ya hemos cenao. Enrique casi nunca cena en casa, ya lo sabes.

Llamó al café y encontró a Enrique.

—Si quieres, ven y cenamos aquí.

—No, Enrique; necesito hablar contigo, pero prefiero que no nos encontremos en el café.

—¿Por qué?

—Porque allí podemos coincidir con Pascual y necesito hablar contigo a solas.

—¿Te ocurre algo grave, Luisa?

—No lo sé. De eso quiero hablarte.

—¿Nos vemos en el Trampas?

—Me parece bien. Allí Pascual no suele ir.

Trampas, piano bar, era un lugar discreto, adecuado para las confidencias. Luisa estaba asustada. No se consideraba una mujer cobarde, pero ahora tenía miedo.

—¿Que tienes miedo? ¿De qué?

—No puedo asegurarlo, Enrique, pero tengo la impresión de que Pascual me espía.

—¿Por qué había de espiarte?

—¿Tú crees que Pascual sabe lo mío con Carlo Manzi? ¿Te ha dicho algo? ¿Te ha preguntao algo?

—No, ni una palabra. Pero la verdá, Luisa, es que tú y Carlo estáis siendo muy imprudentes.

—Sí, lo reconozco. Y es culpa mía, porque él no tiene nada que perder, pero yo me he descontrolao, ¿verdá?

—Desde luego. Por eso te digo que, además de que no creo que espiar vaya con el modo de ser de Pascual, no le haría falta. Con preguntar a cualquiera estaría al cabo de la calle.

—¿De verdá a ti no te ha preguntao nada?

—Nada; si no, te lo diría.

—¿Crees que lo sabe?

—Lo sabe todo el mundo, Luisa. Pero dicen que el interesao es el último en enterarse.

—¿Qué piensas tú, Enrique? ¿Es lógico que yo tenga miedo?

—Me faltan elementos de juicio, Luisa. Como no me ha dicho nada...

Pocos días antes Pascual había ido a verla al estudio, lo que hacía de vez en cuando, pero casi no habló con ella, saludarla y nada más; en cambio, charló durante un buen rato con Cascales, el ayudante, y otro ratito con la maquilladora, y otro con Domingo Núñez, y otro con Perico, el portero del estudio. ¿Sería capaz de estar investigando?

Frente al hotel lujoso pero tolerante en que se alojaba Carlo Manzi, Luisa estaba casi segura de haber visto una noche a Pascual envuelto en una capa y cubierto con un sombrero, prendas que él nunca usaba.

—Capa y sombrero tendría que habérselos pedido prestados a alguien.

—A mí no, por supuesto —aseguró Enrique—, yo nunca he usao capa.

En el año y pico que llevaban acostándose era la primera vez que Luisa le daba a Pascual motivo para estar celoso; por lo tanto, no sabía si esa era su reacción natural.

—Pero se me hace cuesta arriba imaginarme a Pascual andando a gatas en la penumbra de un plató, entre bastidores de madera... A no ser que esté a punto de perder el juicio como dicen que les ocurría a veces a los enamoraos antiguos.

A pesar de lo abismado que estaba últimamente Enrique en su propia y complicada aventura amorosa, no pudo evitar una sonrisa ante las imágenes de su amigo Pascual embozado en una capa y andando a gatas, no para conseguir un reportaje sensacionalista, de primera plana, con el que enviar al juzgado a algún capitoste de las finanzas o de la política, si la censura lo permitía y no había consigna en contra, sino para sorprender a su amante. Aunque muchos pensadores han afirmado que los celos son un camino que lleva al ridículo, es un camino muy transitado.

Pero una cosa es el ridículo y otra la demencia, la pérdida del sentido de la realidad. Luisa tiene miedo, esto es evidente, pero miedo a algo físico, a que Pascual intente matarla o algo por el estilo, si hay algún estilo parecido a la muerte. Eso es un disparate, es casi la demostración de que quien está a punto de perder la cabeza es Luisa y no Pascual. Lo que Luisa me está contando de Pascual, y en lo que ve una amenaza que se cierne sobre ella, es lo contrario de una tragedia o de un drama o de un thriller. *Es una comedia ligera; no estamos en Dassiel Hamet, en Raymond Chandler y en Frizt Lang, sino en* Un ladrón en la alcoba *y en Ernst Lubischt, y Luisa puede estar tranquila, que, aunque Pascual vaya por ahí pidiendo ropa prestada para disfrazarse y se arrastre por el suelo andando a gatas y juegue al escondite como en su infancia, no llegará a estrangularla, ni muchísimo menos.*

Enrique estrechó sobre la mesa las manos de su amiga.

—No veo ningún motivo para que tengas miedo. Puedes estar tranquila, Luisa.

Luisa deseaba con ansia creer a su confidente, pero no le resultaba fácil.

—¿Estás seguro, Enrique? Convénceme. Dime que soy una niña tonta a la que le dan miedo los pasillos sin luz.

—Después de haberte oído, y lo he hecho con mucha atención y con cariño, de eso puedes estar segura, aunque a veces, a ti no voy a engañarte, he tenido que aguantarme la risa, puedo decirte, sin miedo a equivocarme, y no lo tomes a mal, que Pascual está menos majara por ti que tú por Carlo Manzi.

Luisa bajó la mirada.

—No me extraña que te parezca eso, Enrique, y puede que aciertes, porque yo me he entusiasmao y he perdido los mandos.

—Aunque nuestro querido Pascual por espiarte se atreva a andar a gatas y someta a interrogatorios desde al empresario hasta al portero del estudio y vaya a Cornejo a alquilar disfraces, no llegará al asesinato.

—Yo no decía tanto.

—Ni a señalarte la cara, ni siquiera a darte una paliza, no es su estilo. ¿Sabes a lo que llegará, si lo que me cuentas no son imaginaciones tuyas, y sigue así?

Luisa necesitaba que alguien le aclarase su porvenir inmediato, que le quitase el miedo y preguntó interesadísima:

—¿A qué?

—A que todo el Café Gijón y los estudios Sevilla Films le tomen a cachondeo.

—¿Tu crees que no hará nada, Enrique? ¿Me lo dices de verdá o para tranquilizarme?

El tono ligero y la seguridad casi burlona de Enrique no habían conseguido disipar los temores de la muchacha.

—¿Qué quieres que haga, Luisa?

—¡No, no, yo no quiero que haga nada!

Pero sí; el periodista Pascual Ortuño hizo algo.

IX

En el que Luisa Coral recibe una grave noticia y se entera de una curiosa costumbre

Uno de aquellos dorados días otoñales, uno cualquiera que no se distinguía por ningún signo especial y en el que la joven actriz no había tenido el capricho, como en otros, de consultar su horóscopo en el periódico, ni el de Carlo Manzi, ni el de Pascual Ortuño, entró en su apartamento a la caída de la tarde fatigadísima por el trabajo, que aquel día había sido especialmente duro, y por el ejercicio sexual, pero al mismo tiempo feliz, gozosa. Dejó el bolso en cualquier lado, como otro cualquier día, y fue al dormitorio con ánimo de cambiarse de ropa para estar más cómoda. Abrió el armario empotrado como cualquier otro día, como cualquier otro día en que no hubiese consultado su horóscopo, y se llevó una sorpresa. La zona que desde hacía poco más o menos un año y un mes, desde finales del anterior verano, era la destinada a la ropa de su compañero Pascual, estaba vacía, no había más que las perchas, como raquíticos esqueletos ahorcados, como raquíticos recuerdos ahorcados.

Al primer golpe de vista no comprendió Luisa el significado de aquello. Con un incipiente temblor en todo el cuerpo, un temblor premonitorio no sabía de qué, se volvió de espaldas al armario y recorrió con ávida mirada la pequeña habitación.

Allí, muy cerca de donde se encontraba, en la cama, sobre la almohada, vio, aunque hubiera preferido no verlos, un papel escrito y junto a él unas llaves. Sin poderlo evitar, a pesar de que no había espectadores, en un ademán teatral se llevó las manos a la boca como para ahogar un grito. Sintió que se le aceleraba el pulso cuando extendió la mano para coger el papel. Tuvo de repente la sensación de que sabía todo lo que iba a suceder, de manera inevitable, en los cuatro o cinco minutos siguientes, como si en la preparación de un plano de cualquier película el director, poco satisfecho del trabajo de los actores, hubiera dicho «no está mal, pero vamos a hacerlo otra vez».

En el papel, unas líneas escritas con vigorosa y rápida letra masculina que ella conocía de sobra. El autor era del oficio, pero esta vez no le había parecido necesario excederse ni hinchar el perro.

> Luisa
>
> No esperaba esto de ti. Nunca me lo habría imaginado. Se ve que no te he conocido bien. No has cumplido nuestro compromiso de ser siempre sinceros el uno con el otro. Pasase lo que pasase. Lo has olvidado o has encontrado más cómodo refugiarte en la mentira. Te has portado mal conmigo. Adiós.
>
> A pesar de todo, guardaré siempre un buen recuerdo de ti.
>
> Pascual.

Con mano temblorosa, Luisa arrugó el papel. No quería verlo más. Fue hacia la sala de estar y lo arrojó a la papelera. Entonces advirtió que habían desaparecido dos o tres carpetas, que no estaba la máquina de escribir y que en el pequeño mueble biblioteca faltaban bastantes libros. Abrió un cajoncito y echó en él las llaves que habían sido de Pascual.

Poco después las lágrimas rodaban por las mejillas de Luisa Coral, que al no encontrar a su amigo y confidente Enrique Lafuente ni en el café ni en su casa, había corrido hacia el hotel de Carlo Manzi para referirle lo que le acababa de suceder.

El italiano parecía realmente perplejo.

—No sé qué decirte. No se me ocurre nada para consolarte. Me habías contado lo de ese chico y tú, que vivía contigo desde hacía tiempo, que no era tu marido, pero como si lo fuera... Pero no sabía que estuvieras enamorada.

—Ni yo misma lo sé —dijo Luisa, sin esforzarse en contener el llanto—. Creí que era amor... Pero desde que te conocí a ti... pienso que tal vez era sólo costumbre... Pero la costumbre, ¿sabes, Carlo?... ¿Cómo no vas a saberlo? Parece que no, pero la costumbre puede mucho.

Estaba sentada en el borde de la cama. El día otoñal era lluvioso y Luisa ni siquiera se había quitado la ligera gabardina.

Carlo la miraba indeciso, quizás repasaba entre sus recuerdos situaciones parecidas.

—No sé qué decirte, Julia.

Por eso, delicadamente, se arrodilló en el suelo, separó las piernas de Luisa, que colgaban abandonadas, sin resistencia, le subió la falda, le bajó la braga, metió la cabeza entre los muslos de ella, que se dejó caer, de espaldas, suavísima, lentísimamente sobre la cama.

Un día en que no había sido convocada para rodar, a media tarde se fue al Café Gijón, donde encontraría alguien con quien charlar. En una mesa estaban María Luisa Ponte y María Asquerino con López, el constructor de decorados, y el pintor Grandío. En el rincón de la derecha, como siempre, los poetas, García Nieto, Jesús Acacio, Garcíasol, Pilares, Azcoaga... Luisa, mientras ojeaba el local, le compró al cerillero una cajetilla de Chester y un décimo de lotería. Después saludó al pasar a Orense, el psiquiatra, que estaba solo, como casi siempre, leyendo el periódico, y fue a sentarse a la mesa de los modistos Torres y Garmendia, a los que acompañaba una de sus modelos, Patricia; la otra, Vicky, *la Platino,* estaba al fondo, con el pintor Quintana, el guionista Lafuente y el periodista Pascual Ortuño, que casualmente estaba sentado junto a Vicky, *la Platino.* Luisa Coral no tenía mucha seguridad en cuál debía ser su actitud, pero optó por dirigirle una leve sonrisa a la que Pascual correspondió con una corta y rígida inclinación de cabeza «como si fuera un cónsul», pensó Luisa. El caso era que como Luisa no había contestado ni de palabra ni por escrito a la lacónica misiva de Pascual dando así pie a la reanudación de un trato amistoso, ahora no tenía claro cuáles debían ser sus relaciones a partir de la ruptura. Alguna pista parecía dar la frase «A pesar de todo, guardaré siempre un buen recuerdo de ti», pero no era lo bastante explícita.

—Un Cointreau con hielo, Gustavo —pidió Luisa al camarero de pelo blanco, el más antiguo de todos, siempre sonriente, y se volvió hacia sus amigos—. Por lo que veo, Vicky ha decidido cambiar de aires.

—Y ni siquiera pidió permiso, fíjate —comentó, bromista, Pepe Torres.

—Sí —confirmó Garmendia—, hemos tenido una baja.

—Hace ya varios días —añadió Patricia.

Luisa apartó la mirada de la mesa de Pascual y saludó con una sonrisita muy amable a los productores Puche y Miró (Pumi Films, S. A., antes Pumicas), que estaban, como casi siempre, solos, en una mesa cercana a la puerta de los servicios. Los modistos y la modelo Patricia, cambiaban entre ellos discretamente miradas cómplices. Gustavo trajo la consumición pedida por Luisa, que se bebió el Cointreau poco menos que de un solo trago.

—Compréndelo, Luisa, el chico tiene que consolarse —explicó Torres—; las mujeres sois muy malas. Hacéis sufrir mucho.

No hubo lugar a que Luisa replicase, porque Vicky, *la Platino,* acababa de levantarse violentamente de la mesa de Pascual y, a largos pasos y con semblante hosco, seguida por las miradas de algunos clientes, se dirigía hacia la puerta. Cuando pasó junto a la mesa de los modistos.

—¿No quieres sentarte con...? —intentó preguntarle Garmendia; pero ella replicó sin molestarse en mirarlos:

—Me marcho. Aquí hay muy mal ambiente.

Y, efectivamente, salió a la calle sin mirar para atrás.

Luisa volvió la mirada, interrogante, hacia Enrique y se encontró con la mirada de él. Los tres, en aquella mesa, Quintana, Pascual y Enrique estaban en silencio.

La amistad es uno de los más nobles sentimientos. Anda, que no lo habré oído veces, o leído; y a lo mejor escrito, en algún artículo o en los diálogos de un guión. La amistad es uno de los bienes más grandes de que puede gozar el hombre. Sí, desde luego, pero ahí estamos en que no sólo es un sentimiento, sino un bien, o sea una cosa. Por lo menos una acción. Una amistad que, llegado el momento, no se transforma en un hecho es una amistad un tanto sospechosa, ¿verdad? Si yo ahora no transformo en acción mi sentimiento amistoso hacia Pascual o hacia Luisa —en este caso, hacia los dos—, seré un amigo sospechoso, y si no tanto como eso, por lo menos un mal amigo de esos que acompañan, charlan, felicitan el cumpleaños, pero llegado un momento crucial escurren el bulto. A los amigos no hay que ponerlos a prueba, eso ya se sabe; es el mejor modo de conservarlos. Pero cuando al que le ponen a prueba es a uno, ¿qué se puede hacer? ¿Revolverse y decir: oye tú, a mí no me pongas a prueba? Entonces el que ya está quedando mal, el sospechoso, el mal amigo, es uno, o sea yo. No hay más remedio que joderse y apechugar con lo que sea. O renunciar a tener amigos. Y entonces ¿qué? Cuando eres tú el que los necesitas, para que te presten dinero, para que mientan, para sacarte de un enredo, incluso para que declaren en falso ante el juez en jaleos de esos de la política, ¿qué? O para que recomienden un guión tuyo a un productor o lo voten en un concurso ¿qué? La amistad consiste también en estar a las duras y a las maduras. Lo cierto es que cuando te vienen mal dadas, un amigo, aunque no pueda hacer nada por ti, sólo con su amistad ya está haciendo mucho. Por eso a los amigos hay que conservarlos, aunque a veces sean un engorro, que lo son con frecuencia. Y aunque jodan la marrana como me está jodiendo la marrana a mí Pascual Ortuño con este incordio de él y Luisa Coral y el italiano y ahora, para añadir una guinda, Vicky la Platino, *incordio que a mí ni me va ni me viene. Pero, es lo que yo me digo, ¿y si el día de mañana, que en este caso puede ser de verdad mañana, yo necesito a Pascual o a Luisa para que me echen una mano en mis deliciosas/terribles relaciones con Silvia Flora? Sí, mis pensamientos no van descaminados y seguro que tienen su origen en otros pensamientos de grandes pensadores: a las duras y a las maduras. Y a mí me ha tocado ahora una de las duras, ¿qué se le va a hacer? Porque si a mí ser confidente no me resulta del todo desagradable y estoy hecho a ello por largo entrenamiento en las mesas del Gijón, donde he sido tanto confidente de frustraciones literarias como de conflictos amorosos o conspiraciones políticas, en cambio la misión de embajador siempre me ha provocado repulsión. Y aquí estoy ahora, en este plató, como embajador amoroso —mejor dicho, desamoroso—, para hablar en nombre de otro y poner condiciones y trazar fronteras. Vaya tarde que voy a pasar.*

La visita del guionista Lafuente al plató en que se rodaba *¡Stop!* no se debía en esta ocasión a un deseo, por demás inútil, de vigilar el trato que se daba a su obra ni, como otras veces, a un requerimiento del productor director Domingo Núñez, sino a lo que se suele llamar un asunto privado. Por encargo de su amigo Pascual debía hablar con Luisa Coral y como durante las horas de rodaje, los actores y actrices suelen tener mucho tiempo libre, largas pausas en lo que se prepara el decorado y se corrige la iluminación, aquel era el lugar más adecuado para transmitir a Luisa Coral la embajada de Pascual Ortuño.

—He venido a hablar contigo de parte de Pascual.

—¿Y no podía haber venido él?

—Eso le he dicho yo. Pero le ha parecido más cómodo esto: utilizarme a mí. Y desde luego para él es más cómodo.

El bar de los estudios Sevilla Films era amplio y adecuado para los almuerzos, las cenas, era más un restorán que un bar, pero no un lugar íntimo ni confortable. No obstante, a Enrique le había parecido el mejor sitio para aquella delicada conversación. Puede pensarse que en parte se equivocó, pues fueron interrumpidos dos o tres veces por otros compañeros de trabajo, y que mejor habrían estado encerrados en el camerino de Luisa, al que podrían haberse llevado unas bebidas. Pero no hubo ninguna equivocación, ya que aquellas interrupciones eran lo que Enrique deseaba y lo que le permitió tomarse algunos respiros.

Las interrupciones no es necesario consignarlas. La conversación, poco más o menos, fue esta.

—Ya sé que Pascual y tú habéis roto. Pascual me lo contó al día siguiente de marcharse de tu casa.

—Yo te llamé en cuanto leí la carta que me dejó, pero no te encontré en casa ni en el café.

—Ya, ya lo sé. Y os agradezco a los dos esta prueba de amistad. Pero en cambio lo de ahora no me parece muy de agradecer.

—¿Qué es lo de ahora? ¿Qué quieres decir?

—Estas embajadas las desempeñan mejor las mujeres. Vosotras os defendéis más en estos líos de las parejas y los amores y las rupturas. Al fin y al cabo os pasáis la vida hablando de esas cosas.

—Bueno, no tanto.

—Sin generalizar.

—Eso digo.

—Así se lo he dicho a Pascual para zafarme de esto y porque es la verdá. Pero él dice que sí, que a una mujer le habría sido más fácil hablar contigo de esto, pero que en seguida se lo habría contao a sus amigos y a unos y a otros, y que no es eso lo que él quiere, sino que te enteres tú y lleguéis a un acuerdo y nada más. Que todo quede entre vosotros.

—Veo que estás pasando un mal rato, Enrique, te has puesto colorao. Pero lo mejor es que largues lo que sea ya de una vez. Y si quieres, tómate antes otro whisky.

—No, aún me queda de éste —y bebió dos o tres sorbos.

—A ver. Arráncate. Dijeron que tardarían en recomponer el decorao y luego tienen que hacer un plano con Silvia, pero si no te arrancas, me van a llamar al plató sin que me hayas dicho nada.

—Sí, tienes razón. Voy al toro. Ayer estuviste en el café.

—Sí. ¿Y qué? ¿Hice mal?

—Sí, hiciste mal. ¿Tú no sabes cuál es la costumbre?

—¿Qué costumbre?

—La costumbre cuando una pareja se separa.

—No, no sé lo que dices, no te entiendo.

—Pues la costumbre es que se deja de ir a los mismos sitios para no coincidir, para evitar situaciones violentas.

—¡Anda mi madre! ¿Quieres decir que ya no puedo ir al Café Gijón?

—No es eso, pero... En fin...

—Pascual se ha llevao la ropa, sus cosas, me ha dejao plantada y quizá ha tenido razón, porque yo le he puesto un cuerno. Pero yo no le he hecho nada al Gijón ni el Gijón a mí. ¿Y ahora resulta que tenemos que separarnos?

—Tienes que ser razonable, Luisa. Es la costumbre, y es una buena costumbre. Ahora Pascual sale con Vicky, *la Platino*...

—Sí, ha tardao poco.

—Tú tardaste menos.

—No habrás venido a regañarme, mamá.

—No, Luisa, ni pensarlo. Pero Vicky se encabronó porque dice que cuando entraste lo primero que hiciste fue mirar a Pascual y sonreírle y que él hizo lo mismo y que no dejasteis de miraros y ella no pudo más y estalló y tiró el vaso de un manotazo y, lo demás ya lo viste, se marchó sin despedirse de nadie, echa una fiera.

—Sí, ya lo vi. Se marchó con muy mala educación. Ni se despidió de sus jefes.

—Así es. Bueno, pues esas situaciones son las que se evitan dejando de ir a los mismos sitios. Es la costumbre, ya te digo.

—Pero ¿cómo que es la costumbre? ¿Una costumbre internacional?

—Sí, eso es.

—Pues fíjate lo que son las cosas, yo llevo ya diez años

en esto, y viviendo así, como me da la gana, o sea, y no me había enterao.

—Es raro.

—Sí, es raro. Pero yo no tengo la culpa. Será que soy algo retrasada.

—No, mujer.

—O que no leo la prensa.

—Por favor, Luisa, esto es un trago para mí. Déjame seguir con mi embajada.

—Antes de que sigas, te advierto una cosa: al Gijón pienso seguir yendo.

—Respecto al Gijón, no se trata de que dejéis de ir ninguno de los dos.

—¿Ah, no?

—No.

—Pues entonces...

—Desde las seis de la tarde, poco más o menos, algunos días desde las siete, hasta la una de la madrugada que cierra el periódico, Pascual casi ningún día puede ir. A esas horas puedes ir tú.

—Ya, ya.

—Y Pascual se compromete a no ir a esas horas, aunque tenga libre. Y en cuanto a La Banderilla...

—Ah, pero ¿también entra en esto La Banderilla?

—Sí, también.

—¡A mí me gusta mucho la comida de La Banderilla, y Merceditas es amiga mía, y su marido!

—Luisa, tómate otro Cointreau.

—No, no puedo, que en la secuencia que van a hacer ahora tengo mucho texto.

—A La Banderilla tú puedes ir a cenar, pero no a comer, y Pascual puede ir a comer...

—Con Vicky *la Platino.*

—O con quien quiera, pero no puede ir a cenar. Tú a

comer puedes ir a Carmencita, que está cerca del Gijón y también te gusta mucho.

—Iré a donde me salga de las narices.

—Sí, desde luego, yo lo decía por darte ideas, por ayudarte.

—Soy mayor, sé andar sola.

—No irás a cabrearte.

—Ya estoy cabreada.

—Respecto a los otros sitios...

—Pero ¿qué sitios quedan? ¿Donde me compro la ropa interior?

—Pues, por ejemplo, el Royal Bus, que se ha puesto tan de moda. El Bourbon, donde Iturralde. Si tú vas al Bourbon, él se queda con el Royal Bus; o al contrario. Entre éstos, Pascual te deja elegir a ti primero.

Luisa no pudo contener una espléndida carcajada; espurreó lo poco que quedaba del Cointreau sobre la mesa y sobre la americana de Enrique.

El guionista se encontraba ridículo y estaba profundamente arrepentido de haber aceptado la embajada de Pascual. Qué razón tuvo al rechazarla el prudente Quintana, pues a él se dirigió en primer lugar Ortuño. Pero el pintor supo evadirse. Ya sabían todos que él carecía de práctica y de teoría en aquellos asuntos. Sólo pensar en problemas amoroso-sexuales, aunque fueran los de otros, ya le producía terror. No se esforzó mucho en justificar su negativa, era hombre lacónico. En cambio, la especialidad de Enrique eran las palabras. Qué envidia le daba su amigo.

X

De una inesperada relación entre Oriente y Occidente

Exterior de campo. Noche. El camión sigue su marcha por la carretera. Continúa la encastillada discusión de Cazorla y Diego, los dos camioneros.

—Díganos, simpático, y muy inteligente, concursante número dos, en su opinión, ¿esiste el amor?

Se hace gracia a sí mismo y suelta una gran carcajada.

El acompañante, el hombre duro y bragado, ahíto de experiencias buenas y malas, primero le lanza al sesgo una mirada llena de desprecio, después se empina en el asiento y, agresivo, peleón, provocador, se acerca al otro, al ignorante y díscolo discípulo, y le mete la cara para responder, excitadísimo.

—¡Sí señor, sí señor, esiste y ha esistido siempre y seguirá esistiendo, si quieres que te conteste a esa pregunta gilipollesca!

—Si es usté adivino, Cazorla, me retiro de la discusión.

El acompañante no le hace ni caso; sigue en su actitud.

—¡Esiste aunque tú y otros como tú os emperréis en que no, porque os da miedo!

Exagera el conductor la sorpresa, desorbitando los ojos.

—¿Miedo?

Como un loco, o como un tonto, Cazorla repite la palabra sin apartar la cara.

—¡Miedo, miedo, miedo!

Diego ni mira a su acompañante, por no perder la línea blanca, o como signo de desprecio.

—¿Que a mí me...?

Y su acompañante le interrumpe.

—¡Sí, sí, niñato, que no eres más que eso, un niñato: te cagas de miedo al pensarlo!

—¿Al pensar qué?

—¡Pues eso: que pueda esistir el amor, y un día, lo mismo que me ha pasao a mí te pase a ti!

—¿El qué?

—Pues eso: que te cace. ¡De miedo se te escurre la mierda por los pantalones hasta las botitas de caña!

Habla tan cerca del otro que le está poniendo perdido de salivilla.

—¡Bueno, bueno! ¡Oiga, Cazorla, reprímase, que ahora es usté el que está faltón!

Para el enfurecidísimo y enamoradísimo Cazorla es como si el otro no hubiera abierto la boca.

—¡Para ti y los que son como tú, que no faltan ya lo sé, los que tenéis el cascarón en el culo, es lo mismo estar encoñao, que enamorao, que apasionao! ¡Vosotros no necesitáis ahora a las gachís más que para bailar esa música, ese ró de mierda! Pero ¡ya verás, ya veréis tú y los de tu quinta, cuando lleguéis a la edá del desarrollo! ¡Ya veréis, ya veréis! ¡Menuda diferencia! ¡Te tiras a una tía y vuelves porque te da gusto...!

Los gritos, las razones, los escupitajos y los malos augurios del acompañante Cazorla tienen un tanto acojonado al conductor Diego, que pide tregua.

—¡Bueno, bueno!

Pero el otro sigue y sigue.

—¡Y luego, de pronto o poco a poco, notas que el gusto se te ha mudao en amor y que no puedes estar sin la tía...! ¡Se te ha hecho una costumbre, ¿comprendes?, una costumbre, que a lo mejor tú tampoco sabes lo que es eso!

En su excitación, sin salir de ella, se retira del conductor, deja por unos instantes de agobiarle, de escupirle, enciende un pitillo, fuma nervioso, todo sin dejar de hablar.

—Y no es eso lo malo sino que a algunos, y no porque nosotros queramos, ¡nos pasa algo peor!

El joven conductor se asombra.

—¿Peor todavía? Pero si tal como usté cuenta las cosas ya son de infarto.

Con prudencia, echa una mirada de reojo a su acompañante y le pregunta:

—¿El qué les pasa peor todavía?

—Que el amor, ¿eh?, el amor —remacha Cazorla como si se dirigiese al alumno más torpe de la clase—, se nos muda en pasión, que no es lo mismo, por si no lo sabías, porque amor lo puedes tener por tus padres, por tus hijos...

—Sí, hombre, sí, eso lo sabía. Desde pequeño. Y por San José y por Franco y por la Patria.

—¡Déjate de coñas, Diego!

—¡Si no son coñas, oiga! Es lo que me han enseñao.

—Pero lo que no te han enseñao, y por lo tanto no sabes, es que a algunos el amor se nos muda en pasión y eso sí que es duro, eso sí que hay que ser macho y requetemacho para soportarlo, porque duele como una herida, como muchas heridas, y se sufre y se llora... ¡Sí, se llora, se llora!

Cazorla se había adelantado a la réplica de Diego, que daba por supuesta.

—Bueno, bueno, no digo nada, Cazorla. ¡Joder, cualquiera le enmienda a usted la plana!

—Y estás como enfermo, y a veces quieres no estar enfermo ni sano, quieres estar muerto... O, si no eres tú mismo un asesino, quieres con todas tus fuerzas que alguien se muera.

Oyen, muy cercano, demasiado cercano, alterando el monótono zumbido del camión, el ruido del motor de un coche. Saben, de muchísimos otros viajes, que en ese lugar de la carretera desemboca un ramal, pero hay un stop.

—¡¡Cuidao!! —gritó Cazorla.

Diego hace sonar el claxon.

—¡Se ha saltao el stop el hijoputa!

Ya ha dado un enérgico volantazo. Chirrían los frenos. No puede el joven conductor Diego evitar el choque.

El camión se detiene.

Un coche moderno y de gran categoría se ha estrellado contra un lateral del camión. Se apean apresuradamente el conductor y el acompañante, al tiempo que el coche comienza a incendiarse.

—La imagen se congela, ¿no? Cuando empieza a arder el coche la imagen se congela.

El ayudante Cascales, iluminadores, atrecistas, estaban preparando un plano. Mientras tanto, algo separados del decorado, sentados en sillas de rodaje, Núñez y Lafuente echaban un vistazo al guión.

—Sí, eso es, la imagen se congela, ahí lo dice.

—Ya lo veo, ya. Y también he visto que has arreglao algo el diálogo.

—Algo. Lo he hecho procurando seguir tus indicaciones.

—Pero de milagro has llegao a tiempo. Esta secuencia de los camioneros la rodamos mañana mismo.

—Sí, ya lo sé.

—Te ha quedao mucho mejor que antes, la verdá; más al gusto de Leda Films.

—¡Vaya, hombre, he acertao!

—Y en lo otro... ¿sigues acertando?

Enrique se hizo el tonto.

—¿En qué otro?

—No te hagas el tonto, Enrique.

Enrique bajó la voz para hablar confidencialmente.

—Pues sí, sigo acertando. ¡Y no sabes de qué manera! Van a separarse.

—¡Qué me dices!

—Eso, lo que has oído.

—¿Que Silvia va a separarse de Víctor Caralt?

—Sí.

Núñez estaba asombradísimo.

—¡¿Por ti?!

—Sí, no sé por qué te asombras.

Núñez, como si fuera una persona bien educada, recogió velas.

—Perdona, no me he asombrao. Ha sido un error de espresión; ya sabes que como actor soy pésimo. Entonces, ¿ella le ha dicho a su marido que quiere la separación?

—No, no. Todo lo contrario. Víctor le va a pedir la separación a ella.

—Pero... ¿una separación amistosa, o la anulación por matrimonio no consumao?

—Los detalles no los sé.

—¿Te lo ha dicho él?

—Me lo ha dicho ella.

—No entiendo.

—No te asombres otra vez. Escucha.

—Sí, sí, me interesa. Aquí puede haber carnaza para la prensa: «Silvia Flora se separa de su marido, el financiero Caralt.»

Enrique empezaba a entusiasmarse. Arrimó su silla a la de Núñez, se enfrentó con él.

—Me lo ha dicho Silvia porque tiene una táctica para romper con los hombres cuando, por la razón que sea, se cansa de ellos. Aunque está casada con Caralt, no es el primer hombre de su vida.

—Ya, ya lo sé.

—Si la conocieras más, sabrías que tiene muy buen corazón. Y eso le impide ser ella la que rompa con los hombres, porque dice que ellos entonces se sienten inferiores, ridículos, y eso ella no lo quiere. Pero así, con su táctica, consigue que sean ellos los que rompan, los que un día digan: hemos terminao.

—¿Y cuál es su táctica?

Enrique sonrió casi malévolamente.

—Hacerles la vida imposible.

—Ah.

—Con pequeños detalles, ¿comprendes?, cosas de esas de todos los días.

—¿Por ejemplo?

—Pues —sonreía con divertida complicidad Enrique—, ella misma me lo ha contao, porque conmigo es muy sincera...

—Ya, ya.

—... No vuelve a ponerse el vestido que él le regaló, no me refiero sólo a Caralt, al que sea, se peina como a él menos le gusta, usa un perfume que no es el suyo habitual, si en una fiesta él quiere marcharse porque se le hace tarde, ella se queda, después de pedirle permiso, claro, muy amable, muy amorosa, lleva a casa a los amigos y amigas que a él menos le gustan...

—Sí, eso jode bastante.

—Pide de regalo, como si fueran caprichitos tontos, cosas carísimas que él no puede pagar, joyas, un coche nuevo, un apartamento en Benidorm para su madre...

—Pero eso a Caralt le saldrá por una friolera, está forrao de millones.

—Hombre no me entiendes, ya te he dicho que no me refiero esactamente a que todo esto se lo esté haciendo ahora a Caralt. Son cosas que en otras ocasiones les ha hecho a otros hombres. Yo te las ponía como ejemplos, que es lo que tú me has pedido.

—Sí, tienes razón. Te he pedido unos ejemplos y tú me has contao casos que pueden haber ocurrido antes de que conociera a Caralt.

—Esacto.

—Comprendo, comprendo.

—Ahora, a Caralt, a la vuelta de uno de sus viajes a Barcelona le dice que cuando termine su trabajo del día en la película le esperará a tal hora en el hotel, y cuando él llega, ella no está, le tiene horas esperando y llega tardísimo. Que si Núñez quería dar unas instrucciones para el día siguiente, que si se enredaron charlando con unos y con otros, que si tomaron unos pinchos allí, en el bar del estudio...

Cascales, el ayudante, les interrumpió para explicar a Núñez algo sobre la preparación del próximo plano, pero el director, interesado en la explicación de Lafuente, tal vez por referirse a su estrella, Silvia Flora, le prestó poca atención.

—Sigue, Enrique, sigue. Las mujeres son el demonio. Nunca acaba uno de aprender.

—En cuanto la convocatoria de trabajo no la obliga a madrugar, se va por las noches al teatro o al Royal Bus con otros hombres, compañeros de trabajo, periodistas, conocidos, sin ocultarse, sin disimular, porque lo hace para que se lo cuenten a él, a Caralt... Y muchas cosas así. ¿Te haces una idea?

—Sí, sí.

—Ya sabes que a las mujeres, para esto, imaginación no les falta.

—Son el demonio, ya lo dicen los curas.

—Hasta que el pobre hombre, Caralt o el que sea, un día ya no puede aguantar más y se planta: «Ya está bien. Hasta aquí hemos llegao, Silvia. Lo nuestro ha terminao.» Ella se echa a llorar, hace una escenita, pero en el fondo está encantada, ha conseguido su propósito, recuperar su libertá, y sin haberle humillao a él, que era lo que de ninguna manera quería, porque es muy sensible. Y, ya te digo, esto, poco más o menos, no esactamente como yo te lo he contao, ella sabe muy bien lo que conviene en cada caso, es lo que está haciendo ahora con Víctor Caralt. Es su táctica para terminar, sin ser ella la que abandone al hombre, al amante o al marido.

—No me parece mala táctica, no —aceptó Núñez, y miró fijamente, con aguda y penetrante mirada a Enrique—. Y estoy pensando, se me pasa por la cabeza, que quizá alguna mujer la haya empleao conmigo.

—Puede ser, puede ser. Porque no creo que Silvia Flora tenga la patente.

—Pues ahora que ya no estás decaído, que te veo con tu entusiasmo de siempre, voy a hacerte un encarguito profesional. Nada del otro mundo, ¿sabes?

Se puso a pasar unas hojas del guión. En cualquier otro momento eso a Enrique le habría nublado el semblante, pero se encontraba lleno de esperanzas eróticas y cualquier cosa le estimulaba.

—Esta escena, la del estanco, para la que ha habido que construir un decoradito, repite un poco lo de la secuencia doce, las murmuraciones, los cotilleos entre las mujeres de la ciudad... La figura del estanquero resulta muy apagada... No me he dao cuenta hasta ahora; si no, ya te lo habría dicho. Y lo malo es que la rodamos mañana. Por eso no trabajan ni Silvia ni Luisa ni Carlo. ¿Tú te atreves a pasarte una noche sin dormir como cuando andabas por ahí con los guiones bajo el brazo?

—No faltaba más, Domingo. Si a ti te conviene...

—Me es necesario. Tal como está eso ahora, no funciona.

—¿Rodáis a las diez de la mañana?

—Sí.

—A las ocho, tienes aquí la escena nueva.

—Pero sin parrafazos: que los actores se puedan aprender el texto.

—Claro, claro.

Cascales, el ayudante, volvió a acercarse a Núñez.

—Ya estamos listos, Domingo.

Núñez se levantó y, rebosante de energía, fue hacia el decorado dando voces.

—¡Vamos, vamos a rodar de una puta vez, que aquí nadie da golpe!

Enrique, entre nueve y diez de la noche, después de avisar por teléfono a su madre que no iría a cenar, abandonó la tertulia del aperitivo en la barra del café, donde Conrado San Martín le estaba contando anécdotas de caza, muy interesantes, muy interesantes para él, porque un guionista de cine, radio y televisión debe saber de todo, y, con alas en los pies, se dirigió a su apartamento, donde se afeitó, puso unos *long-plays* melódicos en el picú de cambio automático —una hora de música continuada—, metió en un cubo con hielo la botella de champán que tenía en la nevera, le dio unas vueltas, luego unas pocas más. También consultó dos o tres veces la hora, encendió un pitillo, y otro y otro, y dio más vueltas al champán, y encendió otro pitillo y otro. Hizo un esfuerzo por serenarse. Respiró profundamente. Se sentó ante la mesita y escribió a mano en una de las cuartillas que tenía por si acaso se le ocurría algo —allí no se había llevado máquina de escribir—: «Secuencia 20. Estanco. Int. Día. Al mostrador del estanco se han acercado la Mujer 1, la Mujer 2 y la Mujer 3.» Se levantó, cogió la cuartilla, hizo con ella una pelota y la tiró al suelo. Encendió otro pitillo, dio otra vuelta al champán, y paseó de un lado a otro, y encendió un pitillo y otro hasta seis o siete.

Estoy nervioso, sí, estoy nervioso, muy nervioso, y preocupado y además impaciente. No se me va de la cabeza el recuerdo de la última noche gloriosa que he pasado con Silvia. ¡Hostia, qué mujer! Por eso fumo tanto y voy así, como un autómata, de una pared hasta la otra. Porque estoy nervioso, preocupado, impaciente. No debo negármelo. Juan Orense, el psiquiatra que va por el café, dice que cuando uno se encuentra así, nervioso, impaciente, preocupado debe confesárselo a sí mismo, no andarse con disimulos, porque la depre acecha y la autoconfesión es una defensa bastante eficaz cuando no se tiene otra cosa mejor a mano.

En lo que desarrollaba este pensamiento tuvo tiempo de consultar cuatro veces el reloj. Sonaron unos golpes en la puerta y Enrique se precipitó a abrir. Entró Silvia Flora, Silvia, Silvia, Silvia, tan hermosa, tan atractiva, tan precipicio, tan vértigo, más aún que si llevara calcetines blancos. Enrique, al verla, olvidó el retraso, la preocupación, la impaciencia, los nervios, los olvidó tanto que hasta tuvo una erección. Abrazó a Silvia, la besó. Ella le correspondió, pero más que con pasión o con deleite, con prisa, con urgencia. Enrique intentó ayudarla a quitarse el abrigo, pero ella no se lo permitió. Entró, decidida, en la habitación, pero con el abrigo puesto.

—El abrigo, no; el abrigo, no —decía de manera obstinada—; el abrigo, no, Enrique.

Enrique fue tras ella, sorprendido por la absurda decisión de Silvia.

—¿Qué dices, Silvia? ¿Cómo que el abrigo no?

—No, Enrique.

—¿Te vas a quedar con el abrigo?

—No puedo quedarme, Enrique, lo siento.

—¡¿Que no puedes quedarte?!

—La pitillera, la pitillera.

Iba de un lado a otro, no hacia el dormitorio o hacia el baño, sin dirección fija, iba y volvía. Enrique la seguía, la perseguía en su empeño de quitarle el abrigo y todo lo que pudiera.

—Pero ¿qué dices?

—La pitillera, la pitillera.

Silvia se puso a gatas y Enrique, automáticamente, sin saber por qué, se puso a gatas también.

—Sí, ya sé que dices la pitillera, la pitillera. Pero ¿por qué dices eso?

—La pitillera de oro, tú me la has visto algunas veces. Me la dejé aquí la otra noche. Es regalo de Víctor y no tengo más remedio que llevarla a la cena.

—¡¿A qué cena?! —Enrique dejó de hacer el ridículo a gatas y se levantó para hacerlo de pie.

—Ha surgido de repente, por eso no he podido avisarte. Un compromiso de Víctor.

Enrique empezaba a irritarse, levantó el volumen de la voz, olvidando la delgadez de los tabiques del edificio de apartamentos.

—¡Pues dale plantón! ¡Según tu táctica...!

Silvia, que no había dejado de andar a gatas, prescindió por un momento del frenesí de la búsqueda y desde el suelo, con tierna mirada suplicante, dijo:

—No, hoy es imposible, no puedo hacerle eso a Víctor. Tú, que eres hombre, tienes que comprenderlo. Vienen a cenar los japoneses. Se marchan mañana a Barcelona.

Volvió a la búsqueda, perseguida y acosada por el nervioso, impaciente y ahora no preocupado sino desesperado Enrique.

—¡Pero, Silvia, llevo tres días pensando en esta noche, esperándola! ¡Te he puesto *Only you!* ¡Tengo el caviar en la nevera, lo he traído de Mónico, como las otras veces, y mira, aquí están el champán y el jabugo, el menú que habíamos dicho. *La verdad es que todo esto, más el* marron glaçe, *me ha costado un huevo, casi la mitad del segundo plazo de Leda Films, pero vale la pena.*

Grito de triunfo de Silvia Flora que interrumpe las consideraciones gastronómicas de Enrique.

—¡La encontré! ¡La encontré, Enrique! ¡Yo sabía que no podía haberla perdido más que aquí!

Se irguió ágil, espléndida a pesar de que el abrigo cubriera las formas de su cuerpo, bellísima, risueña, mostrando en su mano derecha como un trofeo la pitillera de oro, de Cartier nada menos, recuerdo de un aniversario, no de nacimiento ni de boda, sino de amor —así se lo explicó a Enrique, como de pasada—, con su diminutivo en brillantes, Sil, resplandeciente en el fondo dorado.

—¡Silvia, Sil...! —fue un sordo y ahogado grito de horror. La pitillera, Silvia, el oro, el caviar, el champán, los brillantes, Silvia, los japoneses, el jabugo, los calcetines blancos devorados por la oscuridad de la escalera, y por el tiempo, la erección perdida. Silvia, su marido catalán, *Only you*, el cuerpo desnudo de Silvia, *No sirves para el amor, hijo, no sirves*, el grito de horror transformado en súplica de amante minusválido—: Quédate, Silvia, quédate.

—Hoy es imposible, cariño —y había una gran ternura en su voz, ternura que parecía sincera.

—¡¿Que es impos...?!

Alguna vez había escrito el guionista Lafuente, no en un alarde de originalidad, que una nube roja cegó a uno de los personajes de la película. Creyó siempre que aquello no era más que una metáfora aprendida en cualquier novela de acción. Pero al oírle decir a Silvia «hoy es imposible, cariño», la nube roja le había cegado a él, que alzó la mano convertida en puño amenazador sobre el bello rostro de Silvia. La hermosa dificilísima no se inmutó. Habló con serenidad, sin descomponer la voz ni la actitud, en tono de advertencia.

—No irás a pegarme —dijo.

Al Café Gijón por estas fechas van poetas líricos, algunos de ellos ganaron hace años el premio Adonais y ahora llaman a las puertas de la Academia. También van novelistas, periodistas, pintores, escultores, abogados, militares, muchos actores y actrices de cine y de teatro, médicos. Y también van otros tipos como Tito Lerma. Tito Lerma es un chulo argentino. Tiene buena planta, alto, espigado, distinguido y aunque sus facciones no forman un conjunto muy armonioso (a mi parecer, ya sé que para todo hay gustos), unos ojos grandes, un tanto aovados y negrísimos le dan cierta personalidad. Al pensar que es chulo no pretendo difamarle. Él mismo dice que sin una mina al lado que le eche una mano cuando está con la llanta en el suelo no sabe defenderse. Duraron muy poco tiempo, recién llegado a la madre patria, sus actuaciones como cantor de tangos en Bariloche, de Barbieri, y algo más, pero no mucho, el contrato de relaciones públicas eventual en la discoteca Amstrong, de Marbella. Las dos películas de su compatriota León Klimowsky, con unos guiones flojísimos, en las que ha intervenido en pequeños papeles no le han abierto las puertas de Hollywood ni las de la Ciudad Lineal. A la venta bajo cuerda de cuadros de los pintores que van por allí, por el café, Viola, José Díaz, Mampaso, Grandío, Quintana, también le saca algo, especialmente cuando establece contacto con turistas sudamericanos, pero sus ingresos más permanentes y abundantes proceden de la rufianería. Aunque esto, en su caso, no significa que trafique con mujeres públicas sino que vive de ellas, de las mujeres, de préstamos o donaciones que le hacen, sin que él se pare a considerar si dichas mujeres son públicas o privadas, que es una cuestión secundaria. El caso es que todos los que le conocen le tienen por maestro en el arte de explotar a las mujeres y, previamente, de conquistarlas, dominarlas. Como ese es un arte o una ciencia que yo siempre he admirado y envidiado, no sólo por su utilidad y el tiempo que ahorra sino por lo opuesto a mis aptitudes, varias veces, cuando nos hemos encontrado a solas, le he confesado mi curiosidad y le he pedido que me adiestre, aunque no sea más que por un interés puramente teórico, de escritor que debe procurar estar enterado de todo; especialmente si se trata de un escritor costumbrista como yo. Un día le pregunté si él creía que era eficaz para el mantenimiento de las relaciones amorosas pegar a las mujeres. No necesitó pensarlo mucho, pues era cuestión sobre la que ya había meditado y experimentado, y me respondió que solía ser eficaz, pero arriesgado. Tienes que estar dispuesto a perderla para siempre, porque lo mismo puede caer de rodillas delante de ti y ya no abandonarte en la vida, que abrir la puerta y desaparecer para siempre.

Y allí estaba el guionista Enrique Lafuente junto a la estrella Silvia Flora, cerca de la puerta, con el puño cerrado a dos palmos del rostro de ella.

El tiempo vuela, ya se sabe. Pero el pensamiento es todavía más veloz que el tiempo. En aquellos brevísimos, fugaces instantes, el pensamiento del guionista seguía volando y volando.

Todos sabemos que el tiempo es relativo y también el espacio. Creo que se relacionan el uno con el otro. El espacio, dos palmos que separaban mi puño del rostro de Silvia, se relacionaba con el tiempo que tardaría en llegar el puño al rostro. Si ese tiempo era escasísimo, como el de un fogonazo, yo habría golpeado a Silvia; si el tiempo era más largo, más lento, podría abrir el puño y con la mano convertir el golpe en caricia. Silvia me ha dicho con una frialdad aterradora: «No irás a pegarme.» En el instante en que tengo ante su rostro mi puño amenazador recuerdo la lección del maestro argentino y ante el temor, casi la certidumbre, de que mi caso sería el segundo de los que me ha expuesto, el de que abra la puerta y desaparezca para siempre, vuelvo a convertir mi puño en mano que acaricia sus cabellos de ébano.

—¡Te quiero, te quiero, te quiero! —dijo ella iluminando la noche de su pelo con el alba de su sonrisa.

Le dio tres rápidos besos y salió disparada del apartamento. Con la prisa, dejó abierta la puerta y Enrique la cerró de un tremendo portazo.

—¡Joder con los japoneses, qué manera de meter las narices en todas partes!

Echó una mirada circular a la habitación, fue hacia la nevera, abrió la lata de caviar, fue a la mesa y descorchó la botella de champán.

Al café no puedo ir, ni al Royal Bus, ni al Trampas; ni a cenar a La Banderilla o a Carmencita: les he dicho a Luisa y al pintor Quintana que iba a pasar la noche con Silvia Flora. ¡Cómo me mirarían! Sobre todo el pintor. «Las mujeres son el diablo, Enrique, me lo dijeron los curas cuando era muy jovencito. Yo estoy libre de diablos.»

XI

Nieve en la casa y fuego en el corazón

Escribir a máquina en la cama no es fácil, pero la idea que me ha venido de pronto es tan espléndida, tan original, que si no la escribo ahora mismo y se me olvida ya no me lo perdonaría nunca. Ni me lo perdonaría mi madre si se lo cuento a la hora del desayuno. Pero la máquina, aunque intento sostenerla con las rodillas, se me cae hacia un lado y hacia el otro. ¿No habría sido mejor que cuando he ido a buscar la máquina me hubiera quedado allí, en el rincón que llamo «mi estudio»? Sí, quizás, pero si me pongo ahora a pensar en eso se me irá de la cabeza esta idea, que sirve no sólo para la escena que me ha encargado reformar Domingo Núñez sino para el argumento de un guión nuevo. Pero en «mi estudio» no habría podido quedarme, porque estoy en pijama y hace frío; podría haberme acatarrado. Aquí, en la cama, a lo calentito, estoy mejor. En fin, la idea es que un maestro de un colegio de señoritas... Tengo frío en la nariz. No sé si meterme debajo de la manta con máquina y todo, pero entonces no tendré luz. He visto una película de Ro-

ger Vadim en la que el protagonista escribe una carta así, dentro de la cama. Tengo tanto frío en la nariz porque está nevando. Pero ¡qué cosa más rara! Como no están corridas del todo las cortinas, desde aquí veo la calle y en la calle no nieva; donde nieva es aquí, en la habitación. ¿Nevará también en las otras habitaciones? Estoy levantado, junto al balcón y, efectivamente, en la calle no nieva. Y, sin embargo, en mi alcoba, venga caer copos blancos y más copos blancos. Voy a ver si esto es en toda la casa. No, me parece que no, en el pasillo no. Y tampoco en el despacho de Domingo Núñez. Le doy el papel en que he anotado «La idea es que un maestro de un colegio de señoritas...». Dice que es poco y le respondo que tengo que recordar el resto. No es fácil saber cuándo un sueño es normal y cuándo es raro. Orense quiere que si sueño algo raro lo apunte en seguida porque si no, se olvida. Los sueños corrientes no le sirven. En su jerga profesional se llaman residuos diurnos, lo que queda del día. Estoy seguro de que para él eso de que escribo a máquina en la cama y de que he tenido una idea para una escena que puede servir para un argumento y que la apunto y que se la enseño a Núñez no son más que residuos diurnos. Pero ¿y lo de que nevase dentro de mi alcoba y en la calle no? ¿Eso también es un resto del día?

—No —le respondió Juan Orense, el psiquiatra del café—, no lo parece. Este año todavía no ha nevao en Madrid. Ni nevó el año pasao. Y mucho menos dentro de las casas. Al maestro del colegio de señoritas ¿qué le pasaba?

—No lo sé, se me olvidó en seguida, como otras veces. Pero era una buena idea. No digo que tan original como a mí me parecía en el sueño, pero era buena.

—¿Se enamoraba de una alumna?

—No, hombre. Eso no me parecería original ni soñando. Pero por ahí... por ahí...

—¿Recuerdas algo más?

—Me parece que sí... Sí... Ahora, claro, despierto, no sé si es una tontería o una idea útil... No se enamoraba de una alumna, se enamoraba de todas... Sí, eso es.

—¿Y eran muchas?

—Pues... no sé... El número no llegué a soñarlo, me parece.

—¿Como cincuenta?

—¡No, hombre! Diez o doce, o algo así.

—¿Y ellas se enamoraban de él?

—Eso ya no lo sé. Porque yo he soñao que era una idea para un argumento. Luego el desarrollo lo tenía que inventar yo.

—Tú soñabas. No soñaba el maestro. El maestro no existía ni en el sueño, era una palabra apuntada. También eran palabras apuntadas las doce alumnas. Tú soñabas, y el maestro y las alumnas eran sexo. Y los copos de nieve, no eran palabras apuntadas, ésos caían realmente.

—Sí, caían realmente, en la realidad del sueño, claro, caían con mucha suavidad sobre los muebles, sobre la alfombra, sobre la cama.

—Eran residuos diurnos.

—¿También eso? —protestó, decepcionado, Enrique.

—¿Puedo pedir otro coñac?

—Sí, hombre. Y doble, si quieres.

—No, no, normal. Gustavo, otro Carlos III —se volvió de nuevo hacia su amigo el guionista—. Los copos de nieve eran... calcetines blancos. Lo de siempre, Enrique; lo de todos los días, ¿has tenido alguna frustración reciente?

—No... Que yo recuerde... Frustración...

—Sí, como otras veces.

—Depende de lo que se llame frustración.

—Sí, desde luego.

—¿Reciente, dices?

—Sí.

—Pues... no sé... En fin, sí, anoche.

—Y echabas de menos, como casi siempre, aquella niña no vista, sino sólo entrevista en la oscura escalera, con sus calcetines blancos. Viste su cara, muy bonita, por cierto...

—Sí, ya te lo he dicho.

—Muchas veces, sí. Pero la viste sólo un instante. Imposible recordarla. El recuerdo es aquel par de calcetines blancos. Pero es ya un recuerdo de todos los días. Residuos diurnos, ya te digo. Aunque tu cerebro relajao por el sueño los transforme en copos de nieve.

—Don Enrique, una señora le llama al teléfono. Dice que es su madre.

Era Mary la de los lavabos quien traía hasta la mesa el recado, que sorprendió a Enrique.

—¿Mi madre? Nunca me llama aquí, al café.

—A mí también me ha estrañao —corroboró Mary la de los lavabos.

Cascales, el ayudante de dirección de *¡Stop!*, Augusto Mesa, el jefe de producción, por orden de Domingo Núñez, y también Anita, la secretaria del despacho, llevaban todo el día buscando al guionista Lafuente.

Ya le habían llamado por la mañana al café, cuando no estaba, y a La Banderilla y a Carmencita a la hora de comer. No había ido a dormir a su casa, a veces dormía fuera, así lo explicó la madre, que tuvo una corazonada y volvió a llamar al Gijón por la tarde, a la hora del café. Y ella fue quien le encontró. No podía ser de otra manera.

Pero ¿dónde había estado hasta las tres de la tarde? Según habían dicho los de Leda Films tenía que haber hecho algo en un estanco, esto la madre no lo había entendido bien, y el productor Domingo Núñez quería que en cuanto apareciese, aunque hubiera tenido un accidente y estuviera al borde de la muerte, se presentase inmediatamente en el estudio.

Según la atribulada madre, con quien habló por teléfono personalmente el propio Núñez, aquel señor no decía más que barbaridades, que si era necesario, que fuera con el balón de oxígeno y cosas así.

Enrique envió un beso a su madre y colgó con mano temblorosa. Dio una propina a Mary la de los lavabos, según era costumbre en el café.

Es terror, terror lo que siento, no es otra cosa ni debo disimularlo. Claro que tenía que haber hecho algo en un estanco: aquello que mi madre no había entendido, reescribir la escena del estanquero y las tres mujeres. Lo había olvidado absolutamente, Silvia, Silvia, Silvia, como si nunca hubieran existido ni en el argumento ni en la lista de personajes ni en el plan de trabajo ni en los folios del guión el estanquero y las tres mujeres, como si no hubiera existido ni el mismísimo Domingo Núñez, Silvia Silvia Silvia, la pitillera, los japoneses, el caviar, el champán y la borrachera solitaria de la que he despertado cuando empezó a nevar, para venir directamente a echarme en brazos de Juan Orense.

—Me muero de envidia de Quintana, el pintor, aunque algunos se rían de él. Con su sistema de la castidá laica se libra de estos problemas.

—¿Y cómo sabes tú que él no tiene problemas?

En el plató, en el decorado del estanco, había ambiente de trabajo, como si fuese un día normal en el que no hubiera sucedido ningún imprevisto. Es cierto que en el trabajo del cine suele haber tantos imprevistos que no deberían llamarse así.

Algunos de los técnicos y obreros que por allí andaban, cada uno a lo suyo, tal vez ni se habían enterado del drama de la secuencia del estanco. Por el barullo de voces, las órdenes del jefe de eléctricos y el trasiego debía de estarse preparando un plano.

La frialdad, el aplomo, la indiferencia con que recibió en el plató Domingo Núñez a su guionista predilecto se correspondían perfectamente con el terror que acababa de sentir Enrique al recibir el recado telefónico de su madre: también eran terribles.

No había podido rodarse nada en toda la mañana, ni en las primeras horas de la tarde. Más de media jornada de trabajo perdida.

—Ahora mismo hemos podido empezar. Hemos rodao ya un plano de los ocho o diez que tendrá la secuencia. Es un plano en el que se abre la puerta y el estanquero dice: Buenas tardes. Para una película que en montaje tendrá unos seiscientos cincuenta planos, no está mal.

Enrique carraspeó.

—Verás, Domingo, es que...

Pero Domingo le interrumpió; afortunadamente, porque a Enrique, después de aquello, no se le ocurría nada más que decir.

—Pero ya no tienes que preocuparte, Enrique. Ya tenemos la secuencia escrita de nuevo, y, por cierto, muy mejorada, y los actores, en lo que se ilumina, están estudiando el texto.

—Aún no llevo escrita más que la mitad.

El que había hablado era un señor de unos treinta años, con calva incipiente, muy bien vestido, que llevaba un bloc en la mano.

—Voy al bar a terminarla.

Domingo Núñez, sin abandonar su aire mesurado, explicó:

—Este señor es Eleuterio Fondetodos, el guionista que se ha hecho cargo de los retoques finales de *¡Stop!* Tengo muy buenas referencias de él, el guión de la última película de Forqué, *Una mujer antipática*, es de él, y está dando una fortuna. Pero de lo que estoy seguro es de que tiene más tiempo libre que tú; tiempo libre para dedicarlo al trabajo, quiero decir.

Del Opus. Este es del Opus, seguro.

En el plató, poco a poco, se había ido haciendo el silencio. No se escuchaban las voces habituales, ni rumor de conversaciones, ni pasos o martillazos.

—Señor Fondetodos, le presento al famoso guionista Enrique Lafuente.

Ambos guionistas se dieron la mano.

—Encantado.

—Lo mismo le digo. Domingo, yo creo que debías haberme consultao antes de... de tomar una decisión así... porque yo no tengo nada contra Fondetodos, al que hasta ahora conocía sólo de nombre y por alguna película... pero creo yo que, como el guión de *¡Stop!...*

Sin sonreír ni modificar en nada la expresión de su rostro, que reflejaba un perfecto dominio de sus nervios, dijo Domingo Núñez, en voz no muy alta, pero lo suficiente para que, tras el silencio que se había hecho, todos pudieran escucharle sin necesidad de aguzar el oído:

—Vete a la mierda, Enrique.

Esa es una frase carente de significado, todos lo sabemos. De ninguna manera el que la pronuncia pretende que el que la escucha se vaya a un retrete sin vaciar o a una letrina de cuartel. Ni siquiera está pensando en una defecación cuando pronuncia el exabrupto. Quiere simplemente eso: lanzar un exabrupto, que no es sino algo, cualquier frase, que se dice casi siempre como respuesta, con brusquedad y enfado. Por esta razón, entre otras varias, el que a uno le manden a la mierda no es motivo para que uno se lance a demostrar su habilidad y su potencia pugilística, en mi caso inexistentes. Tampoco es motivo para romper una relación amistosa, pues la frase que yo acababa de escuchar puede ser dirigida a alguien incluso con cariño, aunque no ha sido ese el sentimiento expresado por Domingo. Pero yo, con tanta gente alrededor, escuchando y ahora esperando, algo debo hacer, eso no ofrece la menor duda. Así que me aclaro la voz para preguntar:

—¿Qué has dicho, Domingo?

Sin modificar en nada su actitud, quizás con más serenidad aún que en el instante anterior, Domingo Núñez insistió:

—Que te vayas a la mierda, Enrique.

Enrique dio media vuelta y se marchó.

Los demás reanudaron su trabajo.

¿Puede ocurrirle a un hombre que en veinticuatro horas una mujer a la que ama le desdeñe, que le cause una frustración y que a consecuencia de esa actitud de ella, en el plazo de esas mismas veinticuatro horas él pierda su trabajo? Sí, a Enrique Lafuente le había ocurrido.

Buscó consuelo por donde pudo. Le daba vergüenza contar lo que le había sucedido, cuál era su situación. Desde luego, Domingo Núñez le pagaría los últimos plazos; si se resistía, Enrique recurriría a Beni Picapleitos, que todas las mañanas iba a una reducida tertulia de abogados del Café Gijón, porque pillaba cerca del Palacio de Justicia.

Pero eso no era lo fundamental, sino que había perdido su mejor cliente, y encontrar clientes fijos en la industria del cine español no era fácil. Y peor aún: la actitud de Silvia Flora en la funesta noche de los japoneses.

Pero ahí surgió una sorpresa. Enrique, con medias palabras, sin atreverse a mostrarse muy explícito, pero necesitado de consuelo, no de inútiles consejos, habló con su madre, con Luisa, con el periodista Pascual, con el pintor Quintana, con la propia Silvia, porque al fin y al cabo, las últimas palabras de ésta habían sido «te quiero, te quiero, te quiero». Y la sorpresa fue que de todas aquellas personas a quienes recurrió, la que mejor supo consolarle fue precisamente Silvia Flora. Quizás influyera en esto que era quien disponía de mejores medios para consolar a un hombre desdichado.

Su madre se limitó a repetir la consabida cantinela: no sirves para el amor, hijo, no sirves para el amor. Cualquier hombre capacitado para el amor, en vez de revolcarse en el desdén que había sufrido se habría echado a la calle, habría ido a ese famoso Café Gijón en el que, por lo que ella sabía, se encontraba de todo, o se habría pasado por los teatros en los que tenía amistades o un poco más tarde por una o dos salas de fiesta y habría encontrado alguien a quien llevarse al apartamento para compartir el jabugo y el caviar.

—Pero a ti no se te ocurre más que beberte a morro la botella de champán...

—No fue a morro.

—Qué más dará. Y emborracharte y dormirte en la mierda como un cerdo solitario. No sirves para el amor, hijo, no sirves para el amor.

Luisa le reprochó que se hubiera comportado con Silvia como un hombre celoso. Esto él no lo entendía así. Pero Luisa veía muy claro que el cabreo de Enrique, la idea, aunque fugaz, de golpear a Silvia, el encerrarse en el apartamento obedecían a un ataque de celos. Tenía celos del marido; se imaginaba lo que podía ocurrir entre el matrimonio después de la cena con los japoneses. Pero ¿qué quería que ocurriese? Lo normal. Si él fuese un hombre con aplomo, con temple, habría comprendido la difícil situación en que se hallaba Silvia, la habría ayudado a buscar la pitillera, le habría dado muy deprisa una cucharadita de caviar y un sorbo de champán y se habría citado con ella para el día siguiente.

Una de sus amantes, no recordaba Luisa el nombre ni el número, ¿la cuarta, la quinta, la sexta?, le había abandonado porque la pobre mujer, víctima de los celos —es cierto que justificados— de él y de la persecución constante a que la sometió cayó en el ridículo de disfrazarse para burlar su vigilancia. Se disfrazaba con pelucas, con gafas, con vestidos inadecuados; como no era muy alta, en una ocasión se disfrazó de niña con mochila de colegio y todo, pero la situación límite llegó cuando, disfrazada de anciana, entró en la habitación del *meublé* en que la esperaba su nuevo ligue furtivo y éste al verla lanzó un grito de espanto. Decidió no hacer más el ridículo y prescindir de Enrique, que, desgraciadamente para él, no sabía aprender estas lecciones que le daba la vida.

El pintor Quintana volvió a hablarle de la soledad y hacerle la propaganda.

—En la soledá puedes tener de todo, Enrique. De todo lo que tú buscas. Y te evitas los celos, los desprecios, las traiciones.

—Pero... en la soledá no hay nada.

—Hay de todo, Enrique, de todo.

—¿Tú crees?

—Mmmm...

En cuanto al periodista Pascual Ortuño, se mostró algo más solidario que la madre y la amiga y más explícito que el pintor, porque no le cabía la menor duda de que la culpa era de la mujer, siempre, o casi, de la mujer; en el suceso que ahora analizaban, Silvia Flora. Ya se sabía cómo eran las mujeres, no era necesario recordar ejemplares aislados. Pero había algunas más peligrosas que otras, y ya que el periodista no supo consolar al guionista, por lo menos le dio un consejo.

—Deja a Silvia Flora. Es una mujer peligrosa. Te ha hecho perder no sólo un trabajo sino una fuente de trabajo y un amigo. Olvídate de ella, déjasela a su marido, a su propietario. Es un banquero, un rico, un especulador, un esplotador. De alguna manera tiene que pagar sus culpas. Déjale a esa mujer, a ver si le estalla entre los brazos.

Eso era un consejo, quizás no malo, pero tan inútil como la mayoría de los consejos, y no eran consejos lo que Enrique necesitaba con urgencia sino consuelo.

Y el verdadero consuelo supo dárselo aquella mujer peligrosa, Silvia Flora.

XII

Las mujeres, para pintarlas

Al fin y al cabo, si se marchó diciendo te quiero te quiero te quiero eso significa que por parte de ella no había ninguna clase de ruptura; ni por la mía tampoco, pues lo último que hice fue acariciarle el pelo y dejar que me besara tres veces, tantas como tequieros. En consecuencia, nada se opone a que la llame por teléfono —ya que por el estudio no puedo aparecer— y le cuente cómo me ha despedido el grosero de Domingo Núñez. ¿Por qué no voy a buscar su amparo, si ella no ha tenido la culpa de que yo me emborrachara en vez de escribir la secuencia del estanquero y las tres mujeres?

—¡Mi amor, qué alegría más grande me da que me llames! Ya me he enterao de la cochinada que te ha hecho Núñez y supongo que estarás desesperao. Han tenido que cambiar el plan de rodaje para hacer hoy la nueva secuencia del estanco y yo no trabajo. Podemos vernos, si quieres, esta tarde, porque Víctor se ha marchao hace una hora a Barcelona.

En el marco de la puerta apareció Silvia Flora más bella que nunca —Enrique estaba dispuesto a jurarlo—, y más prometedora su abierta y luminosa sonrisa. Traía un paquete bastante grande y lo dejó en seguida sobre una silla para besar sin prisa y con hondura a Enrique, que sintió instantáneamente cómo sus gravísimos, irresolubles problemas se disolvían por arte de magia en tibia y palpitante carne humana y en dulcísima saliva, en la miel y la leche que había bajo la lengua y en la lengua y encima de la lengua de la hermosa sulamita.

En aquella ocasión Silvia sí se quitó el abrigo nada más entrar, no como en la funesta noche de la pitillera, abrazó y besó a Enrique y en seguida abrió el paquete. Contenía dos botellas de champán y una lata de caviar, que Enrique miró con desolación, porque en la nevera él ya tenía otra lata de caviar, sobre la mesa había un paquetito con el jabugo y en el cubo de hielo se refrescaba otra botella de champán.

La desolación no duró mucho, pues en cuanto Enrique mostró, sin decir una palabra, su caviar, su jamón y su champán los dos se echaron a reír, se abrazaron de nuevo y cayeron sobre la cama.

Ya sentía Enrique una firme erección y se desnudaron el uno al otro, despacio, recreándose, acariciándose.

La mirada de Enrique fue veloz hacia el coño prominente, erguido —ya se advertía incluso cuando Silvia estaba vestida—, y con abundantísima mata de vello oscurísimo y suave.

No era la primera vez que Silvia le habría sus piernas, oferente, pero el corazón de Enrique se aceleró como la primera noche y la erección estaba a punto de hacerse dolorosa, cuando llegó, oportuna, la tierna, acogedora mano de la mujer.

CAPÍTULO XII

Después, una vez consumidos a lametones el caviar y el champán sobre los cuerpos desnudos —el jabugo, no—, Silvia, que tan bella y eficazmente, con tanta sabiduría y amor le había consolado, creyó que ella también, como los demás, debía aconsejarle. Todos los que trabajaban para Domingo Núñez o los que tenían cualquier trato con él, desde las mujeres que barrían el estudio y la oficina, hasta sus socios en Leda Films o los funcionarios de la censura, conocían sus prontos, de los que a veces solía arrepentirse al poco tiempo porque, según opinión generalizada, era hombre de buen fondo. Cuando el desastroso día del estanco delante de todo el mundo mandó a la mierda a Enrique —a Silvia ya le habían contado la escena repetidas veces con pelos y señales—, no era su intención mandarle a ningún lado en concreto, ni muchísimo menos romper sus relaciones amistosas o de trabajo, de tanto tiempo, así, de repente, con la de éxitos que Enrique le había proporcionado y lo que escaseaban en España los buenos guionistas, que, dejando aparte a Azcona, podían contarse con los dedos de la mano de un manco. Enrique debía prescindir de su amor propio de escritor, y reconocer dos cosas: primera, que por parte de Domingo aquello había sido nada más que un pronto, y segunda, que Enrique tenía buena parte de culpa, si no toda, por haber hecho aquella niñería de dormirse abrazado a una botella de champán en vez de cumplir con su obligación profesional: escribir la nueva secuencia del estanquero y las tres mujeres.

—El amor —sentenció Silvia— a los hombres los rejuvenece; y eso, cuando son ancianos, está bien; tampoco está mal cuando se acercan a los sesenta. Pero cuando tienen como tú, alrededor de los cuarenta, los convierte en niños, y hacen el ridículo con mucha frecuencia.

Enrique tenía que reconocer que su comportamiento aquella noche había sido una niñería. Ahora debía humillarse, sí, humillarse, esa era la palabra y pedir perdón a Domingo Núñez. Si Enrique quería, ella, Silvia, se ofrecía a hacer de intermediaria, pues con aquel jaleo ella también salía perjudicada, ya que se le había ocurrido una pequeña modificación, una cosita de nada, en una de las escenas que faltaban por rodar y quería consultarla con Enrique, como había hecho otras veces, pero de ninguna manera estaba dispuesta a aceptar que aquel recién llegado, aquel nuevo guionista absolutamente desconocido Nosecuántos Fondetodos, que a la legua se notaba que era un idiota recomendado de alguien, metiera mano en sus escenas.

Luego, ya medio adormilada, se puso a hablar de algo que, ante la sorpresa de Enrique, no tenía nada que ver con todo aquello, ni con la película ni con su amor ni con ninguno de ellos dos.

Recordó a una actriz francesa muy famosa, de cine y de teatro, a la que hacía unos años había conocido personalmente en el festival de Cannes, Adèle Chabot, que era para ella un modelo digno de imitación, no como actriz, aunque la admiraba muchísimo, sino por su conducta privada, por el modo de llevar sus asuntos íntimos.

Estaba casada desde hacía unos quince años con un actor también prestigioso, algo mayor que ella, Georges Delfosse, al que engañaba con bastante frecuencia, pues era una mujer muy cálida, muy amorosa, sin que a aquellas aventuras fuese justo llamarlas engaños, pues casi nunca eran ignoradas por Delfosse; en cuatro o cinco ocasiones llegaron a separarse, a dejar de vivir juntos durante algún tiempo, pero ella siempre volvía y él siempre la recibía y los dos reanudaban su amor, siempre con el entusiasmo y las ilusiones y el placer de la primera vez.

Por parte de los dos, de la actriz y del actor, ése le parecía a Silvia Flora un modelo de conducta ideal. *Recuerdo haber visto un personaje así, como el del marido, en una película antigua, de antes de la guerra, aunque yo debo de haberla visto después, en algún cineclub, de Marcel Pagnol, el autor teatral y director de cine marsellés, pero como todo esto de la Chabot y el Delfosse no tiene nada que ver conmigo y Silvia ya está adormecida, lo mejor es que deje este brazo y esta mano sobre su tibio, terso, armonioso vientre y procure dormirme yo también.*

Iba ya el rodaje de *¡Stop!* por su quinta o sexta semana de las siete que se habían calculado en el plan de trabajo, cuando el bello Carlo Manzi llamó una tarde a la puerta del camerino de la no menos bella Silvia Flora y, tras una breve introducción, le habló de la posibilidad de ir a Italia a trabajar en una película del director Luchino Visconti, *Amore, dolore.* El famosísimo director había recibido unas fotos de Silvia enviadas por Carlo, quien había intervenido años atrás, en sus comienzos, en la película de Visconti *Los carbonarios,* y decía estar entusiasmado, fascinado con el físico de la «bellísima actrice spagnuola».

Podría ser la consagración internacional de Silvia Flora, por el gran prestigio de Visconti, reconocido desde *Senso* y *Rocco y sus hermanos* como uno de los mejores directores cinematográficos del mundo.

A Silvia, en el colmo de la alegría y de la esperanza, le faltó tiempo para decírselo a Enrique, que no reaccionó de ninguna manera, o se tragó su reacción y a su vez se lo dijo a su íntima amiga Luisa, que sí reaccionó y de manera violentísima, explosiva, pues fue en su apartamento donde Enrique le había dado la terrible noticia y allí, entre sus cuatro paredes, lejos de los compañeros y de los periodistas del corazón, no tenía por qué andar con disimulos ni esforzarse en contener su ataque de rabia.

—¡¿Cómo Carlo no me ha dicho nada a mí?! ¿Por qué se ha callao el muy cerdo? ¡Ahora mismo voy a hablar con él!

¡Le llamo por teléfono a su hotel, al estudio! ¡Le encuentro, te juro que le encuentro!

Pero no le encontró en ninguno de los dos sitios. En la conserjería del hotel había dejado dicho, cuando salió a media tarde, por si llegaba algún recado de trabajo, que cenaría en el Comodore, el lujoso y acreditado restorán de Mayte, muy de moda en aquella época. Al recibir esta respuesta unas malévolas chispas, acusadoramente femeninas, brillaron en los ojos de Luisa, que se precipitó sobre el listín de teléfonos y empezó a pasar velozmente sus hojas. Llamó a Silvia Flora al hotel Palace y dijo que era de parte de la productora Leda Films. La telefonista llamó a la conserjería y desde allí respondieron a Luisa que la señora de Caralt cenaba esa noche en el Comodore, lo había dejado dicho, según su costumbre cuando salía del hotel, por si llegaba algún recado de Leda Films. ¡Qué casualidad! ¡A los dos les gustaba la misma cocina!

—¡Qué jodía casualidá, cagüen su madre! —exclamó Luisa al tiempo que arrojaba el teléfono al suelo—. ¡Cagüen sus madres, en las madres de los dos!

Comprendió que había llegado el momento de llenar los dos vasos de whisky —se le había terminado el Cointreau, y el Pernod, que también le gustaba, procuraba no tenerlo porque pegaba demasiado— y unir su pena a la de Enrique.

—Han ligao, Enrique, han ligao.

—Mujer, no te precipites —dijo Enrique, que estaba tan convencido como ella—, todavía no hay fundamento para...

—¿Que no hay fundamento? ¿Te parece poco fundamento que se la lleve con él a Italia y que para celebrarlo se vayan a cenar al Comodore? ¡Nos han puesto dos cuernos, Enrique! ¡Anda, empújate el whisky de un trago!

Enrique obedeció y presentó su vaso vacío para que

Luisa se entretuviera y calmara preparando el hielo, el agua y el licor para el siguiente.

—La verdá es que yo —dijo con una voz profunda, grave, que no era la suya habitual— había advertido que Silvia estos últimos días no me acogía con el mismo entusiasmo que antes, incluso alguna vez he tenido la impresión de que me rehuía...

—Pues si quieres más síntomas...

—He sospechao si no habría otro hombre. Pero no se me ocurrió pensar en Carlo Manzi, por lo tuyo con él.

—¡Pero si es un *play boy,* Enrique! ¡Estoy colada por él, ya lo sabes, pero eso no quita para que sea un *play boy,* un coleccionista, un niño bonito! ¡Y la tuya, la Flora, un pendón pregonao! ¡La madre que los parió a los dos!

—Buen consuelo somos el uno para el otro, Luisa.

—Tú estás más espachurrao que yo. Por lo menos yo me desahogo. ¡Ojalá se hunda el Comodore!

—Ponte tú ahora otro whisky.

—No, no puedo. Tengo el estómago vacío y así ya sabes que me sienta fatal. ¿Nos vamos a cenar o has quedao con alguien?

—No, no he quedao con nadie. Podemos ir a Carmencita. Bueno, depende de ti, de tu reparto de sitios y horas con Pascual.

—La cena me quedó libre, ¿no te acuerdas?

—No, no llevo aquella lista vuestra en la cabeza.

—En la cabeza ya sabemos tú y yo lo que llevamos. Bueno, perdóname el chiste. ¿Carmencita o La Banderilla?

—También podemos cenar en el Gijón, abajo, en el restorán.

—¡Quita, quita! En el Gijón estos días ni pensarlo.

—¿Por qué?

—¿Y nosotros dos juntos? En cuanto nos vean entrar, imagínate el cachondeo.

—Pero ¿tú crees que en el café ya sabrán...?

—Desde el cerillero hasta don José, el dueño.

—Creo que exageras. Pero bueno, elige: ¿entre Carmencita y La Banderilla?

Luisa se detuvo un momento, en silencio, para pensar. Para pensar algo que ya había pensado.

—Ya he elegido: entre Carmencita y La Banderilla, el Comodore.

Enrique, ante la elección de Luisa, no disimuló su asombro ni su temor.

—¿El Comodore?

—Pero invito yo; si no, ni hablar.

—Pues... No sé... En fin, no me parece mala idea. Está bien que celebremos este acontecimiento. Pero el que invita soy yo.

—¿Has cobrao el segundo plazo?

—La semana que viene.

—¿Entonces...? El Comodore es carísimo. Retiro lo de mi invitación, y para que no te sientas humillao te propongo otra cosa, pero ésta definitiva: cada uno lo suyo.

—Bueno, lo acepto, pero con una enmienda. Lo tuyo se considera préstamo hasta que cobre yo el segundo plazo.

—Como quieras. Espérame un ratito, que voy a disfrazarme de chica de Serrano.

Desde la mesa discreta y apartada que le habían pedido a Mayte vieron, con manifiesta sorpresa, que la cena de Silvia y Carlo no tenía nada de romántica ni parecía insinuar los prolegómenos de una aventura amorosa: no estaban solos, sino acompañados por un señor de mediana edad, elegante, con todo el aspecto de ser el productor italiano.

Al día siguiente Luisa le pidió explicaciones a Carlo y el bello italiano se las dio sin ninguna dificultad. En aquella película italiana para la que había recomendado a Silvia Flora, Carlo no intervenía. Él, mientras tanto, rodaría una coproducción en México; se había limitado a dar el nombre de Silvia Flora, porque le había parecido adecuado para un personaje de la novela en que se basaba la película, y a enviar unas fotos a Roma. Efectivamente, aquel señor con quien cenaron era el productor de la película de Visconti. Inmediatamente, Luisa comunicó estas buenas nuevas a su amigo Enrique. Aquello había que celebrarlo. Pero Luisa en vez de con Enrique lo celebró con Carlo Manzi. El rodaje de la película le dejaba muy poco tiempo libre.

Silvia debía reparar el estropicio cometido por Enrique en sus relaciones con Domingo Núñez, lo había prometido. Pero no parecía fácil. Una reunión de los tres quizás fuera rechazada por Domingo. Silvia le sondeó en este sentido y confirmó su temor. Urdió una trama a la que Domingo no podía escapar. En uno de sus viajes a Madrid, Víctor Caralt tuvo el placer de invitar a cenar a Domingo Núñez y a Enrique Lafuente; para completar la mesa, teniendo en cuenta la solitaria viudedad del director productor y la no menos solitaria «separación amistosa» del guionista, se recurrió a Luisa Coral y a Anita, la chica de la oficina, muy útil para bodas y bautizos, pues sabía ser silenciosa. A Domingo, con la película aún sin terminar, le era más útil Enrique que el recién llegado Fondetodos, con el que no tenía ninguna confianza y a quien, por no saber con seguridad cuáles eran sus apoyos, no podía mandar a la mierda. Ejercía además sobre Lafuente una autoridad entre amistosa, paternal y cuartelaria que le resultaba muy eficaz. Por su parte, Enrique, con dos plazos de su estipendio sin percibir y el riesgo de perder encargos futuros, estaba dispuesto a cualquier humillación por poco adornada que se le presentase. Así, no fue necesaria ninguna explicación, se habló de temas más o menos triviales, como el arreglito que Silvia proponía para una de las secuencias que aún no se habían rodado, lo escasa que era la ayuda que el Estado prestaba al cine español, la opresión de la censura franquista no sólo sobre el cine sino sobre los intelectuales en general, el tema de los comuneros como posibilidad para una película, y al finalizar la cena, que tuvo lugar en el Florida, con agradable música —Enrique, Domingo y Víctor bailaron unos lentos con Luisa, Silvia y Anita— y atracciones internacionales, el enojoso incidente de la escena del estanquero y las tres mujeres se había olvidado.

A pesar de aquel feliz desenlace, y el de la oferta de trabajo de Silvia para Italia sin la compañía de Carlo Manzi, Enrique estaba convencido de que había otro hombre. Lo percibía en las ausencias de Silvia, en su voz cuando le daba disculpas por teléfono. Una de aquellas noches Silvia encontró un rato libre para acostarse con Enrique y allí, en la cama, entregados al juego sexual, también advirtió que había otro hombre.

¿Quién era?

Entre los escasos ratos que le dedicaba a él, las muchas horas que le llevaba el trabajo en el estudio, el tiempo que pasaba con su marido cuando éste venía de Barcelona, lo que precisaba para estudiar el texto de su personaje y el reposo necesario, más necesario en una mujer que debía cuidar su belleza, poco tiempo le quedaba a Silvia para la preparación y la realización de clandestinos encuentros amorosos. ¿No sería lo acertado pensar en alguien de la película, de los que se veían con ella a diario? Por ejemplo, el ayudante de dirección, Cascales, que era un muchacho joven y guapo.

Había superado Enrique la angustiosa duda de saber si su hermosísima amante le engañaba llegando a la conclusión de que, por todas las apariencias, el engaño existía, y ahora se encontraba con la sorpresa de que le angustiaba aún más el no saber quién era su oponente, el traidor.

Luisa ya no quería ayudarle en estas averiguaciones, ni siquiera por medio de conjeturas, porque al no tratarse de Carlo Manzi, el problema no era para ella acuciante aunque afectase al que consideraba su mejor amigo.

—Mira, Enrique, no sé si te voy a parecer demasiao insolente —fue la respuesta de Pascual Ortuño—, pero creo que debo hablarte con crudeza, aunque te haga daño. Tú me has preguntao, ¿no?

—Sí, sí, puedes hablarme sin reservas.

—Bueno, pues ahí va. Olvídate de si Silvia te pone los cuernos o deja de ponértelos; deja de pensar en si sale con éste o con el otro; no te atormentes, no sufras.

—Eso es fácil decirlo.

—Déjala, Enrique, olvídate de ella. Esa mujer no te conviene. No te trae más que problemas, te aparta de tu trabajo, te hace quedar mal con la gente, nada menos que con Domingo Núñez... Déjala, Enrique. ¿No querías una ayuda, un consejo? Pues ya lo tienes.

Quintana, el pintor, era menos explícito que Pascual Ortuño. El oficio de Ortuño consistía en expresarse con palabras, pero él se expresaba con los pinceles, solía decir, era hombre de pocas palabras. Pero a pesar de su laconismo, en lo que paseaban por la Gran Vía (entonces avenida de José Antonio) a altas horas, después del cierre del Gijón, saludando a músicos, a cómicos y a algunas putas que hacían la carrera en taxis, le recordó que él, Quintana, hacía años que había renunciado a las mujeres, aunque entre algunos imbéciles aquello le acarreara una fama equívoca, y le vino a decir lo mismo que el periodista, que la dejara, que procurara no verla, que se alejara de ella, por lo menos de ésta, ya que no tenía fuerzas para alejarse de todas, que era lo más recomendable.

—Yo uso a las mujeres, ya lo sabéis todos, pero sólo para pintarlas. Y las pinto siempre en color mierda, ya lo dicen los críticos. En oro y mierda pintaba el catalán Sert; pues yo, a las mujeres, en mierda y sangre. No hacen falta, Enrique, ninguna falta, te lo digo yo, que me las arreglo sin ellas desde hace treinta años. Un escritor de ésos del noventa y ocho dijo que puesto a elegir entre la esclavitud y la enfermedad, eligió la enfermedad*. Bueno, pues no se está mal con esta enfermedad, créeme. Y en cuanto a la Flora, una mala mujer, una mala mujer —repetía en lenguaje un tanto antiguo—. No verla es lo mejor. Te está haciendo la puñeta, de verdá. No te calientes la cabeza. Tú a lo tuyo, emborronar papel. Déjala, déjala, una mala mujer. Muy guapa, sí, menuda hembra, pero una mala mujer.

Había soltado un párrafo demasiado largo y volvió a encerrarse en su laconismo durante unos cuantos días.

—Pasión excluyente —fue el diagnóstico del psiquiatra Orense—; cuidao, Lafuente: la antesala de la idea fija, de la monomanía. Ni volver a mirarla. Se prescribe el cambio de aires.

—Mujer peligrosa, viejo —le dijo el entendido Tito Lerma—, muy peligrosa. Distancia, distancia.

Domingo Núñez no le dejó ni que abriese la boca. Nada más verle con aquel aspecto de cordero a medio degollar —según él mismo dijo, sin ningún ánimo de ofensa—, soltó una carcajada y le recomendó que abando-

* Pío Baroja, *Juventud, egolatría.*

nase el plató cuanto antes y se marchase a su casa a pensar temas para nuevas películas.

—Pero, por favor, que no sean intimistas; no escribas una autobiografía.

Mas, a pesar de la resistencia de Domingo a entrar en materia, acabó Enrique confesándole sus sospechas. De sus pocos amigos íntimos, Domingo era el que tenía más posibilidades de saber algo por estar haciendo la película con Silvia, por verla casi a diario. La pregunta le ardía en la cabeza y en la boca y acabó por soltarla. ¿Quién era el nuevo amante de Silvia?

Núñez le miró primero como a un ser de otro planeta, después como a un retrasado mental, por último como a un niño que plantease una pregunta en un ridículo juego de prendas. ¿Ese era su guionista? ¿El guionista Lafuente, ganador del Nadal con *Aguacero?* ¿El finalista del Adonais a los veintitrés años? Otra sonora carcajada. Aunque aquella tarde no andaba muy sobrado de tiempo, como Aguayo aún no había terminado de disponer las luces para el próximo plano, echó una mano sobre el hombro de su amigo minusválido y le llevó al bar del estudio.

Una vez en el bar, después de una pausa para que llegasen las bebidas, el productor Núñez abrió el turno de confidencias preguntando a Enrique si no tenía algún amigo de once o doce años, edad a la que esos temas apasionaban, a quien pedir discretamente consejo y con quien compartir impresiones sobre lo malvadas y traicioneras que eran las niñas del colegio y del barrio, incluso las de la familia, las primitas, y lo poco que podía uno fiarse de su palabra y cómo lo recomendable era picotear aquí y allá y no dejarse enredar por ninguna.

Luego le recordó que él, el productor y director cinematográfico Domingo Núñez, ya estaba muy lejos de aquella edad, y que en vez de en esas cosas tan trascendentales pensaba en otras insignificantes como el pago de letras, el vencimiento de créditos, la protección económica a las películas, los premios del sindicato, los porcentajes que se chupaban las distribuidoras, las trampas de los exhibidores, cómo evitar que sus nietos fumaran porros y que su hija se divorciase del americano.

Leda Films llevaba un retraso de tres días en el rodaje, que era necesario recuperar y resultaba casi imposible, aunque Leda Films suprimiese alguna escena del guión. El nuevo socio, el del Opus, no hacía más que dar el coñazo con los planos eróticos que se rodaban para la versión mexicana y si se suprimían esos planos, los mexicanos no compraban la película, porque el contrato de venta era un precontrato, lo que quería decir que no había contrato.

Esos, comparados con los del guionista Lafuente, no eran problemas auténticos, ni gravísimos ni urgentes, pero al productor Domingo Núñez, que ya era una persona mayor, y había hecho la guerra como alférez provisional hacía ya un cuarto de siglo, le divertía entretenerse en solucionarlos en vez de dedicar su tiempo y su talento a averiguar en qué cama prefería despertarse Silvia Flora.

No recordaba que en ninguna de las otras películas con guiones de Lafuente producidas por Leda Films hubiese tenido éste tanto interés en vigilar el rodaje ni en hacer tantas «pequeñas correcciones». Él, Domingo Núñez, el director de *¡Stop!,* ya no necesitaba más arreglos en el guión y el rodaje de la película estaba a punto de terminar.

Recomendó a su amigo y colaborador que no volviera por el plató y apuró su whisky.

—Si no dejas de venir por las buenas, le diré a Perico el portero que no te deje entrar. Por tu bien, Enrique.

Está clarísimo, lo veo con una claridad meridiana. Se la quiere tirar. Como los otros, como todos. Como yo, por eso no me extraña y lo comprendo muy bien. También yo quería tirármela y me la tiré y quiero seguir tirándomela. No puede sorprenderme que los demás quieran hacer lo mismo. Y como son amigos míos no quieren hacerlo mientras ella y yo tengamos algo que ver; no son traidores. Prefieren que rompamos, que la deje. Y entonces ya, manos libres. Y aunque no tengan la más pequeña posibilidad de acostarse con ella, el saber que lo estoy haciendo yo, y con una tía imponente, les jode bastante. Por muy amigos que sean. Estoy seguro de que cuando llego al estudio o a la oficina de Leda Films o al café, todos estos amigos piensan, y más aún los que no son amigos: ahí llega el que se está tirando a Silvia Flora. No piensan ahí llega el autor de Aguacero, *premio Nadal, o un guionista cojonudo o un escritor de izquierdas, un resistente; no, piensan ahí está el que se tira a Silvia Flora. Y si yo rompiera con ella, en cuanto se corriese la noticia todos respirarían, se llenarían los pulmones de oxígeno, como si les hubieran quitado del pecho un costal de harina. Por eso no sé si debo hacer caso de sus consejos; me parece a mí que son consejos interesados, porque además a ninguno le ha importado mi verdadero problema: averiguar quién es «el otro».*

—Pero, hijo, Enrique, ¿a ti qué más te da quién sea? ¿Hay otro? Pues bueno, ¿qué le vas a hacer? Da lo mismo que sea este o aquel. Tú, ahora, a descansar, que buena falta te hace.

Este es un consejo desinteresado, una madre es una madre, pero en los consejos de los amigos algo hay de envidia, no cabe duda. Debo tener presente que, aunque a costa de chascos y de disgustos, estoy acostándome con la mujer más estupenda que hay, hoy por hoy, en Madrid, mientras que a Pascual Ortuño no le ha cuajado lo suyo con Vicky, la Platino, *que ha vuelto con el hijo del notario y con la otra maniquí, y en cuanto al pintor Quintana, ya se sabe que soluciona sus problemas sexuales en la más absoluta soledad.*

XIII

De cómo deshacerse de los enemigos

Aquella tarde el café estaba en todo su esplendor. Hacía ya muchos años que la tertulia de la Juventud Creadora, fundada y presidida por el poeta García Nieto, había dado lugar, por partenogénesis, a múltiples pequeñas tertulias que acabaron llenando todo el café. Cuando entró, Lafuente coincidió con el economista Madariaga y el abogado Rivero; venían de casa de este último donde Madariaga le daba una tarde sí y otra no clases de macroeconomía porque se estaba preparando para presidente de la República, cuya llegada era inminente desde que hacía veinte años fueron derrotados los países del Eje. Enrique lanzó una mirada buscando árbol donde ahorcarse. Paco *el Demente* —que muy pocos sabían quién era ni de dónde había salido— tenía un buen corro de jóvenes variopintos en su mesa. Enrique se sumó al corro.

—La revolución mama de las tetas de la utopía. Pero hoy estamos viviendo en un mundo utópico si adoptamos la óptica de la Edad Media; es tan evidente que resulta vulgar decirlo. Hemos adquirido el vicio de llamar utópicas a todas las normas de convivencia positivas, optimistas, consideradas irrealizables en la época de su concepción, incluso durante mucho tiempo después. Pero la revolución utópica, la que nos llevaría a una sociedad edificada sobre la base de la justicia, no es imposible en el futuro.

—Si te refieres al futuro, desde luego no hay manera de demostrarte que no tienes razón.

Paco *el Demente* se exaltó.

—¡Pues me refiero al presente, si la voluntad de la mayoría de los hombres se dirige en el mismo sentido!

—Yo en eso del presente y el futuro me siento existencialista —dijo otro—. Todo lo que esté fuera de los límites de mi existencia, no me afecta.

Este concepto del existencialismo era un tanto esquemático, pero servía para entenderse, aunque el existencialismo ya había dejado paso a los hippies, de los que de vez en cuando se veía alguno suelto por el café.

—No sé si es existencialismo o deja de serlo —prosiguió *el Demente*—, pero puedo estar de acuerdo. Y aquí nos encontramos con el cuento de hadas de que el sistema de la URSS no es el socialismo sino que «va hacia el socialismo». No, no. Si quiero el socialismo lo quiero yo, lo quiero para mí. La revolución aquí, la revolución ahora. Pero no quiero una burocracia y un ejército que se dediquen a preparar la revolución para el siglo que viene. Quiero una revolución ya, en la que haya un orden, pero por encima del orden estén la justicia y la libertad del individuo.

No podía seguir escuchando; no porque lo hubiera oído cientos de veces, sino porque al escucharlo se le antojaba que carecía de importancia. Había perdido la ingenuidad de aquellos jóvenes que rodeaban al orador.

¿Cómo no se dan cuenta de que lo verdaderamente importante no es la libertad del individuo, sino la felicidad del individuo, el gozo del individuo, los placeres del individuo? ¿Y quién es el individuo? El individuo soy yo. Es jueves, sólo quedan dos días hábiles de esta semana y la que viene es la última del rodaje. Si yo soy el individuo, lo importante, lo único trascendente son los placeres míos, mi gozo. Como no podía seguir escuchando, apuró la copita de ginebra y se levantó para ir a pagar a la barra. *Si la semana que viene es la última del rodaje, tal vez es la última semana en que pueda ver a Silvia Flora. Algo tan elemental como que mis placeres, mi gozo, y, por lo tanto, también mi sufrimiento, mi angustia, es más grave, más primordial que la fecha en que pueda tener lugar la revolución, se le escapa a Paco* el Demente, *que por algo todo el mundo le llama así y a él no le parece mal. Cuando Silvia se arrodilla al borde de la cama y me ofrece el culo ¡eso sí que es la revolución triunfante! ¿Acaso no soy en ese momento más que el marqués de Villaverde, que el duque de Alba, que cualquier miembro varón de las familias March o Fierro? ¡Qué horror! ¿Cómo puedo pensar así? ¡No tengo perdón!* Recogió el cambio que Pepe, el más joven de la dinastía del Café Gijón, ya en funciones de *barman*, le entregaba, pero no se marchó, según era su idea cuando se levantó de la tertulia de Paco *el Demente*, sino que pidió...

—Un whisky doble, Pepe, por favor

y se apoyó de codos sobre el mostrador, como si desfalleciera, ante la sorpresa del incipiente *barman*, que ya empezaba a conocer las costumbres de los asiduos y sabía que esa no era la manera habitual de beber del guionista de cine, radio y televisión Enrique Lafuente.

Digo, me digo, me digo a mí, sí, a mí, que no tengo perdón. Afortunadamente, Dios no existe y, por lo tanto, si nadie puede perdonarme, nadie puede castigarme, porque mi delito no está en los códigos de los hombres. ¿Que cuál es ese delito del que en este momento me avergüenzo, el que me ha obligado a apoyarme desfalleciente en este mostrador, y pedir un whisky doble? Bien lo sé. «Converso con el hombre que siempre va conmigo», ¿verdad, don Antonio? Mi delito es la falta de solidaridad. Estos jóvenes que escuchan a Paco el Demente, *que a veces le contradicen, todos están de acuerdo en que ahora, en la plenitud de los años sesenta, vivir sometidos a las estrechas y acomodaticias ideas del enano sangriento de El Pardo Silvia Silvia Silvia la semana que viene termina la película y a partir de ese sábado de final de rodaje, habrá copita de última vuelta de manivela vivir sometidos a las estrechas y acomodaticias ideas —¿ideas?— del enano sangriento de El Pardo, digo, me digo, es una condena, un castigo, una tortura ante la que hay que rebelarse, aunque no sea más que, como ahora se dice, de manera testimonial. Y yo no me rebelo ni con el pensamiento, porque para pensar tengo un cerebro, sólo uno y lo tengo lleno de la carne de Silvia, de sus tetas, de la abertura celestial de su coño húmedo y templado, puerta del Paraíso, que al penetrarlo sí se entiende lo que es el prometido Paraíso ese goce la permanencia de ese goce la eternidad de ese entrar por la húmeda y templada puerta eternamente y a mí eso me anega el cerebro, me lo anega de un pensamiento indecente y placentero perdón amigos no sólo los que escucháis a Paco* el Demente *sino esos cuatro o cinco marxistas que os sentáis en aquella mesa del rincón, tan ortodoxos, tan recién leídos, algunos ya con días de calabozo y huellas de palizas y yo con el cerebro enterrado entre las tetas y la saliva de Silvia Silvia Silvia Flora Flora Flora sus hombros sus caderas su ilion irrepetible su vaivén su sabiduría sus ríos desbordándose en el lago del placer sus dientes blancos como calcetines blancos las yemas de sus dedos hábiles en la caricia atormentadora estallar en fuegos artificiales de placer mientras los de la mesa del rincón trabajan para que el día de mañana, de mañana, sí, de muy pronto, los socialistas, los sindicalistas, los democristianos, los socialdemócratas, los republicanos conservadores no les arrebaten los puestos de mando, de poder a ellos, a los marxistas que son quienes con la férrea autoridad al servicio de la verdadera justicia devolve-*

rán a los trabajadores lo que hace siglos les fue arrebatado. Y ese abogado, Rivero, que estudia macroeconomía en horas que roba a su trabajo, para prepararse para presidente de la inminente República, todos son mejores que yo, que no cumplo ni mi deber de ciudadano, ni mi deber de hijo de proletario, ni mi deber de intelectual, ni siquiera mi deber de hombre. Soy un vendido al explotador Domingo Núñez, vendido ahora al Opus Dei, que ya es el colmo, vendido a la Iglesia católica, a los secuestradores de Jesucristo. Y ni siquiera soy hombre para hablar aquí en este café, diciendo lo que pienso y siento, para rebatir a los que sienten y piensan lo contrario, o simulan sentirlo y pensarlo por conveniencia. Como yo. Ya no le quedaba más que un dedo del whisky doble —en aquellos años todavía era costumbre pedir medio whisky— y lo apuró de un trago. *Silvia Silvia Silvia los siete días de la semana que viene ¿serán los últimos en que pueda verte, palparte otra vez con estas manos, con sus palmas, con las yemas de sus dedos llenas de tu recuerdo? Ahora estará rodando. Son las seis de la tarde. Les quedan cuatro horas de trabajo. Pueden estar en una pausa. ¿En el plató? ¿En el bar? ¿En el camerino de Carlo Manzi? En el Comodore estaban con el productor italiano, pero eso sólo sirve para tranquilizar a Luisa, porque ella quiere tranquilizarse.* Dejó un billete en el mostrador. Pepe le dio la vuelta. Paco *el Demente* seguía en el uso de la palabra, con el economista Madariaga y el futuro presidente de la República se había sentado López, el constructor de decorados, y discutían acaloradamente, en el rincón estaban los muchachos marxistas. *Perdón, compañeros, camaradas, perdón, perdón, perdón.*

—Perdón, perdón.

—¿Qué dice usté, don Enrique? —preguntó Pepe desde el otro lado del mostrador.

—¿Eh? No, nada; es que he tosido.

—Ah, sí.

—Carraspera.

—Ya, ya.

Junto al edificio de los estudios había unos jardines y un solar en el que a veces se montaban decorados de exterior. A ese solar daba la puerta del espacioso taller de carpintería que además hacía las veces de almacén. La gran puerta doble montada sobre carriles estaba casi siempre abierta y pocas veces había gente por allí. Enrique no entró en el edificio por la puerta principal, para no ser visto por Perico el portero y porque por allí siempre solía haber alguien —del vestíbulo arrancaban los pasillos de los platós y la escalera de los camerinos—, sino que recorrió el jardín, como si estuviera dando un paseo, llegó a la gran puerta del taller almacén y entró por ella. No vio a nadie. Una lámpara enviaba sobre los trastos, las herramientas, las maderas apiladas, los bastidores, los bancos de carpintero, una luz amarillenta y mortecina. Reconstruyendo con la memoria el plano del edificio, suponía Enrique que casi frente por frente a la puerta de entrada debía de haber otra, pequeña, que daba a un estrecho y largo pasillo a cuyo final se encontraba el plató número 2, en el que se rodaba *¡Stop!* Hacia esa puerta pequeña se encaminó, procurando adoptar un aire muy natural por si era descubierto.

—¿Adónde va usté?

Perdió en el acto toda su naturalidad.

—¿Qué?... ¿Qué?...

—Que adónde va.

Se lo preguntaba un hombre vestido con mono azul, que había surgido desde detrás de un bastidor a medio empapelar.

—Voy a... al plató...

—¿A cuál plató?

—Al dos, al plató número dos. ¿No sale de aquí un pasillo que llega hasta el plató número dos?

—Sí, de aquí sale. El pasillo que llamamos de materiales.

—Yo es que... Soy de la casa, ¿sabe?

—Bueno.

—Quiero decir que trabajo aquí, en la película.

—¿En cuál película, en *El último estudiante?*

—No, en *¡Stop!*

—Ah, sí, esos están ahí, en el dos.

—Pues voy para allá... Es que... Estoy echando un vistazo a todo esto.

—Bueno.

El pasillo, a pesar de llamarse «de materiales», era estrecho y lóbrego, sólo iluminado por dos bombillas de cuarenta vatios. Enrique lo recorrió con rapidez y sigilo y abrió con mucho cuidado el cerrojo de la puerta metálica que había al fondo. Con la puerta entornada echó un vistazo al plató. Por fortuna, se encontraba en la zona oscura, y el rodaje era en el lado opuesto. Podría entrar y vigilar desde lejos, sin ser visto. Pero de pronto, con la puerta a medio abrir, descubrió algo que le paralizó. Allí, en la zona oscura, como a seis metros de donde él se encontraba, había dos personas que le daban la espalda, sentadas en sillas de rodaje. Si entraba en el plató, aquellas personas le descubrirían. Si volvía sobre sus pasos, al hombre del mono azul le sorprendería que regresase tan pronto: ir y venir. Y además... aquellas dos personas eran Silvia Flora y el otro galán, el apuesto Tomás Ponte, un ídolo de las quinceañeras. Pensó rápidamente. Debía entrar en el plató, procurando abrir la puerta lo menos posible. Así lo hizo. Cerrar sin hacer ningún ruido, para lo cual fue útil que la puerta y el cerrojo fueran silenciosos. Luego debía pegarse a la pared, aprovechando la oscuridad de la zona. Así lo hizo. Muy cerca, como a tres metros, vio el mostrador que se había utilizado para la célebre escena del estanco. No conseguía oír lo que hablaban Tomás Ponte y Silvia Flora, pues llegaba mucho ruido de golpes y voces de la zona iluminada en que se preparaba el rodaje del próximo plano, pero por su actitud, por sus movimientos, se advertía que se encontraban muy a gusto. Enrique se agachó y en cuclillas, avanzó hasta ocultarse tras el mostrador. Siguió andando así para incorporarse y pegarse a la pared al llegar al otro extremo del mostrador. Allí seguía estando en la zona oscura, pero podía andar aparentando naturalidad hasta llegar a la puerta que llevaba al pasillo de maquillaje, vestuario y camerinos. Entró en la sala de maquillaje, donde estaba solo el peluquero, leyendo el *Marca.*

—Hola, ¿qué hay?

—Lo que usté diga.

Enrique amplió el saludo, como si aquel día se hubiera despertado bromista.

—Muy buenas tardes. ¿Tienen ustedes barbas?

—Otra cosa no tendremos. Pero usté también puede tener una, si se la deja.

—Yo soy el guionista...

—No hace falta que lo diga, señor Lafuente; le conozco bien.

—Es que... como en las películas... los guionistas solemos pasar inadvertidos...

—Desapercibidos, quiere decir.

—Sí, eso es. Pues pensé que a lo mejor no me conocía.

—Hemos coincidido ya en tres películas. Las tres de Leda Films. Pero ¿por qué me preguntó si tenía barbas? ¿Era una coña?

—No... Se va usté a reír de mí, pero es que necesito una, una barba.

—¿Y cómo la quiere? Aquí tengo muy pocas. Y hechas a medida, llevan tiempo.

—Es para... para disfrazarme un poco... La quiero para dar una broma a mi hijo, que tiene diez años.

—Ah, bueno. Usté lo que quiere es una barba de verbena.

—Sí, algo así.

—Tengo dos o tres —dijo el amable peluquero, que ya se encaramaba a una silla para coger una caja de cartón.

Aquel día soleado que no amagaba lluvia, a la fiel Alicia y a Basilia, la madre, les sorprendió que Enrique quisiera la gabardina vieja, rota, llena de manchas y demasiado larga, pasada de moda y el sombrero flexible que había dejado de usar hacía más de cinco años. Pero él dijo no se sabía qué de unas fotografías y de publicidad y se limitaron a buscar las viejas prendas.

Con ellas y con la barba postiza se paseó el guionista de cine, radio y televisión, premio Nadal, poeta finalista del Adonais, por la carrera de San Jerónimo y la plaza de las Cortes, frente al hotel Palace, y por la calle Agustín de Foxá, donde tenía el apartamento Tomás Ponte; y por General Mola (hoy Príncipe de Vergara), donde vivía Domingo Núñez y también, por si acaso, por la avenida de José Antonio (hoy Gran Vía), junto al cine Pompeya, donde estaba la oficina de Leda Films. No descubrió nada; sólo el espantoso aspecto que tenía al verse reflejado en la luna de un escaparate. Atribuyó a un milagro de San Juan Bosco, patrono entonces del cine, el no acabar la noche en el calabozo de una comisaría.

Precisamente cuando más fría notaba a Silvia, que nunca encontraba tiempo para verle, cuando más convencido estaba de que había otro hombre, aunque no lograra averiguar quién era, Silvia le telefoneó y le dijo lacónicamente que se había separado de su marido. No era un secreto, se lo había comunicado también a Domingo Núñez por lo que aquello pudiera suponer en la organización de la película.

Hubo cierta conmoción en el estudio. Por lo pronto, Silvia debió marcharse del hotel Palace a otro de menos categoría, pues lo que cobraba de Leda Films no daba para esos lujos.

¿Se habría separado por el otro hombre?

Enrique, por aquella frialdad de Silvia durante los últimos días, estaba seguro de que él no había sido la causa de la separación. Pensó en asesinar, ese fue el primer pensamiento que se le pasó por la cabeza. Cine negro. John Huston, Fritz Lang, Siodmak. Para eso, antes, en plan Sam Spade o Marlowe, tendría que descubrir quién era «el otro», pues asesinarla a ella era un riesgo inútil. Si dos niños pelean por un pastel, lo absurdo —aunque lo más cómodo— es tirar a la basura el pastel.

Pero ¿a qué viene acordarme de Huston, de Lang, de Siodmak, de Sam Spade o de Marlowe? Si las raíces están aquí, en esta tierra mía. El maestro ¿no sigue siendo don Pedro Calderón de la Barca? Toda mi adolescencia, mi bachillerato, se me vienen de repente, los siento como un río desbordado que anegara mi cerebro, o lo que otros llamarían «mi corazón». «El teatro del honor», fuego, acero, sangre. Sangre y más sangre para lavar el honor, sin el cual la vida es peor que la muerte. Desde los tablados de los corrales bien supo don Pedro Calderón de la Barca aleccionar a sus contemporáneos y a muchos discípulos futuros. Veo y oigo de nuevo a mi profesor de Historia de la Literatura en el instituto de Oviedo, cuando acusa al público de este siglo de haber perdido el sentido moral. Aquel sentido moral que impulsó a Gutierre Alfonso y a don Lope, el incendiario, y al gentilhombre Juan de la Roca y al rey Herodes a deshacerse de sus mujeres. Pero yo no quiero deshacerme de Silvia Flora ni lavar mi honor. Yo quiero recuperar a Silvia Flora y para eso querría asesinar a mi desconocido rival. Y mejor que asesinarle preferiría desaparecerle, si eso fuera posible. Pero desaparecerla a ella no se me pasa por la imaginación. Ella no es la causante del conflicto; el causante del conflicto es «el otro»; ella es la causante de mi placer, *de mi felicidad, ¿cómo voy a querer desaparecerla? ¿No lo comprende usted, profesor de Historia de la Literatura? ¿No lo comprende usted, don Pedro Calderón? Este último, el dramaturgo, no pudo haber leído a Bentham, ni sabía por lo tanto nada del principio de utilidad:* «La Naturaleza ha hecho que los seres humanos tengan dos dueños absolutos: el gozo y el sufrimiento; sólo ellos nos indican lo que debemos hacer y lo que debemos evitar»*. *Con arreglo a esta moral, mucho más moderna y más acertada que la del* «teatro del honor», *yo debo procurar la conservación de Silvia Flora y la desaparición del «otro hombre».*

Pero, ya en el terreno de la práctica, en el del «utilitarismo», él no era capaz de asesinar a nadie, de matar a cualquiera que fuera «el otro» por el esfuerzo físico y la habilidad que ello requería. Había escrito muchos guiones cinematográficos y de ellos algunos policiacos, aunque ese subgénero en aquellos años aún no estuviera muy desarrollado en España, pero a los grandes americanos, desde el inventor Poe hasta Ross Mac Dowell, pasando por Mac Cain, Dassiel Hammet y Raymond Chandler, con los científicos Philo Vance, Van Dine y los ingleses Wilkie Collins, Conan Doyle hasta los especulativos de «El séptimo círculo», de la mano de Borges y Bioy Casares, con la reina Agatha Christie y el modesto emperador continental Georges Simenon, se los conocía bien, como a los reporteros de las pudorosas páginas nacionales de sucesos de la época y a los un poco más libres secuaces de Eugenio Suárez, el director y editor de *El caso.* Y sabía que él para cometer aquel «desaparecimiento», en primer lugar debía averiguar quién debía ser el futuro desaparecido y en segundo encontrar un sicario, ya que él, según se despren-

* J. Bentham, *Introducción a los principios de la moral y la legislación.*

día de toda aquella literatura y de su observación de la vida real, no era la persona adecuada.

Uno de los clientes habituales del café, aunque durante largas temporadas no se le veía por allí, era Miguelón el policía, un hombre alto, corpulento, de pelo claro, aunque sin llegar a rubio, un tanto escaso —doy estos datos por si alguno de los lectores hoy ancianos le recuerda—, orejas un poco de soplillo, nariz larga, afilada y ojos un tanto sumidos. Si podía, se sentaba en una de las mesas que estaban junto a los ventanales, las que daban a la acera del paseo de Recoletos (entonces Calvo Sotelo). A veces le acompañaba su amante, apetecible aunque ya entrada en años, Toñi *la Tanagra,* pequeña pero con un cuerpo de tanagra, y se solía sentar con ellos uno de los miembros de la sociedad familiar propietaria del Gijón, ya cercano a los sesenta, el que en tiempos más heroicos fue conocido como Pepín *el del Café,* y el poeta que por diferencias de estilo —no había asimilado a los del 27— y de categoría no podía sentarse con los del rincón, Bernabé Ruiz, el de

> Escuchad de esas voces jóvenes el clamor,
> saludad el desfile de las nuevas banderas,
> las que anuncian el tiempo de eternas primaveras;
> cerrad la puerta al odio, olvidad el rencor.

Miguelón el policía, a pesar de ser funcionario de ese honroso y arriesgado cuerpo, no era un hombre de moral rígida, estrecha y anticuada, sino más bien de criterio amplio, comprensivo para los defectos y las faltas de sus conciudadanos y dispuesto a hacer favores y pequeños servicios si lo que se solicitaba de él no quedaba clarísimamente al margen de la ley que había jurado defender. Por ejemplo, en el mismo edificio en que vivía con Toñi *la Tanagra* había sido esta propietaria de otro apartamento muy mono, decorado con buen gusto, que solía ceder por horas, percibiendo un estipendio no abusivo sino ajustado a la relación calidad precio, a parejas que, por circunstancias de la vida, no tenían dónde refugiarse. El negocio se lo estropeó un cliente al que había aceptado sin recomendación previa, cosa que se prometieron no volver a hacer en la vida, y al que se le ocurrió asesinar a su acompañante de un navajazo en la yugular. Por celos, ¿a quién se le ocurre? ¡Por celos! ¡Menuda reprimenda le echaron a Miguelón el policía sus jefes! Es más, fue entonces cuando le quitaron de la brigada «social» y le mandaron a la de «costumbres».

Cuando el poeta de la victoria y de las primaveras se marchó y se quedaron solos en la mesa Miguelón el policía y Enrique, el atribulado guionista se las ingenió para llevar la conversación al tema que le interesaba: los sicarios, la existencia de los sicarios, ¿abundaban, escaseaban? Hablaba de aquello con Miguelón el policía porque sabía que era un hombre de moral amplia, y que a veces había hecho pequeños servicios a amigos de allí, del café. Los crímenes cometidos por sicarios eran más difíciles de descubrir —informó el policía— como aquellos en que se conseguía que desapareciese el cuerpo del delito. El departamento de estadística de la policía creía que los crímenes cometidos por sicarios eran muchos más de los que podía suponerse. Pero —esto lo preguntó Enrique con una gran indiferencia— ¿un sicario era caro o barato? Después de esta pregunta fue cuando Enrique vio claramente que una sombra oscurecía la mirada de Miguelón el policía. Para asegurarse de que la existencia de esa sombra era cierta y no un producto de su imaginación, lanzó otra pregunta arriesgada. Si un señor formal, serio, de esos «fuera de toda sospecha», quería un sicario ¿dónde iba a buscarlo? ¡Sí, la sombra existía! La mirada de Miguelón el policía se había nublado. Se frunció ligera, involuntariamente, su entrecejo. No dijo nada, pero Enrique percibió con gran nitidez su pregunta: ¿El gilipollas del guionista busca un sicario o se ha vuelto loco?

—*El último sicario* —lo dijo así, en letra cursiva, para que el policía percibiera perfectamente su intención—. ¿Qué te parece como título?

—¿Cómo qué? —preguntó Miguelón para tomarse tiempo.

—Como título para una película.

—Ah... Bien, bien... —y respiró tranquilizado.

—Pero, claro, este título no vale más que si los sicarios son pocos. Pero si abundan...

—Abundan, abundan...

—Es una pena; porque tenía una idea estupenda para un guión. En fin, si consigo darle la vuelta y lo escribo, ya te pediré más datos.

—Cuenta conmigo para lo que quieras, hombre.

Aquella misma noche fue al Bourbon, donde había conocido a un mercenario que gozaba contando sus aventuras bélicas en África y cómo raptaron a un jefe negro multimillonario, estafador y fugitivo, para lo cual hubo que eliminar a su secretario, y otras cosas por el estilo. El mercenario, William era su nombre profesional, hacía grandes elogios de su vida aventurera. Las dos únicas cosas que le gustaban en la vida eran la guerra y la música de jazz. Allí estaba el mercenario, con dos bellas mujeres y un amigo... Acogió a Enrique con gran simpatía. Le recordaba bien. El español escritor. El español escritor se las ingenió para llevar la conversación de las diferencias entre el *hot* y el *cold*, a los años veinte y treinta, a la ley seca, al atractivo de la violencia, de la valentía viril, de la pura fuerza, a la poesía que se podía encontrar en los asesinatos, alguien incluyó el asesinato entre las bellas artes*. A lo largo de la historia de la literatura, la gran poesía, Homero, William Shakespeare, había fructificado bajo una lluvia de sangre. Y en sangre mojaron la pluma los poetas que cantaron las glorias del Cid Campeador y de todos los héroes guerreros.

William el mercenario estaba entusiasmado, casi aplaudía.

El guionista Lafuente no tenía nada contra los asesinos, los admiraba, los envidiaba. William el mercenario le abrazó. Lafuente aprovechó el entusiasmo del mercenario para pedirle por favor que le acompañase a la barra, pues tenía que hablar a solas con él de un asunto muy confidencial. William se disculpó ante sus amigos y aceptó la petición de Enrique. Allí, en la barra, pidieron otras dos consumiciones y, a pesar de la aglomeración, amparados no en el silencio sino en el escándalo del *dixieland*, pudieron hablar sin ser escuchados.

Chocaron sus vasos y, después de los primeros tragos, acercándose mucho a su heroico amigo, para no verse obligado a elevar demasiado el tono, Enrique, con algunos rodeos, comenzó a entrar en materia.

William el mercenario tenía los ojos azules, de un azul celeste muy claro, pero en un momento Enrique observó que se ensombrecían, se oscurecían, como si ante ellos se hubiera desplegado un tupido velo grisáceo. La mirada del mercenario se puso del mismo color que se había puesto en el Café Gijón la de Miguelón el policía. Fue precisamente cuando William, aguzando hasta el límite el oído, abriendo lo más posible sus entendederas, comprendió que de lo que le hablaba el español escritor, el asunto

* Thomas de Quincey, *El asesinato considerado como una de las bellas artes*.

muy confidencial, era asesinar de verdad, y le estaba preguntando el precio.

Sin despedirse de su interlocutor —*crazy, crazy,* murmuraba entre dientes—, se alejó de la barra y apartando a empellones a las parejas que bailaban, llegó en un instante a su mesa, arrojó sobre ella unos billetes y, sin perder tiempo en explicar nada, a tirones y empujones sacó del local a sus amigos y se marchó con ellos sin volver la vista atrás, no se fuera a encontrar con la del *crazy, crazy.*

XIV

El café es un hervidero de pasiones

El sueño del profesor enamorado de todas sus alumnas le inspiró a Enrique Lafuente un nuevo guión. Cuando, muy entusiasmado, le contó a grandes rasgos la idea a Luisa Coral, ella le recordó que en el librito de recuerdos de hacía unos años, *El vendedor de naranjas**, también había un hombre que se enamoraba no de una bailarina, sino de todas las chicas de un ballet.

Pero el guionista de cine, radio y televisión a eso no le daba ninguna importancia; había autores de gran prestigio que siempre utilizaban el mismo argumento, que contaban siempre la misma historia, aunque cada vez de una manera distinta.

Observó Enrique que, mientras exponía su idea del profesor y las doce alumnas, Luisa le miraba con más fijeza de la habitual, pero tampoco a esto le dio importancia.

---

* F. Fernán-Gómez, *El vendedor de naranjas,* Selecciones Austral, Espasa Calpe.

Por el café se corrió la voz de que el guionista de cine, radio y televisión había decidido hacerse productor (no obrero, que así se los llamaba en tiempos de Franco, sino productor cinematográfico, como Cesáreo González, Benito Perojo y tantos otros). La noticia sorprendió, pero no demasiado, la falta de dinero no era un inconveniente para producir películas, sino un acicate, aunque durante aquellos días no sólo Luisa sino bastantes clientes miraron a Enrique Lafuente con más fijeza de la habitual.

Domingo. Faltan siete días para concluir el rodaje

Su decisión de hacerse productor era firme, porque aquella era la única manera de ganar dinero con rapidez, o por lo menos de manejarlo pronto y cubrir las necesidades de Silvia. Carlos Marx había dicho que «todos los problemas de los hombres y de las sociedades tienen raíz económica»*, y Enrique atribuía su fracaso amoroso con Silvia Flora a que no era hombre de un alto nivel económico. La despampanante Silvia Flora quizás no era la pareja adecuada de un simple guionista pero sí podía serlo de un productor.

Los productores cinematográficos Puche y Miró, todos los domingos, después del fútbol —eran del Madrid pero iban también a los partidos del Atlético—, tenían la curiosa costumbre de ir a merendar al Gijón. Aquel domingo les animó la merienda —chocolate con picatostes— el guionista Lafuente, que se sentó a su mesa, sonriente y

* Carlos Marx, *El capital,* tomo I, capítulo V, Editorial Cartago S. R. I., Buenos Aires.

confianzudo, para comunicales su proyecto de, sin dejar de ser guionista, hacerse productor.

Se atrevía a molestarlos a ellos, que tanta experiencia en ese campo tenían y que habían situado a Pumi Films en el pelotón de cabeza de las productoras españolas, para recabar su consejo sobre cuál era la manera más conveniente y menos arriesgada de iniciar el proceso de producción, y quizás unos días más adelante podría ofrecerles la posibilidad de intervenir con una participación económica en el proyecto.

Puche y Miró se quedaron con los picatostes en alto, a media distancia entre la taza y la boca.

La marca ya la tenía pensada: una fuente...

—Lafuente, ¿comprenden?, Enrique Lafuente, una fuente decorativa de la que salían chorros de celuloide. Les contó el arranque del argumento de su primera película: un profesor se enamora de todas sus alumnas, doce, son doce: enredos, erotismo, juventud, morbo.

Puche y Miró dedicaron un conmovido recuerdo a su antiguo socio, el desdichado Castillo, que se enamoró, o se encaprichó, para el caso es lo mismo, de todas las chicas del ballet «Confituras de España» y al final acabó en una clínica psiquiátrica. Al decir esto, miraban con mucha fijeza al que fue su colaborador, el guionista Lafuente y, tras carraspear, mojar los picatostes y deglutirlos alternativamente —cuando uno de ellos hablaba el otro merendaba— le dieron a Enrique algunos informes sobre el papeleo inicial y, respecto a lo de invertir algún «dinerillo», le dijeron que lo pensarían, echarían sus cuentas para ver cómo andaban de liquidez y que como se veían allí, en el café, casi a diario, volverían a hablar, ya con más detenimiento, del asunto.

Pero Enrique tenía prisa. Antes de seis días, antes del sábado siguiente tenía que ser productor.

Lunes. Faltan seis días para que concluya el rodaje

Faltaban seis días para que Silvia Flora desapareciese. Quizás desapareciese no sólo del plató en que se rodaba *¡Stop!*, no sólo de Madrid, sino de la vida de Enrique Lafuente.

Como Perico, el portero del estudio, tenía orden de no dejarle entrar y el tortuoso camino de la carpintería y el pasillo de materiales habría resultado inútil, pues desembocaba directamente en el plató, donde cualquiera podría haberle descubierto, en la imposibilidad de entrevistarse con Domingo Núñez en su despacho, al que no iba, agobiado por el retraso de la película y los pocos días de que disponía para recuperar el tiempo perdido, recurrió a llamarle por teléfono.

No le parecía bien insistir, pues sabía lo absorbente que es el trabajo de dirigir una película, y sólo lo hizo seis o siete veces aquel lunes, de las cuales consiguió hablar con el director productor dos o tres. Las suficientes para explicarle que había decidido convertirse en productor. Que otros productores habían empezado sin tener dinero. Que la idea del profesor y las alumnas era muy brillante, así se lo había parecido a algunos amigos con los que había consultado. Que había pensado que la productora Lafuente Films podría asociarse para su primera película —el título *Él y doce* no podía ser más taquillero— con Leda Films, él había considerado la posibilidad y no tenía inconveniente en que Leda Films hiciera los primeros desembolsos y garantizase los créditos, el sindical y los bancarios. En el reparto de beneficios, al establecer los porcentajes, se tendrían en cuenta estas aportaciones previas de Leda Films.

Como las dos o tres conversaciones fueron telefónicas, Enrique no tuvo ocasión de observar el oscuro velo que nublaba la mirada de Domingo Núñez ni éste pudo mirar con desusada fijeza a su colaborador, amigo y subordinado Enrique Lafuente.

Es muy posible que Miguelón el policía comentase con *la Tanagra* la extraña actitud del guionista y la conversación que habían mantenido, y también es posible que *la Tanagra* lo hubiese comentado con cualquier amiga y se hubiese difundido el rumor de que el comportamiento del guionista Lafuente no era el habitual. Pero cuando se divulgó por el café la noticia de que había ofrecido trabajo y participación en el negocio a María Asquerino, a la Ponte, a Rabal, a Arturo Fernández, que había elegido como director a Joaquín Romero Marchent, ofreciéndole un salario miserable pero el cincuenta por ciento de los beneficios y que le había encargado la música de fondo de *Él y doce* nada menos que al maestro Parada, asiduo del café, y autor de la música de las películas de Sáenz de Heredia y de la cabecera del No-Do, las lenguas se desataron. Unas lenguas compadecían, otras insultaban o ridiculizaban, pero el espanto, la confusión, la pena rodearon inmediatamente a Enrique, alarmaron a sus amigos y por los misteriosos canales de información que siempre han existido antes del teléfono, la televisión y la Internet, llegaron incluso a desasosegar a Basilia, la madre, y a la fiel Alicia.

En la etapa histórica que durante bastante tiempo se denominó «antes de la guerra» y que se corresponde con la Segunda República española, Juan Orense era un joven psiquiatra de muy bien ganada reputación. Pero como en el trágico barajar de naipes del que unas cuantas páginas atrás ya se ha tratado, sus ideas le llevaron al bando de la justicia, la igualdad, la libertad, resultó perdidoso frente a las fuerzas del orden y quedó privado del derecho a ejercer su profesión, la psiquiatría, y se convirtió en fotógrafo con estudio en un entresuelo de la calle de la Montera, especializado en fotos de carnet. Con esto subsistía y no mal.

Como el paciente lector o lectora supondrá, el rumor sobre el comportamiento de Enrique Lafuente no tardó ni una hora en llegar a conocimiento del fotógrafo, que hizo una seña afectuosa a su amigo el guionista y con un ademán le invitó a sentarse a su mesa. ¿Qué tal se encontraba? Bien, muy bien. ¿Tranquilo? Sí, mucho más que otras veces, dentro de la tranquilidad que podía proporcionar una profesión como la de guionista del cine español. No se refería Orense a tranquilidad económica, sino de la otra. ¿Qué tal marchaba lo afectivo, lo sentimental? Bien, bien, muy bien; tranquilidad también por ese lado.

—¿Puedo pedir un coñac?

—Sí, hombre, Orense, ¿cómo no?

—Gustavo, un Carlos III.

—Ahora mismo, don Juan.

—Vas a escribir un nuevo guión, he oído decir.

—Sí, ahora estoy trazando la escaleta.

—De colegios, creo.

—Bueno... No... No sé... Todavía no sé dónde se desarrollará la mayor parte. El protagonista masculino, sí, es maestro, profesor de un colegio de niñas... Bueno, no niñas, señoritas...

—Sí, ya. ¿Y qué?

—¿Cómo que qué?

—Nada, lo que tú digas. Que si te encuentras en buena forma para empezar el guión y emprender la carrera de productor. En fin, que en tu autoanálisis ¿cómo andas de ánimo?

—A mí ya sabes que no me deprimen, no me ponen melancólico los acontecimientos, las desgracias que puedan pasarme. Mi melancolía es innata. Tú me lo has dao a entender alguna vez: yo soy melancólico por temperamento.

—Nuestro Huarte, que creía entender algo de esto, dijo que todos los genios habían sido melancólicos*. Tú has leído a Huarte, ¿verdá?

—Sí, claro.

—Claro, claro.

La idea del suicidio que, como bien sabía Juan Orense, en otras ocasiones le había rondado, ahora ni se le pasaba por la cabeza. Y se encontraba muy tranquilo, aunque tenía motivos para no estarlo, pues ya sabría Orense lo mal que iban sus relaciones con Silvia Flora, que se mostraba muy fría, y eso no le había afectado demasiado, la prueba era que en vez de entregarse a la apatía ya estaba trazando la escaleta del nuevo guión y dando los primeros pasos para fundar una productora. Y si estos dos proyectos le salían bien, estupendo, si no le salían, tampoco iba a echarse a llorar. ¿Que Domingo Núñez, después del altercado que habían tenido, no le encargaba otro guión? Pues bueno, ya encontraría otro cliente. Y si no lo encontraba, se limitaría a los artículos en la prensa. Al fin y al cabo, era hombre de pocas necesidades. Serenidad, serenidad se llamaba eso. Y si no le perturbaban los acontecimientos que se referían a su vida personal, mucho menos habían de perturbarle los que se referían a la vida nacional, aunque otros clientes del café estuvieran pendientes de ellos, como la ejecución por garrote vil pocos meses atrás de los anarquistas Delgado y Granados, o la aparición en Asturias de las llamadas Comisiones Obreras o la ascensión del ambicioso Manuel Fraga, temas que a algunos en el calor de las discusiones, les hacían perder el control y olvidarse de que allí estaban Miguelón el policía, el flaco,

* Juan Huarte, *Examen de ingenios.*

larguirucho y calvo cerillero Gonzalo, cargado de hombros, casi corcovado, con gafas oscurísimas que no usaba en la calle sino en el café, porque lo que le molestaba era la luz eléctrica, y quizás algunos otros sin identificar. En cambio, a él casi no le había afectado ni la noticia de la muerte en México de su admirado poeta Luis Cernuda.

—Amigo —le dijo con una afable sonrisa Juan Orense—, tienes una depre de caballo.

—Ya, ya me parecía a mí —aceptó Enrique Lafuente, prescindiendo de todo fingido entusiasmo—. ¿Qué me recomiendas?

El fotógrafo de la calle de la Montera se puso a garrapatear unas palabras sueltas sobre una de las servilletas del café.

—El cambio de aires ya será poco eficaz. Algo a base de glicerofosfato o cacodilato sólido. O Imipramina. O alternar las tres cosas. Como ya sabes que yo no puedo firmar recetas, vas al Victoria Club y le das este papel a Sonia *la Estrecha*. Que ella se lo dé a don Cristóbal el boticario. Y no recurras a los barbitúricos aunque alguien te lo recomiende.

—¡Usté es un vendido y un traidor a la sociedá!

La frase se había oído clara, precisa por encima de todos los demás ruidos del café. Inmediatamente se apagaron las conversaciones y se hizo el silencio. Juan Orense y Enrique Lafuente se volvieron hacia el lugar del que había llegado el improperio. Ante una mesa cercana a la puerta, ocupada por los autores teatrales Antonio Buero Vallejo, Alfonso Paso y el apuntador del teatro Español, se había plantado un joven de menos de veinte años, rubianco, de aspecto débil, vestido con pantalones vaqueros y un jersey blanco bastante sucio, que, con un acusador dedo extendido señalaba al autor Alfonso Paso.

—¡Es usté una vergüenza para los españoles, una deshonra para el teatro! —vociferaba el joven, al que atónitos, sin respirar, escuchaban Buero Vallejo, Paso, el apuntador y ahora, en impresionante silencio, todos los del café—. ¡Usté se vale de una ridícula habilidad de escritor teatral para defender los intereses de las clases explotadoras!

Miguelón el policía y Gonzalo el cerillero escuchaban en silencio como todos los demás, y como los camareros, inmóviles cada uno en el lugar en que le había pillado el inicio de la serie de vituperios.

—¡Usté no tiene derecho a venir aquí, ni a salir a la calle ni a que nadie le mire a la cara sin sonrojarse!

El joven dio media vuelta y abandonó velozmente el local. Le siguieron dos muchachos que estaban en la barra. En el acto se formó una algarabía de comentarios. Los camareros reanudaron sus viajes. Pepín *el del Café* salió de detrás de la barra y fue corriendo a la mesa de Miguelón el policía. López, el constructor de decorados, que estaba cerca de Lafuente y Orense se volvió para explicarles que aquellos tres muchachos habían entrado juntos, se habían acomodado en la barra y al instante uno de ellos se había acercado a la mesa de Alfonso Paso y había hecho lo que ya acababan de ver y oír: ponerle como hoja de perejil.

A media voz, el psiquiatra fotógrafo amplió su diagnóstico:

—Consuélate, Lafuente, los hay que están peor que tú. Pero hacen falta cojones para hacer eso.

Martes. Faltan cinco días para que concluya el rodaje

Todo el mundo en el café comentaba el suceso del día antes. Los pareceres no eran unánimes. Había desde los que lo encontraban heroico hasta los que lo consideraban ridículo. La opinión en la que más clientes estaban de acuerdo era la de que actos como aquél resultaban inútiles. Testimonial, testimonial, decían algunos.

Dos clientes comentaban también la actualidad, pero la suya personal. Luisa había cedido a los ruegos insistentes de Enrique y, aunque el italiano a ella seguía dándole ardientes pruebas de fidelidad, como la amistad es la amistad, hizo algunas investigaciones en el estudio. Interrogó a las ayudantes de maquillaje y peluquería, que son las que suelen estar siempre enteradas de todo. Antes de comunicar el resultado de sus investigaciones dio algunos rodeos. Se la veía remisa, no tan abierta ni espontánea como otras veces. Dejó caer una mano sobre un brazo de Enrique, lo oprimió con femenina y maternal ternura. El resultado de sus investigaciones no iba a gustarle a su amigo.

—Debes prepararte, Enrique. No es agradable lo que tengo que decirte, lo que he averiguao.

Cuatro muchachos entraron de repente en el café con aire casi militar. Avanzaron sólo dos o tres pasos. Desde allí dominaban tanto la barra como las mesas.

—¡De pie! ¡Todo el mundo de pie! ¡De pie, he dicho!

Algunos, muy pocos, fueron levantándose.

Uno de los muchachos llevaba una cadena en la mano y la exhibía, amenazador. Otro, mostraba una porra. Los otros estaban desarmados.

Ya se levantaron algunos más.

—¡Cara al sol con la camisa nueva...! —cantaron a coro los cuatro agresivos jóvenes, fruncidos los entrecejos, apretados los puños.

Uno de ellos en vez de seguir el himno, vociferó:

—¡Vamos, todo el mundo a cantar! ¡De pie y a cantar! ¡Todos! ¡Todos!

Los invasores alzaron el brazo en el saludo a la romana. Ya casi todos los clientes estaban de pie. Se habían levantado los poetas líricos del rincón del fondo derecha

—García Nieto no estaba, porque a esa hora trabajaba en la Hemeroteca—, se había levantado también el grupito de jóvenes comunistas del rincón del fondo izquierda.

—¡... que tú bordaste en rojo ayer...!

Tres bellas actrices que compartían una misma mesa también cantaban y saludaban brazo en alto.

—¡... me hallará la muerte si me lleva...!

La única persona que permanecía sentada era Luisa Coral, pero Enrique la agarró de un brazo y de un enérgico tirón, la levantó.

—¡... y no te vuelvo a ver!

Todos cantaban el himno, pero no todos saludaban a la romana, lo cual no pareció molestar a los agresivos muchachos. Unos cuantos por fervor falangista y otros pocos por afición al canto no lo pasaron mal al comienzo, pero pronto el heroico acto comenzó a resultar aburrido y el himno a parecer largo. No obstante, se llegó hasta el final, pero las voces rituales de «España una España grande España libre» no las siguió casi nadie y los jóvenes se retiraron marcialmente.

Los pulmones del Café Gijón expulsaron el aire reprimido. Ha sido una represalia por lo de ayer, comentaron varios, sí, sí, una represalia, por lo de ayer, por lo de ayer. La demanda de consumiciones aumentó de repente. Los graciosos dijeron que aquellas actuaciones las organizaba la familia propietaria para que hubiera que beber más. Enrique le preguntó a Luisa lo que había averiguado, aquello que según ella a él iba a hacerle sufrir, pero advirtió que la muchacha tenía la boca crispada, los ojos llenos de lágrimas, la respiración entrecortada.

—Ellos... otros como ellos... mataron después de la guerra a mi padre y a mi hermano... cuando yo era una niña... Mi madre me ha enseñao a odiarlos... Ahora no puedo decirte nada. Mañana, mañana...

Se levantó. Enrique intentó detenerla.

—Déjame marcharme. Ahora no puedo hablar de nada.

—Te acompaño.

—¡No! ¡Déjame sola! ¡No vengas, no vengas! ¡Mañana, mañana!

Se desprendió de él, corrió entre las mesas y desapareció tras el terciopelo granate de la doble puerta cristalera.

Miércoles. Faltan cuatro días para que termine el rodaje

Según lo prometido, al día siguiente, con muchas precauciones, Luisa le contó a Enrique lo que había conseguido averiguar. Silvia se había acostado, efectivamente, con Carlo Manzi —eran dos cerdos—, pero sólo una vez, según todos los indicios, lo cual a Luisa parecía servirle de consuelo, por femenina, por más tradicional o por más moderna o por libertaria, pero a Enrique, no. Antes de que se desatase en maldiciones, improperios, lamentos, su amiga Luisa le acarició con ternura una mano.

—Cálmate, Enrique. Ten serenidá y aguante, aún no ha terminao mi informe. Se ha acostao con Carlo parece que sólo una vez, y sólo otra, también parece, con Núñez; pero también ha salido —utilizó Luisa este absurdo eufemismo de uso muy común— con Cascales *ese tan guapo, ya lo decía yo,* y con el otro galán, Tomás Ponte.

—Pero ¿cómo...? ¿Cómo te has enterao?

—Ya te lo digo, en maquillaje. Bueno, no allí, en el cuarto de maquillaje, pero charlando con la ayudante de maquilladora, con la peluquera...

—¡Pero, entonces... entonces es que no sólo se acuesta con unos y con otros sino que luego va y lo cuenta!

—Pues sí, lo cuenta. Entre chicas es natural, siempre hablamos de amor. Desde el colegio.

—¡Pero una cosa es hablar de amor y otra ligar a cuatro tíos en seis semanas! ¡Y encima, contarlo!

—En siete. Estamos en la séptima semana de rodaje. Y debió de empezar al mismo tiempo que la película.

Sí, estamos en la séptima semana, la última. Desde el sábado tal vez no la vuelva a ver nunca más.

—Puta, puta, puta —mascullló con voz ahogada Enrique.

Hay mujeres que cuando se le llama puta a alguna otra, se dan por aludidas. Luisa era de esas.

—No digas eso, Enrique. No seas vulgar. Tú eres un intelectual y tienes sensibilidá, por eso sufres tanto. Silvia no es una puta porque le gusten los hombres. Recuerda que estamos en el año sesenta y tres. En España se nota poco, a ti mismo te lo he oído decir, por culpa de Franco, pero estamos en plena revolución sexual. Y una parte de esa revolución consiste en que las mujeres tengamos los mismos derechos que los hombres también en la cama. Tú es que tienes la cabeza llena de películas americanas y en esas películas o las mujeres son decentes o se arma un drama. Pero recuerda las películas de la *nouvelle vague;* en ésas las chicas se acuestan con cualquiera, por experimentar. Además, Silvia es actriz. Las actrices y los actores siempre han vivido en amor libre, todo el mundo lo sabe, es uno de sus privilegios.

—El amor libre no consiste en poner los cuernos a tu compañero.

—Pero, Enrique, por favor, sé razonable. Silvia es muy promiscua, es cierto. No es muy selectiva. Pero si no fuera así, quizás tú no la habrías podido ligar.

—Creo que tienes razón, Luisa, no puedo contradecirte, pero tampoco puedo soportarlo. ¡No puedo, no puedo! Tú no sabes... no sabes los desprecios que me ha hecho en este tiempo... Me gasté el primer plazo en una pulsera porque le oí decir que le gustaba y no se la ha puesto ni un día... Entro en su camerino y hay un ramo de flores que le ha mandao otro, el periodista ese de «Allá películas».

—Con ése también ha ligao, se me olvidó apuntarlo.

—Se separa de su marido y siempre la encuentro con él. Dos veces ha entrao en el Gijón con Tony Leblanc, estando yo, y en vez de venirse a mi mesa, se ha ido con él a la barra. ¡Pero todo son naderías que yo he aguantao y aguantao, rompiéndome el alma, si se comparan con lo de ir por ahí contando a unos y a otros con quién me pone los cuernos!

—No llores, Enrique.

—No lloro, mujer. Es que aquí hay mucho humo. ¡No puedo más, Luisa, no puedo más! ¡He terminao con Silvia, te lo digo de verdá: he terminao!

Cuando aquella noche llegó a su casa, encontró un sobre cerrado junto a la máquina de escribir. En una cuartilla, Alicia había escrito: «Un muchacho ha traído esta carta para usted.» Enrique reconoció en el sobrescrito la letra de Silvia y abrió la carta con manos temblorosas.

> Todo ha cambiado. La semana que viene me vengo a vivir a Madrid. Víctor se queda en Barcelona. Nos separamos.
>
> Te quiero, te quiero, te quiero
>
> Silvia.

XV

El método

Sábado. Último día de rodaje

El decorado, bien construido y amueblado con precisión de detalles —Leda Films cuidaba mucho el *look*, no se había especializado en películas casposas—, representaba la amplia sala de estar en una casa principal de provincia. Habían decrecido los murmullos y los ruidos habituales hasta hacerse el silencio y se oyó la voz autoritaria del ayudante Cascales:

—¡Acción!

Cualquiera habría podido advertir en el equipo técnico, en los obreros, en los actores, una tensión especial, una nerviosidad superior a la cotidiana. Era el último día de rodaje, aunque, por necesidades del plan de trabajo, se rodase una escena del comienzo de la película, cosa bastante frecuente en esta rara industria artística. Al terminar la jornada pocos minutos después —no sólo era aquel el último día de trabajo en plató sino que el plano que se estaba rodando también era el último en el orden del día—, se separarían unos de otros y nadie sabía si volverían a coincidir en otra película o si, en algunos casos, no se volverían a ver nunca más. Los actores que intervenían en aquel plano deberían aguardar al lunes, cuando saliera del laboratorio el material positivado, por si hubiera algún fallo, y el martes estarían en libertad. En cuanto se dieran por buenas una o dos tomas de aquel plano, la gran productora cinematográfica Leda Films, con su generosidad acostumbrada, ofrecería una copita para celebrar «la última vuelta de manivela» como lo había hecho semanas antes para celebrar la primera.

Silvia-Laura, Ponte-Nicomedes (un vecino, amigo de la familia), Luisa-Julia y Carlo-Gerardo cambiaban opiniones sobre la reunión o fiesta que pensaban organizar para celebrar la reciente llegada de Luisa-Julia, que venía de estudiar en el extranjero. Era muy evidente que Carlo-Gerardo no miraba a Luisa-Julia: atendía a los que hablaban y se entretenía en encender un pitillo.

SILVIA/LAURA.—No sé qué os parecerá, pero, aparte de los que hemos puesto en la lista, he pensado invitar también al matrimonio Santurce.

PONTE/NICOMEDES.—¿A los Santurce?

SILVIA/LAURA.—Sí, a los de La Navasa, que se portan muy bien con nosotros.

CARLO/GERARDO.—A mí él siempre me ha parecido muy buena persona.

(Silvia/Laura ahora se dirige a Luisa/Julia.)

SILVIA/LAURA.—Julia, quiero que los conozcas cuanto antes; vale la pena, ya lo verás, porque ella, Costanza, es una mujer divertidísima.

PONTE/NICOMEDES.—Sí, es verdad, hay que reconocerlo, pero también hay que reconocer que muchas veces es divertidísima a costa de los demás.

CARLO/GERARDO.—Yo creo que lo hace sin mala intención.

SILVIA/LAURA.—Desde luego.

CARLO/GERARDO.—Tú, Nicomedes, es que le tienes manía.

SILVIA/LAURA.—Yo creo que sí. Un poquito.

LUISA/JULIA.—Si es amiga tuya, hermanita, será mi amiga.

Más estentórea que de costumbre, exageradamente triunfal, se oyó la voz del productor director Domingo Núñez que gritaba:

—¡Stop! Señores, queridos amigos y colaboradores, por última vez en esta película: ¡stop!

Carlo Manzi, en su camerino, concluido el trabajo del día, y definitivamente el de la película, una más en su historial, tarareaba una cancioncilla y terminaba de vestirse de calle cuando sonaron unos golpes en la puerta. Entró Luisa Coral, decidida, nerviosa, fruncido el entrecejo, cerró la puerta con brusquedad y sin acercarse al compañero le preguntó:

—¿Se puede saber a qué viene esa frialdad conmigo, Gerardo?

—Pero ¿qué dices, Luisa? —Carlo la miró, perplejo.

—¿He hecho algo malo?

La perplejidad del italiano iba en aumento.

—¿De qué me hablas?

A pesar de su sorpresa, Carlo, ajeno a la tensión que mostraba Luisa, siguió con lo que estaba haciendo y se desplazó para buscar su corbata.

—¿Que de qué te hablo? —dijo, crispada, la muchacha—. Pues de tu comportamiento. De tu comportamiento conmigo. Pareces otro. No lo niegues, Carlo. Hoy eres un Carlo Manzi al que yo no conozco.

Carlo acentuó su sorpresa y suspendió la labor de hacerse el nudo de la corbata frente al espejo.

—Pero, Luisa, ¿por qué dices eso? Perdóname, pero no te comprendo. En la secuencia que hemos hecho hoy apenas nos conocemos, tú lo sabes como yo desde la primera vez que leíste el guión, antes de que Domingo Núñez nos explicase nada.

Ahora la perpleja era la actriz. ¿De qué hablaba aquel hombre, aquel desconocido?

—Esta secuencia es del comienzo de la película. Julia y Gerardo son cuñados, pero casi no se han visto.

—Sí, todo eso lo sé.

Gerardo dejó de mirar a Luisa a través del espejo y se volvió hacia ella para hablarle más directamente, para ayudarla a razonar.

—Tú y yo... No tú y yo; quiero decir Julia y Gerardo ni siquiera debían mirarse, Núñez nos lo dijo. ¿O es que no lo recuerdas?

—Sí, lo recuerdo, lo recuerdo muy bien, Carlo —crispada, se estrujaba las manos—. Pero todo eso ¿qué tiene que ver con tu actitú de hoy?

Carlo no respondió a la pregunta sino que siguió a lo suyo.

—Y al terminar, ha dicho que todos lo hemos hecho bien. Lo mismo Silvia, que Fuentes, que tú y yo. Yo no tenía que decir más que dos frases sin importancia. Tú, Luisa, casi no hablabas. Aún no se ha desarrollado entre nosotros la tormenta amorosa que da origen a la trama.

Luisa procuró no gritar para que no la oyeran desde el pasillo o desde los otros camerinos, pero le resultaba difícil contenerse.

—¡Ya lo sé, ya lo sé! ¡No estás hablando para la prensa, Gerardo! No creas que soy una estúpida. Pero yo no me refiero sólo a esa secuencia, al rodaje de hoy, sino al resto del día. Es nuestro último día de trabajo juntos y al llegar a maquillaje me has saludao como si fuese una desconocida, o una actriz más de la película. ¿Por qué, Gerardo? ¿Te pasa algo que no quieres contarme?

Mientras Luisa manifestaba sus quejas, Carlo se había hecho el nudo de la corbata y se había puesto la americana. Se volvió hacia Luisa.

—Luisa, puedo darte todas las explicaciones que quieras, pero no aquí, con prisas.

Sonaron unos golpes en la puerta.

—Carlo —preguntó desde el pasillo el segundo ayudante—, ¿todavía no está usté listo? Ya está todo el mundo en el plató.

—¿Lo ves? Nos están esperando para el champán de fin de rodaje.

—Pues ¿dónde quieres darme la explicación?

—Tampoco me parece bien para esto mi hotel, ni aquellos bares de nuestros primeros encuentros.

Salieron al pasillo y fueron hacia el plató. Luisa estaba nerviosa, impaciente, y no se esforzaba en disimular su tensión.

—Pues ¿dónde?

—Prefiero un lugar más público. Por ejemplo, el Café Gijón. Allí se reúnen actores, escritores, artistas, ¿no? Tú me has dicho que vas mucho.

—Sí, iba; ahora voy menos.

A Luisa le sorprendió la elección de Carlo.

—Y tú, seguramente, tendrás allí muchos amigos.

—Y... ¿prefieres hablarme allí?

Carlo asintió.

—Bueno, como quieras. Hasta las doce, puedo.

Entraron en el plató, donde había ya muchos invitados y estaba preparada la larga mesa con bebidas y canapés. Carlo y Luisa se sumaron a la fiesta, pero cada uno por un lado.

Enrique Lafuente, con un vaso en la mano, solo, iba de

un lado a otro, buscando con la mirada, entre las cabezas de los demás a Silvia que, junto a su marido, charlaba muy divertida, luciendo su espléndida risa, en un grupo de compañeros.

Domingo Núñez atendía a unos cuantos periodistas, unos de bloc y otros de micrófono.

—Ya sabéis que este final de rodaje que celebramos no es el final de los trabajos de la película. Nos quedan unos tres meses de posproducción: sonorización, montaje, trabajos de laboratorio...

—Según eso —preguntó el periodista—, *¡Stop!* estará lista hacia febrero. ¿Se estrenará inmediatamente?

—Podríamos tener fecha de estreno en marzo, pero Leda Films ha preferido esperar unos meses para estrenarla en el Festival de San Sebastián.

Con la mejor de sus sonrisas, Silvia se apartó del grupo en que estaba y abriéndose paso entre unos y otros llegó junto a Enrique.

—Me estás espiando, Enrique. ¿Crees que no se te nota? Estás llamando la atención.

Enrique habló sordamente, haciendo lo que él creía disimular.

—¿A esto le llamas estar a punto de separarse? ¿Qué hace aquí Víctor?

—¡Pero, Enrique, todavía es mi marido!

De pronto miró hacia otro lado, dulcificó su expresión y exclamó:

—¡Mi amor, mi amor!

El objeto de su amor era en aquel momento un hombre muy bajito, que estaba cerca.

—Pero ¡¿quién es ese?! —blasfemó más que preguntó Enrique.

—¿No le conoces? ¡El director de Prensafilm!

Y fue hacia él y le abrazó y le besó repetidamente.

Loco de ira, Enrique se abrió camino a codazos y se plantó frente a Víctor Caralt.

—¡¿Y usté qué hace aquí, bebiendo champán mientras su mujer se besa con unos y con otros?!

El poderoso financiero se quedó perplejo un instante, sin apartar la mirada de aquel guionista enloquecido, pero en seguida reaccionó.

—¿Y a usté quién le manda meterse en lo que no le importa?

—¡Me importa más de lo que usté cree!

—Es usté un cretino.

—¡Yo seré un cretino, pero usté es un cabrito!

Se abalanzó sobre Víctor, le agarró por las solapas, le zarandeó. Algunos invitados se aglomeraron. Los fotógrafos dispararon sus cámaras.

Poco antes de la hora de cenar el Café Gijón estaba muy concurrido, tanto en la barra como en las mesas, en una de las cuales Carlo Manzi daba sus explicaciones a Luisa, que le escuchaba con atención no exenta de buena dosis de creciente sorpresa.

—Según las enseñanzas de este maestro de actores, Aníbal Toreno, el actor no debe hacer ningún esfuerzo para incorporar el personaje en el momento de entrar en escena en el teatro o de sonar la voz de acción en el plató, sino que debe incorporarlo constantemente, también en su vida privada, durante las veinticuatro horas del día, incluso las de reposo y las que corresponden al sueño. Los sueños serán así los sueños del personaje, no los del actor. Y los deseos del actor acabarán siendo los deseos del personaje.

Aquello le sonaba a Luisa, lo había oído en alguna conferencia y a algunos compañeros jóvenes, pero ante la seguridad y el convencimiento con que el bello italiano lo exponía, su sorpresa iba en aumento.

—No es posible para ningún ser humano variar las constantes de su personalidad profunda, pero sí lo es variar su comportamiento. Según las directrices de Toreno, que se ajusta al método Stanislawsky, el que hace de hipócrita debe practicar la hipocresía durante todo el tiempo que duren las representaciones, o el rodaje, o los ensayos; debe ser hipócrita con su amante, con su padre, con sus hijos...

—Sí, he oído hablar de todo eso, y algo he leído. Pero si un actor tiene que hacer, por ejemplo, de valiente y es cobarde, ¿cómo puede comportarse como un valiente en su vida real?

—Esos son los personajes más difíciles de interpretar, porque abundan los actores cobardes.

—Sí, claro.

—Los actores y las actrices de las obras que dirige Toreno cambian sus costumbres y sus relaciones con arreglo a los personajes que interpretan. Eso he hecho yo, Luisa, ¿comprendes? Yo no te deseaba, en Chile ni siquiera reparé en ti, pero en la película debía desearte. También advertí muy pronto que tú habías conseguido transformar en rechazo, en fuga, para utilizar el término clásico, la impresión favorable que yo te produje en el festival de Viña del Mar. Con la técnica de Stanislawsky yo conseguí, por autoconvicción, desearte, y conseguí también que tú abandonases tu sentimiento de fuga y volvieses a desearme.

—Eso te fue facilísimo.

—Que volvieses a desearme como la Julia de *¡Stop!* Pero ahora...

Se interrumpió.

—Ahora, ¿qué?

—Ahora, una vez que hemos terminado la película, lo

sensato es volver a la situación anterior. Yo, aunque esté mal que lo diga, vuelvo a ser un *play boy*, defensor a ultranza de mi libertad sexual, y tú debes buscar a tu chico, al periodista, llorarle un poquito y hacerle algo que hayas aprendido en estas nueve semanas.

—Ahora comprendo para qué querías que nos viéramos en un lugar público, Carlo. Para que no te clavase un cuchillo en el corazón.

—¿Por qué? —preguntó el inocente galán con curiosidad casi infantil—. ¿Es que tú no estás de acuerdo con el método Stanislawsky?

Cuando Enrique aquella misma noche al llegar a su casa escribió la carta de ruptura, deliberadamente lacónica y desagradable, por la tensión nerviosa y el alcohol ingerido, le temblaba la mano. Pensó escribirla a máquina, pero le pareció demasiada grosería. Dejó la carta sobre la mesilla de noche. A la mañana siguiente se levantaría temprano y la echaría al correo.

Se acostó y no consiguió conciliar el sueño. Eran las cuatro de la madrugada. Estaba borracho. Pero pudo levantarse de la cama sin hacer ningún ruido. Se puso los pantalones y la gabardina vieja encima del pijama, los zapatos —sin calcetines, porque no los encontró y no quería hacer ruido abriendo el armario— y, después de coger la carta, salió con el máximo sigilo del dormitorio. Con paso de ladrón —consiguió que no crujiera ni una tabla del entarimado— llegó hasta el recibidor. En silencio absoluto abrió la puerta y en el momento en que iba a salir al rellano, oyó una voz.

—Estás loco, Enrique, estás loco.

No era la voz de la conciencia, sino la de su madre.

En su misma calle, apenas había recorrido doscientos metros, encontró un taxi.

El taxista advirtió en el acto que su nuevo cliente era un borracho y lo manifestó con una mueca de desagrado. Pero estaba hecho a ello. ¿A esa hora qué iba a encontrar? Mejor un borracho que dos navajeros.

—Al hotel Palace —dijo el borracho, ante el asombro del taxista.

Enrique no se había equivocado: aquel día a Silvia le tocaba reconciliación.

Sin dejar de vigilar a su cliente por el retrovisor, el taxista le dejó unos minutos después en la puerta del hotel. Pero Enrique no se apeó. Sacó del bolsillo la carta. La sobó y la resobó.

El portero advirtió la actitud del recién llegado y no se acercó a abrir la portezuela del coche. Aguardó a media distancia entre el hotel y el vehículo. Cambiaron unas miradas el taxista y el portero. Enrique seguía mirando el sobre, miraba la puerta del hotel. Lentamente alzó la mirada hacia el taxista y lentamente, quizás por efectos de la borrachera, le dijo:

—Vuelva a casa: Balmes, número doce.

El taxista lanzó un gruñido de asentimiento, se encogió de hombros y miró por el espejillo con manifiesta resignación al cliente. Debía rodear la plaza de Neptuno, para embocar el paseo del Prado, desierto a aquellas horas.

No es la primera vez que, aun borracho, veo los tobillitos tiernos envueltos en calcetines blancos. La pierna casi infantil pero ¡qué bien torneada! ¡Y la insinuación del muslo cubierto por la falda y por la oscuridad de la escalera! Oscuridad que me impidió ver del todo su cara, aunque a aquella vecinita ya la había visto alguna otra vez, sí, era ella, la misma, la de la piel tersa y blanquísima y los ojos muy oscuros y la nariz muy recta. Pero nada se grabó en mi memoria más que los calcetines blancos. Silvia no lleva calcetines blancos. A ella no le van. Sus piernas no son para calcetines blancos, piernas Silvia no, son piernas de mujer hermosísima Silvia Silvia y al ver sus piernas se adivinan sus muslos oh muslos de Silvia Silvia Silvia oh carne de los muslos de Silvia. Esa carne me ahoga me llena el corazón, impide que la sangre corra por mis venas, esa carne me llena los pulmones y no me deja respirar no puede ser sólo un recuerdo un deseo una tortura inacabable.

Fue sólo un instante. No había llegado aún el taxi al paseo del Prado cuando Enrique gritó como quien toma una gran decisión en una batalla o en un partido de fútbol:

—¡No! ¡Vuelva ahora mismo al hotel! ¡Que vuelva hacia el hotel, le digo!

El taxista, a través del retrovisor, dijo con la mirada que estaba hasta los cojones, pero obedeció al cliente, quien al llegar a la puerta del hotel se apeó rápido como un marine y con la indescriptible marcha de un borracho que corriera los cien metros, consiguió llegar en unos segundos al mostrador de conserjería. Se dejó caer en él y alargó hacia el conserje el resobado sobre.

—Entreguen esta carta lo antes posible a la señora de Caralt.

Repitiéndolo tres veces, consiguió que el paciente conserje, hombre hecho a todo, al que no le sorprendió que un caballero llegase a aquella hora con gabardina y pijama, le entendiera.

—Tendrá que ser mañana.

—Muy bien. Le ruego que se la entreguen a primera hora, por favor.

El conserje esta vez no le entendió pero saludó con una inclinación de cabeza al borracho —los dos hombres de «seguridad» ya estaban cerca, dispuestos— y le siguió con la mirada hasta que le vio entrar de nuevo dificultosamente en el taxi.

—A casa, por favor —dijo Enrique.

—¿Adónde?

—Donde le he dicho antes, ¿no lo ha oído?: Balmes, número doce.

El taxi se puso en marcha.

Adiós, Silvia.

XVI

UNA MARICONADA

Lunes. El despacho de Leda Films. Anita. Los whiskys. Los comodísimos sillones del tresillo. Faltaba una hora para comprobar en el laboratorio si lo rodado el último día era válido. Mientras tanto, Domingo y Enrique charlaban, ¿por qué el cine español estaba tan de espaldas a la realidad cotidiana, al hombre de la calle, al aquí y ahora? Eso se preguntaba la crítica. Y Domingo Núñez estaba de acuerdo con esa pregunta, aunque ignoraba la respuesta. Por otro lado, esa misma crítica opinaba que el neorrealismo italiano había periclitado, ya estaba superado hacía años, y el cine americano no le parecía a Núñez que reflejase mucho la realidad cotidiana de aquel admiradísimo país, a no ser la de los policías y los criminales, y la verdad era que le gustaba muchísimo al público y merecía las alabanzas más ardientes de la crítica, la alta y la corriente. Pero de todos modos, aquel era un buen motivo para regañar a su guionista favorito, Enrique Lafuente, y así lo hizo. Los temas que Lafuente le proponía, cómodamente sentado, bebiendo el Chivas servido por la monísima Anita, eran imitaciones de películas americanas o adaptaciones camufladas de novelones del siglo pasado. Este segundo filón, el de los novelones, era muy difícil aprovecharlo, ya que la censura prohibía los incestos, los adulterios, los abortos, los suicidios. Al imitar el cine americano, había el riesgo de caer en el ridículo, pues el público ya había visto el modelo. Por eso no era desacertado el reproche de la crítica. ¿Por qué el cine español no miraba a los hombres y a las mujeres españolas? Y esa era labor de los guionistas. Leda Films pedía al guionista Lafuente que no fuera un simple epígono de las cinematografías de otros países, sino que mirase a su alrededor, que se impregnase de la vida real, sin olvidar la censura, desde luego, y más entonces con el nuevo socio del Opus. Pero, en fin, sin volverse de espaldas a la moral de toda la vida, se podían encontrar temas interesantes si se tenían dotes de observación. ¿Costumbrismo? Sí, ¿por qué no?

Enrique Lafuente encajó la reprimenda y durante unos días el espacio de su cerebro que dejaba libre Silvia Silvia Silvia carne carne carne calcetines blancos calcetines blancos procuró llenarlo con lo que pasaba alrededor de él para decantar de todo aquello lo que pudiera ser materia cinematográfica. Tras observar a su madre, a la fiel Alicia, a su hijo Quique, a los porteros, a los dos o tres vecinos con quienes tenía algún trato —a uno de ellos, delineante, todos sabían que se la pegaba su mujer, ¡vaya una novedad cinematográfica!— y a toda la tranquila fauna del Café Gijón, llegó a la conclusión de que a su alrededor no pasaba nada, nada cinematográfico, ¿o es que en la España de Franco se podía hacer una secuencia con aquella irrupción de los falangistas en el café, cuando lo de cantar el Cara al sol? Y, aunque se pudiera, opinó Domingo Núñez, eso al público en la pantalla no le importa. Los americanos lo habían dicho: la política en el cine, ni tocarla.

De las cosas del café la que le parecía más cinematográfica a Lafuente era lo que se contaba de los productores Puche y Miró, que uno de ellos era un rojo al que fusilaron los nacionales pero que, milagrosamente —aunque no creía en Dios ni en los milagros—, se salvó incluso del tiro de gracia y, después de llevar una peligrosa vida aventurera en la posguerra, consiguió meterse en la industria del cine con nombre y documentación falsos, a conseguir lo cual le ayudaron los masones, y que, por lo tanto, no era quien fingía ser, don Hilario Puche o don Sebastián Miró, sino un resucitado cuyo nombre auténtico se había perdido para siempre. Bien aderezado con alguna esposa o amante sacrificada y con algún traidor, de ahí podía obtenerse un folletín de «aquí y ahora». Pero, en esto estaban de acuerdo Núñez y Lafuente, habría que suprimir lo de la guerra civil, lo de los nacionales fusilando, lo del milagro por el que se salvaba un ateo, lo de los masones, lo de que la policía fuera tan torpe que no descubriera la documentación falsa... Al cabo de la conversación y de dos o tres whiskys, Lafuente estaba proponiendo a Núñez una película sobre la sublevación de los comuneros contra el emperador Carlos V.

Pero, como se ha dicho más arriba, esto sólo ocupaba una pequeña porción del aparato pensante del guionista Enrique Lafuente; la otra, la parte más enorme, estaba ocupada por lo que todos sabemos, la concluida historia pasional con Silvia Flora. Y a esa parte le llegó la noticia de que la bellísima actriz, una vez terminado su trabajo en *¡Stop!* se marcharía a Italia, pues había sido aceptada —*Primer Plano*, *Triunfo* y *Fotogramas* le dedicaban planas enteras— por Luchino Visconti para interpretar uno de los principales personajes femeninos en *Amore, dolore.*

Cuando Enrique Lafuente supo la noticia por la prensa, no por Núñez, ni por alguno de sus amigos o por Luisa, fue incapaz de pensar durante un largo rato. Aquello tan molesto que hacía su cerebro, y que ya había hecho en otras ocasiones, no era pensar: quizás era lo que algunos llamaban sufrir. Estaba en la cama, con el periódico abierto sobre el embozo, como si el propio periódico hubiese resultado herido por aquella noticia y yaciera allí, inmóvil, con sus alas desplegadas, pero ya inútiles. Enrique miraba sin ver cualquier rincón de la habitación. No oía los ruidos de la calle ni los que llegaban —¿o no llegaban?— del cercano patio de luces.

Todos los vecinos habían apagado las radios, los televisores, se había suspendido la circulación rodada. No funcionaba el ascensor. Las criadas y las señoras de su casa no iban a la compra ni los oficinistas a sus oficinas. Nadie desayunaba. Nadie movía cacharros en las cocinas.

Pero no era la nada lo que había cercado a Enrique cuando leyó la noticia, porque la nada no puede oprimir de esa manera tan tenaz, tan progresiva el corazón. No puede cegar la vista ni paralizar la sangre en las arterias ni obstaculizar el sistema respiratorio.

No quiero llorar, no voy a llorar. Cuarenta años, un hijo de diez.

Y notaba que las lágrimas rodaban por sus mejillas. Pero Enrique no debía abandonarse de aquella manera al sufrimiento, no debía limitarse a sentir, debía pensar. ¿Qué era lo que más deseaba en aquellos dolorosos instantes aunque tratase de ocultárselo a sí mismo? Era necesario que hiciera un esfuerzo por penetrar en su cerebro, que recuperase algo de su voluntad para abrir la puerta de su cerebro y averiguar lo que más deseaba. Lo hizo, hizo el esfuerzo y averiguó su más poderoso deseo: lo que más deseaba era comunicarse con Silvia, enviarle un mensaje. Y se suicidó.

Todos los sedantes y los antidepresivos que había conseguido cuando se los prescribió Juan Orense fueron a parar al estómago de Enrique.

Poco después la madre recorría dando voces el corto pasillo de la casa.

—¡Alicia! ¡Alicia! ¡Llama cuanto antes al doctor Ibáñez! ¡Al doctor Ibáñez!

Sin nada sobre el camisón, apareció Alicia.

—¿Qué ha pasao, señora?

—¡No pierdas el tiempo, por favor, Alicia, y llama cuanto antes al doctor, al doctor Ibáñez! ¡Llámale, llámale ahora mismo!

Alicia corrió despendolada hacia el teléfono; la madre fue a la cocina, al instante salió con un vaso de leche en la mano y entró en el dormitorio de Enrique, donde éste yacía, inconsciente.

Esta vez la cosa había sido más grave. El doctor Ibáñez ordenó que inmediatamente se llevase a Enrique a Urgencias.

Se avisó a sus amigos más íntimos, el pintor Quintana, el periodista Ortuño, la actriz Luisa Coral, el director y productor Domingo Núñez. Todos fueron acudiendo al Ramón y Cajal.

Al día siguiente, Enrique comenzó a recuperarse, pero, como es natural, la noticia trascendió, si no a la prensa de una manera explícita, porque las noticias de los suicidios estaban prohibidas —sólo tenía autorización para uno o dos al mes la publicación de sucesos *El caso*—, sí de forma encubierta, para lectores avezados, se divulgó que el guionista de cine, radio y televisión Enrique Lafuente, finalista del Adonais, premio Nadal, había intentado quitarse la vida, pero en los corrillos profesionales y no digamos en el Café Gijón, se fue siguiendo el desgraciado acontecimiento de hora en hora.

Por consejo del doctor Ibáñez, Enrique fue trasladado a su domicilio, donde disfrutaría de un ambiente más acogedor y menos proclive a la depresión que en el Ramón y Cajal. Por encargo de Enrique, Pascual Ortuño consultó a Juan Orense y este estuvo de acuerdo.

El mensaje lanzado por Enrique, como no podía ser menos, le llegó a Silvia, y la hermosa mujer, la bellísima actriz, se consideró obligada a acusar recibo y a contestar. Previa llamada telefónica, se presentó en la casa del doliente Enrique, quien se acicaló lo mejor que pudo sin intentar que desapareciesen del todo las huellas de su dolencia y allí, en el estar-comedor, con Quique en el colegio, Alicia en la cocina y la madre en su dormitorio, soportó toda clase de improperios de parte de Silvia Flora. La resplandeciente estrella del cine español al conocer la trágica historia del intento de suicidio de su amante, en vez de reaccionar arrepintiéndose de su frivolidad, de sus veleidades, de su promiscuidad y entregándose a la pasión de Enrique, dispuesta a compartirla ciegamente, como la heroína de una vieja historia romántica, lo que hizo fue llenarle de reproches, ponerle en ridículo ante sí mismo por cometer esa acción disparatada, propia de una colegiala de internado o de una viuda histérica, insatisfecha, que no pretendiera más que llamar la atención.

He leído muchas novelas de aventuras en mi infancia y en mi adolescencia; novelas en las que los héroes eran viriles, valientes, arrojados, como si supieran que las armas de los enemigos carecieran de la más mínima eficacia. He leído, más adelante, novelas en las que los malvados parecían no temer a las leyes, se consideraban capaces de actuar como si las leyes no existieran o como si a las leyes no las refrendase la policía, el ejército, los jueces, el pelotón de fusilamiento, la horca, la gui-

llotina, el garrote vil, la silla eléctrica o la cámara de gas. ¡Cómo envidio a aquellos héroes —o a aquellos villanos, a aquellos chulos, a aquellos rufianes—, porque si yo tuviera la decisión o la inconsciencia que a ellos los impulsaba, ahora mismo me abalanzaría sobre mi amada Silvia Flora, mi deseada Silvia Flora Silvia Flora, mi añorada Silvia Silvia Silvia, y, olvidándome de sus tetas, de sus pezones, de su culo, de sus caderas, de su ilion, de su pubis, de su lengua, de sus labios, de la técnica perfección de sus felaciones, con los garfios de mis poderosas manos la estrangularía! ¡Sí, la estrangularía sin darle tiempo a exhalar ni un sollozo!

Él fue quien exhaló el sollozo, sin poder contenerse.

¡Qué ridículo, qué ridículo debo de resultar ahora; pero no he podido contenerme! Ni he tenido fuerzas o decisión para estrangularla ni para evitar este sollozo.

Sonaron unos leves golpecitos en la puerta, muy característicos del modo de llamar de Alicia, y a Silvia, de parte de la señora, de doña Basilia, la madre del señorito, le ofrecieron un café con leche. La estrella Silvia Flora lo aceptó, se lo tomó despacito, porque estaba muy caliente, sin decir una palabra más, y después de depositar el platito, la taza y la cucharilla junto a la máquina de escribir de Enrique, le dijo:

—Has hecho que todo el mundo comente lo nuestro, que se divierta a nuestra costa; me has puesto en ridículo con esta mariconada *(¡¿mariconada?!)* del intento de suicidio. Intento nada más, ¿eh?

Pero ¿es posible? ¿Me reprocha que no me haya muerto?

—Gracias por el café, Enrique. No vuelvas a verme nunca.

Enrique, sentado en un sillón, en el apartamento de Luisa, observaba perplejo a su amiga, que, sin dejar de hablar, iba de un lado a otro, desesperada.

Los enamorados, sobre todo los desdeñados, hablan y hablan siempre de su problema. No se dan cuenta, pero repiten y repiten las mismas cosas. Y para eso servimos los amigos, para escucharles o para hacer que les escuchamos. Eso le pasa ahora a la pobre Luisa, que me cuenta por enésima vez la escena del café, cuando Carlo Manzi, meses atrás, se despidió de ella.

—Sí, eso ya me lo contaste —dijo Enrique, con la sana intención de que Luisa volviese a la realidad, al momento en que se encontraban—. Debió de ser muy duro para ti.

—¡Claro que fue muy duro! ¡Y eso que yo entonces no sabía, Enrique, no sabía…!

Se interrumpió, no acabó la frase.

—¿El qué no sabías?

Luisa no se detuvo, siguió midiendo la habitación como fiera enjaulada.

—¡Y ahora ya lo sé, ha pasao el tiempo suficiente y lo sé!

—Pero ¿el qué sabes?

Luisa se dejó caer a los pies de Enrique, que le cogió las manos con ternura.

—Que estoy embarazada, Enrique… ¡Estoy embarazada!

No pareció que esta información sorprendiese demasiado a Enrique. *En las películas americanas, la noticia de un embarazo produce siempre una enorme sorpresa; a nosotros, en cambio, por lo menos en el ambiente en que yo me desenvuelvo, nos parece un hecho bastante natural.*

—Pero… —preguntó Enrique— ¿de Carlo Manzi o de Pascual?

—De Stanislawsky… ¡me cagüen su padre!… ¡De Stanislawsky!

Y, sin levantarse del suelo, llevó las manos a la mesa y empezó a echar whisky en un vaso.

CAPÍTULO XVI

Un automóvil va por una carretera secundaria a bastante velocidad. Un hombre joven (Carlo Manzi-Gerardo) lo conduce, y junto a él va una atrayente muchacha (Luisa Coral-Julia). El automóvil es moderno y de gran categoría y el joven y la muchacha tienen aspecto de personas de alto nivel social. Quizás visten de manera informal, para un viaje, pero con elegancia. En la radio suena una música agradable, como de clínica de dentista o de grandes almacenes, pero sin ningún significado ni relación con la escena o el estado de ánimo de los personajes.

LUISA/JULIA.—No sé si está bien lo que hacemos.

La muchacha no mira en dirección de la marcha sino a la cara del joven. Le oprime, nerviosa, el brazo.

CARLO/GERARDO.—¿Estás nerviosa?

LUISA/JULIA.—Sí, estoy nerviosa, no puedo remediarlo.

CARLO/GERARDO.—No comprendo por qué. Hasta ahora todo ha salido bien.

LUISA/JULIA.—¿Ves, Gerardo? Tú mismo lo has dicho: hasta ahora.

CARLO/GERARDO.—¿Y qué? ¿Según tú, eso quiere decir que desde ahora todo va a salir mal? ¿O algo, simplemente algo?

La seguridad de Carlo contrasta con el miedo de la muchacha.

LUISA/JULIA.—No lo sé. Tú eres más razonable que yo. Yo me guío por intuiciones... Cuando se hace algo malo, tengo el pálpito de que no puede acabar bien. Ya me ocurría de pequeña, cuando hacía travesuras.

Al joven le hace gracia la salida de su acompañante. Sonríe.

CARLO/GERARDO.—Bueno, pues tómalo así: esto no es más que eso: una travesura. Pero no lo olvides, una travesura que no hemos empezado nosotros sino mi mujer. Si no hubiera sido por ella, yo no habría dejado de quererla, no me habría fijado en ti.

LUISA/JULIA.—¿Estás seguro de eso? ¿No lo piensas para justificarte? ¿Para creer que no mereces un castigo? ¿Que no lo merecemos?

CARLO/GERARDO.—Pero ¡qué dices! ¿Crees de verdad que a los malos les dan palizas y a los buenos, caramelos? ¿Crees que hay unos dioses ahí arriba apuntando en este momento que yo abandono a mi mujer?

¡Es increíble, intolerable! Este diálogo lo ha tachado la censura. No sólo son intransigentes, retrógrados sino unas acémilas. No entienden nada de cine ni de literatura, y mucho menos de la vida real, porque son unos meapilas o unos vendidos. ¿Cómo pueden no entender que ese párrafo de ninguna manera expresa el pensamiento del autor, o sea mi pensamiento, ni el del director Domingo Núñez ni el de Leda Films, donde hay dinero del Opus y uno de los miembros del Consejo de Administración es general, ni siquiera es la tesis del guión, sino simplemente la opinión de un personaje que, por si fuera poco, es el personaje negativo, el oponente, el causante de la desgracia y, además, lo dice en trance amoroso, cuando estaría dispuesto a decir cualquier cosa para convencer al objeto de su amor? ¿O es que me quieren enseñar a mí estos hijos del obispo Herrera lo que es el trance amoroso? ¡A mí, a mí! ¿Cómo pueden no entender eso ese hato de borregos, esa pandilla de gilipollas? Núñez y yo hemos decidido conservar el diálogo así y cuando la película esté terminada, ya veremos lo que opinan los otros censores, porque para mayor desconcierto, para mayor guerra a los intelectuales y a la creación, los que censuran los guiones no son los mismos que censuran después las películas.

CARLO/GERARDO.—En ese caso, el castigado sería yo. Tú no abandonas nada.

LUISA/JULIA.—No sé, no sé... Pero ¿y si el amor se acaba?

CARLO/GERARDO.—¿El tuyo o el mío?

LUISA/JULIA.—¡El mío, no!

Pasa un brazo sobre los hombros de Carlo.

LUISA/JULIA.—Pero los hombres sois distintos. Tu amor puede terminarse. Y, acabas de decirlo, no crees en los castigos. ¿De verdad no crees en los castigos?

CARLO/GERARDO.—No.

Luisa/Julia habla a Carlo/Gerardo apasionadamente.

LUISA/JULIA.—No estés tan seguro, por favor, Gerardo, ten algo de miedo. Algo de miedo a perderme.

Ha tomado entre sus manos la cabeza de Carlo/Gerardo y le besa en los labios. Carlo/Gerardo sigue conduciendo con una mano, con la otra abraza a la muchacha.

—¡¡¡Cuidao!!! —gritó Cazorla, el acompañante.

Sonido del claxon. Volantazo. Claxon insistente. El coche se ha estrellado contra un lateral del camión. Se apean apresuradamente el joven conductor, Diego, y el acompañante al tiempo que el coche comienza a incendiarse.

—¡Salvaje! ¡Cabrón! —grita Diego.

—¡Vendría borracho! —dice Cazorla.

—¡Se ha saltao el stop el muy bestia, Cazorla!

En el interior del coche Carlo/Gerardo y Luisa/Julia, ensangrentados y agonizantes.

Se encendió la luz en la sala de proyección. Había terminado el pase de la película dedicado a algunos de los que habían intervenido en ella. Entre los asistentes se encontraban Domingo Núñez, Enrique Lafuente, Luisa Coral, Silvia Flora y su marido, el actor Ponte, el director de fotografía José Aguayo, un técnico del laboratorio y otras tres o cuatro personas. El director Domingo Núñez se levantó y se dirigió a los demás.

—Bueno, pues esto es todo lo que hay. Faltan los títulos de crédito, rehacer algunos fundidos y la marca de Leda Films.

—¡Qué bien está todo! —exclamó Luisa— ¡Qué bien, qué bien! ¡Gracias, Domingo!

Y le dio un beso.

—La fotografía es espléndida —opinó el actor Fuentes—. De verdá, te lo digo muy sinceramente. Mi más sincera enhorabuena, Aguayo.

—Gracias, hombre, uno hace lo que puede y lo que sabe. A mí me ha sorprendido la música. No esperaba tanto. Es adecuadísima. Y qué bien ajustada.

Silvia Flora, que, con su marido, iba hacia la puerta, se dirigió a Núñez.

—Yo te llamaré por teléfono esta noche, después de cenar, para decirte lo que me ha parecido, Domingo. Aquí hay demasiada gente.

Se marcharon los dos. Enrique fue a dar un paso hacia ella, pero se quedó en suspenso, desconsolado, porque entendió que la dura alusión iba dirigida a él.

—Comprenderás que yo no esperaba besos ni abrazos. Pero por lo menos, una sonrisa, algo... Al fin y al cabo, yo no me porté mal con ella. Y soy el guionista de la película, ¿no? —comentaba Enrique con Luisa en lo que se dirigían al aparcamiento del laboratorio, en cuyo edificio se hallaba la sala de proyección.

—Sí, eres el guionista.

Ya en el coche, hacia el café, Enrique desarrollaba el mismo tema.

—No quiero ahora hablar del amor ni del sexo, ni de los placeres del tacto, los celos o la fidelidad. Eso lo dejo para las revistas del corazón. ¡Pero soy el guionista de la película, joder! Tú le has dicho a Domingo que todo estaba muy bien, y le has dao un beso. Ponte le ha dao la enhorabuena a Aguayo... Y ella a mí, ni una mirada. Sólo me ha soltao una grosería.

—Nos la ha soltao a todos.

—No; era para mí, para mí.

El café estaba bastante animado. Desde que el periodista Pascual Ortuño rompió con Luisa Coral ella ya no se sentaba a la mesa con el pintor Quintana y la pareja que no es necesario describir, porque en aquel conflicto ella había sido la mala. Enrique y ella se acomodaron en la barra.

— ...Y yo no he podido portarme mejor con ella. Como guionista, digo.

—Sí, te entiendo.

—Porque nadie se enteró, pero siempre que yo llegaba al rodaje y decía que se me había ocurrido un cambio, unas frases nuevas, era porque Silvia me lo había sugerido. No lo hacía por mejorar su papel, por vanidá de actriz...

—No, no.

—Lo hacía para ponerme a prueba. Para estar segura de mi amor.

—Claro.

—Y yo la obedecí. En eso y en otras cosas.

—Enrique, has cambiao.

—No me estraña. Con cada mujer que se conoce, se cambia.

—Antes no te gustaba hacer el ridículo. ¿Ahora te gusta?

Enrique no respondió a la pregunta. Con el vaso en la mano, suspendió el trago que iba a tomar. Miró a los ojos a Luisa, como preguntando él también.

—Todos en la película sabíamos y comentábamos aquellos arreglos en el guión que a ti se te ocurrían, siempre para mejorar el personaje de Silvia. Y cuando se suspendió el rodaje dos días para que ella se fuera a hacer el saque de honor en el trofeo de fútbol Islas Baleares, hasta las monjas de clausura sabían que se había liao con el defensa central del Mallorca.

Enrique hurtó las mirada, bebió un trago corto.

—Luisa, eres muy dura conmigo.

—Yo no: Silvia.

—¿Cómo?

—Que es Silvia la que fue muy dura contigo. Hizo contigo lo que hacía con sus amantes cuando quería romper con ellos. ¿Es posible que aún no lo hayas comprendido?

Tras un largo silencio, Enrique preguntó sin mirar a los ojos a su amiga:

—Luisa... ¿tú crees...? ¿Crees que eso es verdá?

XVII

LOS AMIGOS ESTÁN PARA ESCUCHAR

Entró Anita, ágil y bella como siempre, en el despacho de Domingo Núñez en Leda Films con una botella de whisky recién abierta y un cubito de hielo y fue hacia la mesita de centro del tresillo a reponer la botella que habían liquidado Núñez y Lafuente; y una vez repuesta y servidos los vasos, se marchó, tan ágil, tan bella.

Mientras tanto:

—... lo que yo digo, Domingo, y estoy seguro de que tú me comprendes, es que podía habérmelo dicho a mí directamente, ¿no?, porque conmigo ella no necesitaba emplear tácticas, esas tácticas de las que tanto me había hablao, y que a mí me parecían muy bien, muy inteligentes, muy útiles, ya te lo dije en otra ocasión, Domingo, ¿te acuerdas?

—Sí, sí.

—Pero conmigo ¿para qué?, ¿por qué?, si yo soy un hombre al que se dice «hemos terminao» y entiende que hemos terminao. Porque tú lo sabes mejor que nadie, Domingo, que me conoces bien, yo, aunque sea para mi desgracia, no soy un leño, no soy un hombre elemental al que haya que andarle con rodeos o decirle las cosas de cien maneras hasta que las entienda, y he vivido y he sufrido, y a mí un golpe más ya no me hiere, estoy curtido y, sobre todo, estoy intelectualizao, muy intelectualizao, y tú sabes que no lo digo por pedantería sino porque es así, aunque ahora el ser intelectual esté mal visto. Pero cuando se es intelectual se entienden las cosas a la primera. Te hablo así porque entre nosotros hay confianza, y sé que tú no vas a pensar que soy un engreído, pero cuando Silvia…

Con suavidad, poniéndole una mano sobre uno de sus brazos, Núñez le interrumpió.

—Enrique, perdóname que te interrumpa, pero ¿sabes cuánto tiempo llevas hablando seguido?

—¿Eh?… ¿Qué?

Núñez estiró el brazo y mostró a Lafuente su reloj.

—Hora y cuarto.

—Sí, ya… ¿Tienes que hacer?

Núñez soltó una de sus carcajadas al comprender que su advertencia respecto al horario Enrique la relacionaba con problemas laborales de él, de Núñez, y no con los mentales suyos, de Enrique, que no existían.

—Lo que quería decirte… —prosiguió.

—Yo también tengo algo que decirte a ti, Enrique. ¿Qué te recuerda esta palabra: «comuneros»?

—¿Comuneros? Pues el título de mi guión, el guión que no quisiste producir nunca.

—No, el guión que no «pude» producir, porque costaba veinte millones; y eso, ni con el Interés Nacional. Pero no te dije que hace unos meses encontré un financiero que aportaba diez y resolvía el problema, y la película podía producirse.

—Ah, no me habías dicho nada.

—Sabes que a Leda Films no le gusta decir nada hasta que los negocios están remataos. ¿Y sabes quién era el financiero que aportaba los diez millones?

—No.

—Víctor Caralt.

—¿Víctor Caralt? ¿El marido de...?

—¡¡¡Sí, el marido DE!!! ¡¡¡El hombre aquel al que tú sacudiste por las solapas!!! ¡¡¡Cagüen tu...!!!

—Bueno, pero la culpa no fue mía. La culpa fue de Silvia. Si Silvia aquella noche...

Enrique ya estaba en la cama, incorporado sobre la cabecera, con una taza de infusión en las manos, que acababa de traerle su madre.

—... de «la última vuelta de manivela» no hubiera andao dejándose retratar con unos y con otros, y, sobre todo, no hubiera besao delante de la gente a aquel periodista enano, yo no habría padecido ningún ataque de violencia...

La madre, sentada en el borde de la cama, le escuchaba con infinita paciencia, una sonrisa tristísima en los finos, consumidos labios y un rítmico movimiento de afirmación en la cabeza.

—... del que, desde luego estoy muy sinceramente arrepentido, pero que en aquella desastrosa ocasión estaba más que justificado por el comportamiento imperdonable, tienes que comprenderlo, madre, ¡imperdonable!, de Silvia. Si no hubiera sido por ese exhibicionismo, por esa promiscuidad de Silvia, ante la pasividad de Víctor Caralt, yo no me habría movido.

Comían solos Enrique y Pascual en el restorán La Banderilla —la hora del almuerzo no le correspondía a Luisa—. Mejor dicho, comía sólo Pascual, porque Enrique, con un trozo de filete pinchado en el tenedor, se limitaba a hablar.

—Porque yo no soy violento, tú lo sabes. Soy más bien cobarde, y a veces se me ha reprochao. En política he estao con vosotros, y sigo estándolo, pero me he negao siempre a cualquier acción violenta. Lo de correr delante de los guardias, ya sabes que no me va. Pero en amor, o en sexo, como queramos llamarlo, los hombres dependemos de las mujeres, de Silvia o de cualquier otra, hasta el punto de perder nuestra personalidá.

Alicia, la fiel criada, estaba preparando la comida. Crepitaba el aceite al caer sobre el picadillo de ajo y cebolla. Alicia se desplazó un poco y enharinó las pescadillas.

—Por lo menos, a mí me pasa. Yo dependo de Silvia Flora, lo confieso. Y el amor, el placer, el juego de pronto se cambia en pasión.

Enrique tuvo que apartarse un poco porque estorbaba en la pequeña cocina.

—O encoñamiento, no sé... Y perdona que utilice estas palabras, pero tú no te asustas, Alicia, tú eres una mujer vivida. Aunque no tanto como Silvia Flora, claro, no quiero que te sientas ofendida. Silvia es una mujer inteligente y otras veces ha usao tácticas cuando sus amores se han mudao en desamores. Bueno, muy bien, a mí me parece bien. Pero ¿a santo de qué las usa conmigo? ¿Qué falta le hacía? Lo que yo me pregunto es: ¿para qué las usa con un hombre como yo?

En lo que llegaba el director productor Domingo Núñez, Anita servía un whisky al guionista Enrique Lafuente mientras éste le hablaba sin que ella —a la que en cambio le fascinaban las novelas de amor, tanto las llamadas rosa como *Historia de O*—, le prestase demasiada atención.

—Si yo soy un hombre al que se le dice «hemos terminao» y entiende que hemos terminao. Tú lo sabes bien, Anita, que me conoces hace tiempo. Me conoces mejor que Silvia, desde luego. Yo no soy un leño, ¿verdá?

La bella presentadora de la tele intentaba entrevistar al guionista de cine, radio y televisión Enrique Lafuente, hacerle alguna pregunta, pero no resultaba fácil interrumpir el monólogo del escritor.

—¡*Stop!*, la película protagonizada por Silvia Flora, es, efectivamente, una película de amor, de pasión, ese era mi propósito cuando escribí el guión, pero después para mí ha resultado una película de celos, de infidelidad, de burla cruel, de sufrimiento. No tengo por qué ocultarlo. Soy una persona sensible y el daño que me ha causao Silvia Flora...

En el estar-comedor, Basilia, la madre del presunto interrogado, y Alicia veían el programa de tele y ante lo que acababan de oír, la fiel criada se llevó las manos a la boca, espantada, y la madre se enjugó una lágrima.

—... no lo olvidaré nunca. Es una gran artista y una mujer hermosísima, eso no lo niega nadie, pero engreída en su belleza, sin importarle a quién se lleva por delante.

Eran las tantas de la madrugada, el alba ya lanzaba su bostezo blanco y el periodista Lafuente y el pintor Quintana, que chupeteaba filosófico su pipa, seguían apoyados en el pretil del puente, con las miradas perdidas en las aguas del Manzanares.

—Y una mujer tan segura de sí misma como Silvia Flora, no necesita tácticas ni andarse con rodeos. Ella sabe lo que es el amor, y sabe que yo lo sé.

—Y yo.

—Ella sabe que ella y yo sabemos que la mujer, como dijo André Maurois, siempre es fiel al amor, lo que pasa es que lo cambia de sitio.

—Bien visto.

—Y ella es una mujer, y el amor es el amor. Tú y yo, Quintana, sabemos lo que es el amor…

—Mmm…

—Y que es una flor que sólo se encuentra al borde de los precipicios, en lo alto de los acantilados, en los cráteres de los volcanes…

—Y en el infierno.

—Es una poderosa atracción hacia algo que suponemos que esiste fuera de nosotros o que deseamos que esista, cuando en nuestro interior creemos hallar un vacío angustioso y pensamos que puede llenarlo algo que esiste o imaginamos fuera de nosotros. ¿No crees?

—Puede ser. Yo tenía dieciséis años cuando me enamoré.

—Yo, menos. A los doce, de una vecinita…

—Yo, de una criada. Me dejaba entrar en su cuarto por la noche —Quintana no miraba a los ojos a Lafuente; hablaba con su pipa.

—… una vecinita a la que vi una noche en la escalera. Llevaba calcetines blancos.

—La criada que yo te digo, no; llevaba medias. Yo tenía quince años cuando empezó a dejarme entrar en su cuarto por las noches. Hacíamos de todo. Ya he conseguido olvidarlo, pero supongo que para mí aquello era una bacanal, o el cielo, no sé… Tenía yo dieciséis años recién cumplidos cuando se marchó de casa y no quiso volver a verme nunca más. Se había echao novio formal, un paisano. Creí que me moría. Hasta entonces no había sabido lo que era el sufrimiento. Pensé matarme, pero no me atreví. Me confesé, aunque era ateo, y el cura me recomendó castidá. Le hice caso, qué remedio, y empecé a aprender a arreglármelas yo solo.

—Pero no es lo mismo, no hay comparación…

—No creas. Con el tiempo me fui perfeccionando. ¿Qué me había dao aquella criada que no pudiera darme yo?

—Pero ¡qué disparates dices!

—Escucha, escucha…

—Pero ¿cómo voy a escucharte si…?

—Decís que hablo poco, y para una vez que hablo, me quitas la palabra de la boca.

—Te quito la palabra porque…

—Tú sabes mucho de lo que es la pareja, eres un cincuenta por ciento y los que sois un cincuenta por ciento no sabéis nada del gusto que se le puede sacar a la soledá. Y las penas que te evitas.

—Yo he estao solo la mar de veces y sé lo que es la soledá.

—Una cosa es estar solo un rato, o una temporada y otra estar solo para siempre y porque te guste, porque te corras de gusto sin necesidá de darle gusto a nadie.

—¡Bueno, Quintana, te felicito, vives en plena adolescencia!

—No es eso, Lafuente, no has entendido nada. Yo soy un tío con cuarenta tacos y no vivo en la adolescencia, como tú dices sino en una casa con cocina, con cuarto de baño y con estudio de pintor.

—¿Y qué?

—Que sabiendo usar todo eso, le puedes sacar más gusto que a la tía más cachonda.

—Sí, claro, si eres pintor y te aficionas a la cocina y además usas sales de baño…

—¡Que no es eso, joder! ¡Yo pareceré un adolescente, pero tú pareces retrasao mental!

—No lo parezco, lo soy. Si no, no me iría como me va. Pero eso no tiene nada que ver para que tú compares a Silvia Flora con los pucheros, porque Dios estará entre los pucheros, pero Silvia Flora…

—Si no es eso: es el aceite, la pimienta y la ducha, la esponja…

A partir de ahí decidieron hablar los dos a un tiempo y una curiosa habilidad aprendida con la práctica les servía para escucharse mutuamente.

El pintor Quintana expuso su extraña teoría sexual a su pipa.

El periodista Lafuente lloró sus cuitas de amor a las aguas del Manzanares.

Una de aquellas noches, Enrique Lafuente, con lamentable aspecto —como todo el mundo sabe, las penas de amor hacen crecer la barba (a los varones), aflojan las corbatas y arrugan la ropa—, entró en el Café Gijón.

En su mesa de siempre se encontraban el periodista Pascual Ortuño, el pintor Quintana y la pareja que no es necesario describir.

Al ver entrar a su amigo se disolvió como por ensalmo la tertulia: uno se fue al retrete, otro se camufló entre la gente de la barra, los otros se repartieron por las otras mesas.

Aquel borracho que en plena noche caminaba dando tumbos por la calle solitaria, no se escabulló, no tenía motivos. Dejó que el hombre desconocido le acompañara durante un largo trecho hacia no se sabía dónde.

—Yo he vivido y he sufrido, no es esta la primera vez, y por lo tanto, a mí unos cuántos golpes más ya no me hacen daño, si no son traicioneros como los de esa mujer, Silvia Flora.

A este señor, a este transeúnte, a este borracho no puede importarle nada de lo que yo le cuente. Quizás tampoco les impor-

taba a mis amigos, a mi madre, a Alicia, a Pascual Ortuño, a Luisa Coral, al pintor Quintana... Pero yo necesito hablar hablar hablar y hablar de esto escalera oscura calcetines blancos, la oscuridad los ha puesto negros, ya no los veo, hablar de Silvia Silvia Silvia Silvia oprimir la herida para que salpique sangre y si los aburro que se jodan ¿somos o no somos solidarios?

—Y sobre todo lo más importante es que yo estoy intelectualizao, de joven fui poeta y sigo escribiendo, de eso vivo, y cuando se está intelectualizao, las cosas se entienden a la primera. No hay que venirle a uno con tácticas ni con rodeos, como Silvia Flora.

Y destrozado, maltrecho, una noche más, una amanecida más, sin quitarse la ropa sucia y arrugada por el desamor, se dejó caer sobre la cama

> Abandonado como los muelles en el alba,
> es la hora de partir, ¡oh, abandonado!*.

Ya en lo más hondo y negro de la desesperación, se volvió hacia la pared y, ciego de furia, golpeó violenta y repetidamente con los puños.

—¡Puta, puta, puta!

La madre dormía apaciblemente, pero a través del tabique le llegó el ruido de los puñetazos de su hijo y se despertó, sobresaltada, se incorporó de golpe, asustadísima. Lanzó un grito sofocado y se llevó las manos al ya débil corazón.

---

* Pablo Neruda, *Veinte poemas de amor y una canción desesperada.*

XVIII

EN EL QUE VUELVEN A APARECER LOS CALCETINES BLANCOS

Día soleado en San Sebastián, a finales de verano. El director y productor Domingo Núñez, Leda Films, tocando muchas teclas, había conseguido su propósito de estrenar *¡Stop!* en el Festival de San Sebastián. Incluso, según sus espías, tenía posibilidades de ganar el primer premio, la Concha de Oro. Desde Roma, llegó Carlo Manzi. Y así, estaban los mismos del año anterior.

Era Silvia Flora la interrogada para la tele. Un poco apartados, aguardaban Luisa, Domingo, Carlo y Enrique. Como fondo, un cartel distinto de *¡Stop!* pero en el que también resplandecía la belleza de Silvia Flora.

Silvia tuvo palabras de elogio para todos, pero ni una referencia al guión, ni, desde luego, al guionista. Domingo Núñez estaba muy cerca de Enrique y le dijo al oído:

—Tenemos el primer premio; y si falla, porque el jurado chino está en contra, tengo el de la mejor dirección; eso, seguro.

Luisa ha tirado de una manga a Enrique y le dice al oído:

—Domingo no tiene ni idea. Me ha dicho Lucas, el periodista, que del premio al mejor director, ni hablar, que es para el yugoslavo. Lo que podemos pescar, aunque yo no puedo creérmelo, es el premio a la mejor actriz.

—¿Para Silvia?

—¡Para mí!

Por la noche, en el repleto teatro Victoria Eugenia, se procedía a la entrega de premios. Por lo que se refería a *¡Stop!*, una bellísima actriz leía ante el micrófono:

—Premio al mejor actor secundario: Anastasio Chozas, por su interpretación del personaje «Cazorla», en *¡Stop!*

Nutridos aplausos. Las miradas se volvieron hacia el palco en que estaban los componentes del equipo de *¡Stop!*, menos Núñez. Ninguno de ellos consiguió aparentar una leve alegría.

—En ausencia del galardonado, recibe el trofeo el productor y director de la película, Domingo Núñez.

Núñez salió por un lateral del escenario y, entre aplausos, recibió el trofeo con una mala leche que no intentó disimular.

Ya de regreso del festival, en la noche madrileña, Luisa iba en el coche de Enrique, llorosa, con su hijo, como de tres meses, en brazos.

—No sabes cómo te agradezco esto, Enrique.

—Mujer, para eso estamos los amigos.

—He pasao una noche horrible. Qué decepción, Enrique. Después de todo lo que me habían dicho tenía tan seguro el premio… Ha sido una decepción que me ha hecho mucho daño. Todo el mundo dice que soy buena actriz, he tenido críticas muy elogiosas, pero nunca me han dao un premio... Esta vez me lo había creído, y me hacía tanta ilusión...

—Eso no tiene importancia, Luisa. Ya ves, yo he tenido dos premios por mis guiones y ninguno de los dos sirvió para que me pagaran más. Después de uno de ellos tardé año y medio en colocar otro guión. Los premios siempre se deben a chapuzas, a tejemanejes. Incluso cuando se los dan a uno.

—Ha sido un día horrible, Enrique, porque, además de lo del premio, Carlo ni me ha mirao; ni al niño, que lo llevé a San Sebastián sólo para que lo viera su padre. Por eso te agradezco lo que haces; necesitaba estar con alguien.

Fueron a casa de Enrique, que se había brindado, amistoso y hospitalario, a acompañar durante un rato a su amiga Luisa, que tantas veces le había acompañado a él en sus desdichas al cabo de los años.

—Perdóname que haya traído al niño, Enrique. Sé que es un engorro para ti.

—No, mujer.

—Esta noche no tengo con quién dejarlo. Vanessa no llega hasta las nueve.

—Olvida este día horrible. Horrible para todos, ¿eh? Para mí tampoco ha sido un buen trago ver de nuevo a Silvia. Y a Domingo lo del premio al actor secundario le ha revuelto las tripas. Ya has visto qué cara tenía. Pero a ti ya verás cómo con dos whiskys se te pasa todo.

—¿No tienes Pernod?

—Creo que sí.

Habían abierto la puerta del piso y entrado en la casa con sigilo para no despertar a Quique, a la madre, a Alicia. Y hablaban en susurros.

—Prefiero el Pernod.

—Se sube muchísimo.

—Eso es lo que quiero, que se me suba.

Habían llegado a la sala de estar-comedor. Luisa ya había estado allí en otra ocasión, con Pascual Ortuño, y reconocía el lugar.

—Mira, con estas sillas hacemos una cuna para Carlitos —dijo Enrique y empezó a colocar las sillas tal como había dicho.

—Deja, deja; yo las coloco —dijo Luisa.

—Bueno, ponlas tú, y entonces yo me dedico a las bebidas.

Luisa colocó las sillas de manera que el niño pudiera estar sobre los asientos sin caerse. Enrique sirvió dos copas de Pernod con hielo y azúcar.

—Te he jodido la noche, ¿no? —preguntó Luisa acariciando una mejilla a Enrique.

—Sobre eso no se admiten comentarios. Soy tu amigo. ¡Por la amistá! —y alzó su copa.

Brindaron y bebieron.

—¿Cuánto hace que nos conocemos? —preguntó Enrique, nostálgico. *¿Desde que conocí a Luisa Coral, han pasado la cuarta, la quinta, la sexta? Mi madre lleva mejor que yo la cuenta.*

—Seis años, estoy segura, ni uno más ni uno menos. Yo tenía dieciocho años cuando me presenté, en 1958, a las pruebas para *La noche secreta*, que la dirigió Domingo y me rechazó. Qué mal me cayó el tío, peor que yo a él. Nos presentó tu novia de entonces, Elvira Collado.

—Sí, sí, ahora que lo dices lo recuerdo bien. Nos presentó Elvira, la cuarta.

—¿Cómo?

—No, nada, nada; ya sabes que así las llama mi madre. ¡Menudo zorrón!

—Los hombres siempre decís eso. En cuanto una os deja, aunque sea por culpa vuestra.

—Seis años de amistá —evocó Enrique—. Para que

luego vengan algunos diciendo que la amistá entre un hombre y una mujer es imposible.

Bebió un trago Enrique. Hubo un silencio. Luisa lo prolongó bebiendo un trago ella también. Mientras bebía miraba a los ojos a Enrique. Al fin rompió el silencio.

—Yo, Enrique, nunca... Nunca he sido tu amiga.

—¿Qué?

—En fin... Quiero decir... que siempre, a lo largo de estos seis años, he querido ser algo más... No sé si la amistá entre un hombre y una mujer es imposible, pero sí creo que es muy difícil.

—¿Qué dices?

—Aquella noche, en la que nos conocimos... Cuando nos presentó Elvira Collado... fuimos a cenar los tres... ¿te acuerdas? A La Banderilla. Has dicho que te acuerdas. Y lo creo, tú tienes buena memoria.

—Muy mala.

—¿Mala?

—Sí, a veces creo que a la buena memoria se la debería llamar «mala memoria»... *«Memoria, ciega abeja de amargura»**.

— ...

—Son cosas mías. ¿Qué estábamos diciendo?

—Que te acordabas de que fuimos a cenar los tres.

—Sí, me acuerdo.

—Tú hablabas mucho. De cosas que a mí me parecieron muy bonitas. Tenías unas copas de más y hablabas, hablabas... A lo mejor porque estabas tú solo con dos chicas. Y recitaste versos. «Quiero hacer contigo / lo que la primavera hace con los cerezos.» Desde entonces ya no pude ser tu amiga, solamente tu amiga, y he pasao años muy malos.

---

* Juan Ramón Jiménez, *Retorno fugaz.*

Enrique miró fijamente a Luisa, con creciente terror; la miraba no sólo a los ojos, sino a la tersa frente, a la nariz, a las mejillas, rodeaba su cara con la mirada y volvía a fijarla en los ojos, despavorido.

—Pero tú ibas de una a otra, de una a otra —dijo Luisa—, y nunca te lo pude dar a entender. No veías mis miradas, no entendías mis insinuaciones. Y yo no me atrevía a más, por miedo a tu desdén.

El tono susurrado en que hablaba Luisa, acercando su cara a la de Enrique para no tener que alzar la voz, originaba una sensación de misterio que a Enrique se le antojaba de amenaza.

Llegó hasta ellos la voz de la madre hiriendo el silencio de la noche.

—¡Enrique! ¡Enrique!

Enrique se había quedado en suspenso, con la copa en la mano, sin apartar la mirada de Luisa —quizás la veía por primera vez— y no manifestaba ningún signo de haber oído la voz de la madre.

—Te llaman, Enrique. Es tu madre, ¿no?

—Sí, ahora mismo vuelvo.

Dejó la copa y salió. Llegó Enrique al dormitorio de su madre, llevó la mano al picaporte, abrió despacio, con sigilo, la puerta, que cerró tras sí de la misma manera y dijo estúpidamente:

—Pero, mamá ¿estás despierta? ¿Tú sabes la hora que es?

Fue hacia la cama.

La madre, incorporada, sin hacer caso a sus preguntas, le tendió los brazos. Habló también en voz muy baja, para no ser oída desde la otra habitación.

—¡Enrique, hijo, hijo mío! ¿Qué has hecho? ¿Te das cuenta de lo que has hecho? ¡La has traído aquí, la has metido en casa!

—No, madre, no es lo que tú piensas. Puedes estar segura. Esta no es más que una amiga, nada más. Tú la conoces, la artista Luisa Coral, que ha trabajao en mi última película...

—Sí, ya lo sé, en *¡Stop!*

—Eso es. Esta noche estaba muy triste por varias razones que no tienen nada que ver conmigo, absolutamente nada, y hemos subido a casa a tomar una copa; ya sabes que somos muy amigos.

—¡La conozco, sí, la conozco! —dijo, acongojada, la madre—. ¡Es la del niño, hijo, la del niño! ¡Seguro que lo ha traído!

Enrique apartó un poco la mirada para decir:

—Sí, porque no tenía con quién dejarlo. Vive sola. Dentro de un ratito se marcha, madre. En cuanto nos tomemos la copa. La mujer lo necesita.

—No, hijo, eso es lo que tú crees, lo que tú quieres creer, pero se quedará, no lo dudes —la congoja de Basilia iba en aumento—. Y a mí me caerá muy bien, porque ya me dio muy buena impresión aquel día en que estuvo aquí comiendo. Y la tomaré cariño porque lo más seguro es que sea una buena chica; yo no tengo nada contra ella. Y el crío será otro nietecito y Quique jugará con él, ya lo verás. Ahora todavía no, pero en cuanto se haga algo mayor...

—Madre, por favor, te lo suplico, no empieces con tus adivinaciones.

Pero la madre siguió en su predilecto papel de sibila.

—Ríete de mis adivinaciones, como haces siempre. Pero ya sabes que acierto. Se irá después, escucha bien lo que te dice tu madre, se irá cuando tú te hayas enamorao, porque te enamorarás, te enamorarás.

Enrique quiso, en vano, interrumpir a su madre.

—¡Porque te enamoras siempre, siempre, sin remedio, porque no sirves para el amor, hijo, te lo tengo dicho, no sirves! Y además te falla la memoria. Que ya te fallaba cuando eras estudiante, cuando las primeras novias, las de entrenamiento, que decía tu pobre padre.

—No digas eso, madre, no lo repitas. Sabes muy bien que no es verdá. Tengo muy buena memoria. Tal vez para mi desgracia.

—No, hijo, no te engañes a ti mismo. Tienes buena memoria, y eso no lo discuto, para lo tuyo, tu trabajo, los libros, las películas, pero no para los sufrimientos de la vida y por eso no consigues evitarlos.

La discusión era inútil, pero Enrique no sabía librarse de ella.

—Te equivocas, madre. Casi todas las noches me duermo recordando algunos de los desengaños que me he llevao. Y sufriendo al recordarlos.

Regresó la sibila y no hizo ningún caso a lo que el desdichado amante acababa de decir. Siguió con lo suyo, hablando entrecortadamente, hipando, al borde del llanto.

—De ésta, de la siete...

—¡Y dale, madre!

—De la siete te enamorarás. Puede que no sea tan cruel contigo como han sido otras, o a ti te ha parecido que lo eran. Me da la impresión, así, al primer golpe de vista, de que puede ser una chica fiel o, por lo menos, discreta. Pero te hará daño, te hará daño, aunque sin querer, porque el daño te lo harás tú mismo. Desde hoy se quedará aquí...

—¡Que no, madre!

—Se quedará aquí y a mí me gustará su modo de ser. Ya me gustó cuando la trajiste a comer. Es sencilla, espontánea, no se parece a otras artistas que he conocido. Y es posible que haga buenas migas con Alicia, porque no creo que tengan mejor educación la una que la otra. Y Quique, ya te digo, se acostumbrará pronto a tener al niño ese de compañero de juegos. Y ella, Luisa, en cuanto tenga un golpe de suerte, de esos que de vez en cuando se dan en su trabajo, se irá.

—¡Madre!

—Es muy guapa, y buena artista. Si aún no ha triunfao del todo es porque no ha tenido ese golpe de suerte. Pero lo tendrá y se irá. Ahora los *manager* esos que tienen los artistas están en contacto con otros *manager* del extranjero. Y a los artistas que valen se los llevan. Y Luisa Coral se irá, porque vale, vale. Se irá a trabajar a Hollywood o a Miami, porque la he visto en *¡Stop!* y tiene mucho porvenir. Y tú, que ya estarás enamorao como siempre, te sentirás de nuevo abandonao. ¡Y entonces serán los lloros y vuelta a dar puñetazos en la pared!

Su amor filial no era suficiente para soportar tanta tortura. Se levantó y besó a su madre en la frente.

—Madre, no disparates. No puedo dejarla sola tanto tiempo. Duérmete. Hasta mañana.

Salió de la habitación y oyó murmurar a su madre:

—¡Jesús, Jesús!

Cuando entró en la sala de estar-comedor no vio a nadie. Allí sólo estaba el niño en la cuna improvisada. Enrique miró a un lado y a otro, buscando a Luisa, cuya voz le llegó tenue, a través de los tabiques:

—¡Enrique!

Se volvió, siguiendo la voz.

—¡Enrique!

Siguiendo la voz, entró en su dormitorio. Se detuvo nada más entrar. En la cama, desnuda, medio cubierta por la sábana, estaba Luisa, que sonreía, acogedora. Retiró del todo la sábana y mostró la juvenil belleza de su cuerpo. *No puedo apartar la mirada de ese cuerpo. Quiero apartarla, pero no puedo. La mirada se me ha prendido en ese cuerpo, tira de mí como un sedal. Estos pasos que he dado hacia la cama son* *ajenos a mi voluntad.* La muchacha seguía sonriendo. Llevó la mirada hacia sus pies como para dirigir la mirada de Enrique. *Pero ¿qué es eso? Sí, ¡lleva un par de calcetines blancos!* Enrique consiguió detenerse, que sus pies dejaran de avanzar. Consiguió también no mirar aquel cuerpo desnudo, desde los calcetines blancos hasta los ojos que ya no sonreían, reían: «*como sonrisa que se vuelve en risa*»*. Consiguió cerrar los ojos. Por fin, alzó la cabeza, llevó la mirada a lo alto y clamó, suplicante:

—¡Stop!

En lo alto no debieron de hacerle mucho caso; quizás debería haber clamado a lo bajo. En estas cosas nunca se sabe y me temo que se muera uno sin saberlo.

¿La sexta, la séptima, la octava...? Luisa Coral fue la última. Basilia, la madre, le había adjudicado el número siete... Sí, el siete... Y no hubo ninguna más. Luisa Coral no se había portado mal con él. No fue tan cruel o tan inconsciente o egoísta como otras. Supo ser fiel o discreta, para el caso era lo mismo. Pero también le había hecho sufrir, y abrió heridas que apenas se habían cerrado. También con su marcha le dejó náufrago en el mar de la soledad.

Luisa Coral se quedó en casa a partir de la noche de la cuna de sillas y el Pernod y los calcetines blancos. Y a la madre le pareció muy bien su modo de ser, tan espontáneo, tan sencillo, no parecía una artista, y con Alicia tenía largas conversaciones porque las familias de las dos eran de pueblo, y Quique, aunque desde la madurez de sus doce años despreciaba a aquella cosa, pronto aprendió a

---

* Juan Ramón Jiménez, *Retorno fugaz.*

tener a Carlitos como un compañero o como un hijo prematuro.

Y con ayuda de la costumbre, del ambiente casero, de la proximidad cotidiana y del gran talento natural, no sólo para la ficción sino para la vida auténtica, de Luisa, Enrique, paulatinamente, casi sin sentirlo, fue enamorándose más aún que las veces anteriores. Si quería recordar cómo era el bellísimo rostro de Silvia Flora, o su cuerpo tan incitante, tenía que ver fotos de ella en las revistas de cine. Y al fin y al cabo esa era una facilidad muy a su alcance, porque en cuanto a cómo eran los rostros de las demás, la segunda, la tercera, la cuarta... vaya usted a saber. Una sonrisa o un parpadeo de una. El modo de mirar sesgado de otra o cómo se llevaba el pitillo a los labios. Y poco más. Pero aunque pasara un largo tiempo, muchos años, olvidar las facciones de Luisa Coral o la forma de sus piernas le parecía imposible. Debe tenerse en cuenta, para comprender esta reacción de Enrique Lafuente, que a Luisa, aunque sólo como amiga, la conocía y la trataba desde seis u ocho años antes.

La felicidad que Luisa le dio, le hizo pensar que nunca, en su vida anterior, había sabido lo que era la felicidad. Y lo mismo podría decir del placer táctil. Aquella especie de alegría de Luisa, sin motivo aparente, y sin necesidad de expresarse en risas, resultaba arrebatadora y también inolvidable. ¡Era tan distinta Luisa, no sólo de temperamento, de carácter, sino físicamente, de cuerpo, de color, de piel, de olor a Silvia, a Águeda (las otras habían ido a parar irremediable y misteriosamente al mundo de las sombras, de la historia, de las fábulas), que a Enrique le parecía renacer a una vida y ocupar un lugar en un nuevo mundo, y que ese nuevo mundo era el mejor de los creados!

Cualquier persona aficionada a la lectura de diarios o de revistas ilustradas sabe que existen algunos actores, algunas actrices, consagrados, de primera fila, triunfadores, que, quizás por falsa modestia, se obstinan en repetir que en su oficio una gran parte de la posibilidad de éxito, el noventa por ciento, depende del azar, de la suerte. Tal actor de quien se contaba que le habían rechazado para un personaje, y pasó por el café de los cómicos en el momento oportuno el empresario que preparaba el reparto de una nueva obra o de una película. Puede ser verdad, ser mentira, pero el caso, excepcional, es cierto, fue que cuando Luisa Coral llevaba cerca de ocho años interviniendo en películas y más películas y tomando parte en alguna que otra temporada teatral y siempre con elogios de la crítica y sin demasiado desprecio por parte de sus compañeras y compañeros, intervino en una película de lo que se llamó *espagueti western* y luego se la llevaron a Italia a hacer otra del mismo género, esta otra se convirtió en dos o tres. Y, por mediación del azar, de la suerte, y de los contactos internacionales de su *manager,* José María Gavilán, representante también de los famosísimos José Luis López Vázquez y Alberto Closas, y correspondiente en España de Group Casting International, de Italia se marchó a México. De México, ya por sus encantos personales y sus dotes de actriz, saltó a Hollywood.

Sufrió. Enrique Lafuente sufrió mucho y sin disimularlo ante su madre, aunque la triunfadora Luisa Coral procuró en las primeras conversaciones de la separación paliar ese sufrimiento, y lo mismo hizo en las frecuentes llamadas telefónicas de los primeros tiempos y en las cartas, que se fueron distanciando. Y en la carta en la que le comunicaba su boda con un director sueco residente en San Francisco. El dolor que sintió Enrique fue muchísimo más agudo que el de las otras veces, el de las otras separaciones o abandonos. Esta vez no le fue suficiente para desahogarse, para aplacarlo, golpear la pared con los puños cerrados ni exclamar ¡puta, puta, puta!

Sentía como si con el definitivo abandono de Luisa —no podía llamarlo traición—, le hubieran extirpado una parte del alma. No se reconocía a sí mismo, ni siquiera en los largos insomnios, era un ser distinto, y más triste, más irremediablemente fracasado. A cada momento se le aparecía, como un fantasma, el recuerdo de su amigo solitario, el pintor Quintana, muerto del corazón poco tiempo atrás, con el pincel en la mano, frente al caballete en el que aún sin terminar podía verse un cuadro con fondo gris y pequeñas pinceladas grises, casi puntillistas, que según sabían algunos pensaba titular *Jardín solitario al mediodía*. ¿Le llamaba el pintor desde el otro mundo? Desde su irremediable laconismo, ¿quería aconsejarle, como aquellas escasas veces en que de pronto se había vuelto locuaz? Enrique así lo entendió y tomó la decisión firme y enloquecida de seguir su ejemplo. «Las mujeres, para pintarlas», decía el pintor Quintana. Y el guionista Lafuente estaba de acuerdo: las mujeres, para escribirlas en los guiones, mal o bien, pero tan falsas como siempre. Las mujeres de la realidad resultaban falsas, las de los guiones lo eran ya desde el instante en que el guionista las pensaba. Las mujeres, para escribir sobre ellas, sobre las imaginarias, las impalpables. Fin de su vida anterior. *The end.*

El guionista Lafuente, con paciencia y discreción, había sonsacado algo al pintor Quintana respecto a su comportamiento sexual. Tenía la sospecha o la intuición de que quizás alguna vez en su vida futura podían serle útiles aquellos conocimientos, ya comprobados en la práctica. De la «vaginofobia» (denominación escuchada al fotógrafo Orense) sentida por Quintana, intensamente, casi recién salido de la adolescencia, a causa del primer fracaso amoroso, quizás magnificado por su imaginación, también había advertido síntomas Enrique Lafuente en sí mismo y en repetidas ocasiones. Cuando aquel primer fracaso, Quintana no se había planteado si era feo o guapo, ni esa circunstancia le parecía fundamental para las relaciones sexuales. Por su vocación pictórica había contraído ya el hábito de analizar los rasgos faciales de las personas, especialmente los de sus amigos, y sabía, por ejemplo, que el conjunto que formaban los de Jerónimo era muy armonioso, que la poderosa nariz de Braulio, atractiva para un dibujante, le convertía en un hombre feo. Y que la nariz breve pero aguileña y los ojos grandes, despejados y oscuros del joven escritor de cuentos Elices, hacían de él un hombre guapo. Pero respecto a sí mismo advertía únicamente que sus rasgos, que se sabía de memoria, componían un conjunto vulgar. Ante algunas mujeres perdía su facultad de análisis: eran las que tenían un nosequé. Él sabía, lo había decidido, que no podían atraerle, pero le atraían y, como defensa, surgía el terror vaginal, la «vaginofobia»: hurtaba la mirada, enmudecía, abandonaba la reunión con alguna excusa o sin ninguna.

A veces se entretenía en hacer de memoria retratos de sus amigos y de alguna amiga, sin pasar nunca del carboncillo, pero de las que tenían el nosequé no lo conseguía, como si sus facciones existieran sólo en una realidad interior y no pudieran ser reproducidas en la realidad externa. En una ocasión advirtió que los dudosos trazos negros sobre el lienzo blanco comenzaban a sugerir un parecido. Sí, aquella era la forma de los ojos de Lorenza, una estudiante de Filosofía, y exacta la distancia que los separaba de la boca. En el acto cogió un cuchillo y rasgó la tela.

No tenía la sensación de que le había engañado, o traicionado, o despreciado, o lo que fuese, aquella amante juvenil, la criada, sino de que le habían engañado traicionado despreciado todas las mujeres del mundo. Y los tiempos estaban cambiando, aun en plena represión franquista ya no era como antes, las mujeres encerradas en casa y los hombres libres por las calles, en los cafés y en las tabernas, sino que las mujeres empezaban a meterse en todas partes. Su afición a la pintura aumentó de manera considerable; era un amor de soledad, y él se encontraba bien a solas, dejó de sentir esa inquietud propia de los jóvenes que los obligaba a estar siempre con alguien, hombre o mujer. Y a las mujeres en general les tomó manía; así expresaba él su complejo. Una breve relación que tuvo en aquel tiempo con una mujer bastante mayor que él fue breve porque ella, mujer experimentada, que algunos días se atrevió a llevar al estudio a unas amigas a tomar unas copas y a que vieran los cuadros, advirtió en seguida que él prefería la soledad y que por el modo esquivo con que trataba a sus amigas su terror vaginal era evidente.

—¿Cómo se puede tener celos de la soledá? —le preguntó él.

Ella era muy experimentada, como se ha dicho, pero poco analítica y se limitó a decir «pues ya ves tú» mientras le daba la espalda. Fue en esa fase de su evolución intelectual cuando el pintor Quintana al verse en el espejo advirtió que si no era tan guapo como Jerónimo, tampoco era tan feo como Tomás Ginzo, el dramaturgo; era corriente, de los que no llamaban la atención. Pero su cara no dejaba de ser interesante. Debía tomar en serio la idea de hacerse un autorretrato.

Enrique Lafuente había agradecido las confidencias de Quintana y deseaba que le fueran útiles, pero él no era pintor, y hacía ya mucho tiempo que tampoco era un jovenzuelo, como Quintana cuando le abandonó su segunda y última compañera de amor. ¿Qué podía hacer? ¿Escribir sus memorias? ¿Volver a la poesía lírica? Simplemente, lo que había pensado: las mujeres, para los guiones. Porque estaba decidido a seguir el consejo del pintor, y exprimir al máximo sus confidencias.

En la casa no quedó ni una foto, ni un recuerdo de ninguna de sus torturadoras. Como era inevitable que su nueva actitud, su nuevo modo de ser, sorprendiera a su madre, se inventó para las conversaciones con ella un repertorio de evasivas. Tenía un apartamento, salía con varias chicas, no con una sola, el niño ya era mayor y no debía ser testigo de la vida que llevaba su padre. Cuando daba estas explicaciones como de pasada, quitándoles importancia, la madre le miraba fijamente a los ojos y enmudecía.

Nunca le había preocupado a Enrique Lafuente, a pesar de estar intelectualizado, muy intelectualizado, el problema de que los placeres sexuales compartidos estuvieran siempre relacionados con la belleza física, y no le había preocupado este problema porque a él no le afectaba, ya que, como se ha dicho reiteradas veces, era un hombre de físico atrayente. Y en la literatura, la gran literatura, la verdad es que este tema se aborda poco. Constituyen excepciones obras que, como *Nuestra Señora de París* o *El hombre que ríe*, se ocupan de él, y en ambos casos recurriendo a extremos. Como cualquier hombre que no sea feo, pero tampoco lo que las chicas hoy por hoy llaman un «bellezo», cuando se veía en el espejo al afeitarse, casi no se veía. No podía su caso, por lo tanto, ser el de su mentor, el pintor Quintana, que un día decidió hacerse un autorretrato. Pero fue por aquel tiempo en que estaba sangrante la herida producida por el matrimonio de Luisa Coral con el director sueco residente en San Francisco, cuando cayó en la cuenta de que de los cuatro o cinco que entonces formaban su tertulia del Café Gijón, él era el más inteligente, y quizás también el más sensible.

XIX

DONDE EL GUIONISTA LAFUENTE INICIA UN EXPERIMENTO

Como si charlaran de temas diversos, le dejó caer un día al fotógrafo Orense que no le parecía nada despreciable la filosofía de su común amigo, el fallecido pintor Quintana.

—Misoginia —diagnosticó Orense.

—Ya, ya lo sé. Pero no era nada patológico. Quintana adoptó voluntariamente ese modo de comportarse, porque le resultó cómodo.

—La misoginia no es patológica, Enrique.

—Ya me parecía a mí. Quintana decía que se encontraba muy bien prescindiendo de las mujeres. Y para el trato sexual, también de los hombres. Aquello de que era maricón fue un infundio.

—Desde luego.

—Pero decía una cosa que me pareció interesantísima. Que para prescindir de los hombres y de las mujeres tenía uno que gustarse a sí mismo... Y él lo había conseguido.

Me dio envidia, de verdá. Quién pudiera conformarse con uno mismo.

—Tú lo que quieres es estar enfermo.

Ya me está llevando a su terreno, como siempre. No tiene remedio. Es un buen tipo y resulta muy útil a veces, pero en cuanto puede te lleva a su manicomio particular.

—¿Puedo pedir un coñac?

—Sí, hombre.

Lo pidió y después prosiguió.

—Narcisismo, ya sabes: es un término muy vulgar. Yo no creo que tú seas narcisista, pero, por lo que me dices, quieres serlo. Como sabes, porque los escritores habéis chupao de Freud hasta dejarlo seco, puede conducir a la esquizofrenia, pero sólo en casos estremos. Los narcisistas corrientes abundan como hongos; son todos esos a los que les resulta dificilísimo encontrar compañera amorosa, y si la encuentran les dura poco, porque siempre se admiran más a sí mismos.

—¡Eso, eso debe de ser lo cómodo!

—No te digo que no. De las neurosis, puede que sea la menos grave.

—Y la más agradable, ¿no?

—Hombre, eso ya no sé…

—De niños, todos hemos sido narcisistas, ¿verdá?

—Sí, hasta cierto punto. Todos hemos pasao una fase narcisista. No había mayor talento que el nuestro. Si las cosas no sucedían como nosotros les ordenábamos, nos echábamos a llorar porque así fastidiábamos a los mayores, a esos ignorantes.

—Pues, según eso, para conseguir el estado perfecto que le permita a uno realizarse en soledá no hay más que hacer un esfuerzo por volver a la infancia, a la infancia interior.

—No sólo quieres ser narcisista, sino retrasao mental.

Ya que me ha metido en su manicomio no debo intentar eva-

dirme. De esos sitios es muy difícil fugarse, todo el mundo lo sabe.

—El diagnóstico es cosa tuya. Yo lo que digo es que eso debe de ser mucho más cómodo que seguir aperreao en esta puta vida.

—Pero en esos casos siempre se anda al borde de un precipicio. El narcisismo físico es más difícil, porque está ahí el espejo para decirnos si se nos cae el pelo, si somos bizcos, si tenemos la nariz torcida o labio leporino. Pero el otro, el intelectual, nos acecha a todos, y especialmente a los que vivís de eso, del intelecto.

—Pero, bueno, no importa que aceche, incluso que llegue, que se apodere de uno. Porque, como decía Quintana, puede conducirte a una soledá espléndida.

—Sí, claro, ya te digo: si a ti te gusta estar enfermo…

No era que le gustase estar enfermo, pero hizo más caso a la experiencia del difunto Quintana que a los conocimientos científicos del fotógrafo psiquiatra. Antes de acudir a la consulta ya había tomado partido. Quintana le había puesto en guardia contra los vicios solitarios vulgares, masturbación, onanismo… Era verdad que para los que incurrían en esas perversiones, con los artilugios que hay en cualquier casa y que se utilizan para cocinar, fregar, lavarse, bañarse, se podían mejorar muchísimo las relaciones sexuales con uno mismo; él había empezado por ahí, de noche, con una música suave, pintando a la luz de velas, el placer que le daba extender el óleo sobre el lienzo, sentir cómo aquella suavidad se le trasladaba de la brocha a la mano y al brazo y le llegaba al pecho le causaba tanto placer físico que a veces llegó a tener una erección y a correrse. El aceite, las esponjas, las cremas, la brocha de afeitar, los cepillos, las pinzas, la pimienta, los guantes de goma, los de felpa, la ducha de teléfono, la leche tibia, el yogur, el secador del pelo... Pero todo eso era algo pasajero; lo fundamental, lo necesario para prescindir de las mujeres, o de los hombres, del «otro», era seducirse a uno mismo, no aspirar a dominar otra voluntad sino la voluntad propia. Y no admirar sino admirarse. Desde que consiguió sonsacar al pintor Quintana todas estas confidencias, estas reflexiones, sus silencios, su laconismo le parecieron muy respetables. Seguramente durante aquellas larguísimas pausas, en lo que los demás perdían el tiempo charlando, él estaba perfeccionando su pensamiento o citándose consigo mismo para dentro de un rato.

A pesar de los consejos de su mentor dedicó algún tiempo a la primera fase, la autoerótica, pero comprendió que no era del todo satisfactoria para un hombre de sus años porque le faltaba el dominio de una voluntad, una sensación de conquista, aunque fuera de autoconquista, para lo cual necesitaba en primer lugar gustarse, desearse y en segundo, seducirse. Y eso eran elaboraciones mentales que se relacionaban poco con la brocha de afeitar, el secador del pelo, el aceite de oliva...

Así que decidió pasar a la segunda fase, la intelectual.

Comenzó por eliminar el rubor que le daba considerarse como uno de los mejores escritores españoles de su generación y quizás de las siguientes. No de las anteriores, porque como narrador Pío Baroja le infundía un gran respeto, sobre todo desde que se enteró de que le admiraba mucho Hemingway, y como poeta, la cima de Juan Ramón Jiménez (para Lafuente el mejor desde San Juan de la Cruz) era inaccesible. No ya en la soledad de su dormitorio, del baño, o frente a la máquina de escribir, sino en la tertulia se atrevía a decir cosas como:

—Nosotros, los escritores de primera fila...

o

—Vicente Aleixandre y yo, que cultivamos el verso libre derivado de Walt Whitman y de la Biblia...

o

—Bardem y Berlanga están haciendo películas con guiones políticos. Eso tiene su mérito en una situación opresiva como la que ahora atraviesa España, pero es un mérito cívico, no artístico. Aquí el único que escribe guiones de calidad, de altura y sin recurrir a niños y niñas más o menos cursis o a auparse en la política, soy yo.

Respiraba mejor, a pesar de la atmósfera cargada del café. Se le ensanchaba también el espíritu. Los del corro le escuchaban sin excesivo asombro porque no era el único en expresarse poco más o menos así. Él, los primeros días de poner en práctica el experimento, lo hacía como ejercicio necesario, como entrenamiento para predisponerse a su nuevo comportamiento, pero muy pronto advirtió (o lo advirtieron los demás) que todo aquello le surgía de manera espontánea, al correr de la conversación.

—Escrivá tiene que producirse él mismo las películas, ayudao por unos curas. Pero de los que vamos por libres, Azcona y yo somos los más cotizaos; es una pena que Azcona abuse tanto del sainete. Yo eso me lo tengo prohibido, voy más hacia arriba.

Llegaba a casa canturreando canciones, *Only you* o *Mi carro,* le daba igual, y su madre, medio despierta esperándole, se despertaba del todo y le escuchaba cantar, asombrada. Asombrada no de que su hijo canturrease, que, por desgracia, ya le había oído canturrear en otras ocasiones, sino de que tras la canción no llegase a los dos o tres días la chica, la nueva chica. Pero no llegaba. Aquel no era su hijo. Efectivamente, no lo era. Había mudado no sólo de piel, sino de intestinos, no sólo de la cobertura sino del relleno, de los pensamientos, de los recuerdos, de los proyectos, de las necesidades. No se escuchaban lamentos, no sonaban puñetazos en la pared medianera. ¿Habría aprendido el hijo a sufrir en silencio?

No, su hijo Enrique no había aprendido a sufrir en silencio; sencillamente, no sufría. Tendido en la cama, relajado, en lo que le venía el sueño, recordaba su jornada. La secuencia que había escrito durante la mañana en el nuevo guión, *La mujer sin pasado,* para su amigo/enemigo Domingo Núñez, alias Leda Films, podrían firmarla Riskin o Mankiewich, si ellos no estuvieran tan sometidos a las directrices del capitalismo americano. En la tertulia del café el más brillante había sido él, porque las ideas que tenían dos o tres jovenzuelos sobre la literatura centroeuropea de entreguerras no eran más que fruto de la ignorancia si se las comparaba con el profundo y abundante conocimiento que él tenía de la narrativa de aquella época. Simplemente escucharse a sí mismo adoctrinando a aquellos alevines iletrados y miopes sobre aquel tema o sobre los dos o tres que surgieron durante la tarde, ya le proporcionaba un placer que debía esforzarse en disimular para no ofender a sus contertulios.

Había cenado en La Banderilla mano a mano con el periodista Ortuño al que le dejó estupefacto cuando le expuso sus puntos de vista sobre la política internacional del momento, escépticos pero lúcidos, y también sobre las virtudes y defectos de la cocina de La Banderilla, pues él sin ser un especialista, tenía unas condiciones excepcionales de gastrónomo.

Ortuño le abandonó porque tenía que ir al periódico y él se metió en un cine a ver una película francesa, residuo de aquello que llamaron *nouvelle vague,* sobrecargada de literatura decimonónica y de pretensiones poéticas. *¡Y qué falta de ritmo, Dios mío! ¡Lástima que los productores franceses no vieran* La noche secreta *o* ¡Stop!!

Poco después, ya en la cama, en lo que llegaba el sueño:

Me parece imposible que en un tiempo, durante tantísimo tiempo, haya dudado de mí mismo, de mi cerebro, de la potencia de mi cerebro. Y de mi gusto, de mi capacidad para saber encontrar dónde estaba lo bueno y dónde lo malo, dónde lo verdadero y dónde lo falso. Si ahora lo veo con claridad meridiana. El sexo, lo que otros llaman las mujeres, me tenía ofuscado, me impedía razonar, dilucidar. ¡Con qué lucidez veo ahora mi propio valor! Tienen razón los que dicen que la Iglesia ha dominado el mundo gracias al celibato. Sí, esta serenidad, esta felicidad que siento ahora al valorarme como realmente merezco, sin nadie cerca de mí cuyo desprecio existía aunque lo disimulase y yo disimulase también que lo advertía, la debo a la castidad, a la aceptación del mensaje de Quintana, ¡pena de tantos años (tantísimos, pues la vida del hombre es corta) perdidos por ignorancia y cobardía!

Uno de los guiones que escribió en aquella etapa le gustó mucho a Domingo Núñez, que lo produjo sin plantear grandes problemas, pero el otro, *Hacia adentro,* cuya acción transcurría toda en el cerebro de un hombre y entre personajes invisibles, en lo cual veía Enrique la ventaja económica de no tener que pagar a los actores, fue rechazado por Núñez, a quien aquella ventaja no le parecía suficiente para compensar los riesgos de lo que llamaba vanguardismo *demodé.* Para Lafuente el rechazo de Núñez supuso una gran satisfacción, aunque un quebranto económico, pues le demostraba que su talento de escritor, de creador cinematográfico, estaba muy por encima del de aquel productor mostrenco, que en otro tiempo le pareció —lo que ahora le resultaba inexplicable— una persona relativamente cultivada y sin exceso de mal gusto.

Llegó a estar tan compenetrado consigo mismo y necesitaba tan poco las conversaciones con los demás, el cambio de ideas, que se compró un magnetofón para charlar consigo mismo. Adquirió una gran habilidad en el arte de grabar respuestas y dejar unos espacios de silencio para las preguntas o las interrupciones. Así, mientras fumaba con deleite, pasaba horas de agradable y relajante conversación. A su madre y a Alicia y al chico, que algo oían, les decía que preparaba escenas para los guiones. A veces, en el café, oyendo las vaciedades de los demás, se encontraba tan incómodo, tan impaciente, que sin despedirse de unos ni de otros corría hacia su casa, para charlar con el magnetofón y ponerlos verdes a todos o rematar alguna secuencia empezada.

¡Qué bien me ha quedado esta secuencia! Mucho mejor de lo que yo pensaba cuando la planteé. Aquí la película, si el imbécil del director, que aún no sé cuál va a ser, no la jode, va a pegar una subida impresionante. Y desde aquí, como un rayo, hasta la situación final, que esa sí que es deslumbrante.

Otro productor, no Núñez, le propuso colaborar con Azcona para adaptar una novela de Fernández-Flórez, *Las siete columnas*. Pero la novela, que le gustó mucho en su adolescencia, al releerla le pareció una tontería, y de lo que se le ocurrió a Azcona no entendió ni una palabra. Rechazó la colaboración porque no podía desprestigiarse. No necesitaba colaboradores ni para el trabajo ni para su vida íntima. Se encontraba perfectamente bien consigo mismo. Releía sus obras, no sólo las publicadas, la novela y los poemas, y los guiones rodados, sino los guiones rechazados por las productoras y por la tele, con gran placer. Qué ingenio, qué hallazgos, qué fluidez en los diálogos, qué elevación poética envolviéndolo todo, hasta los momentos más triviales. Para leerse y releerse a sí mismo rehuía las tertulias, y el ambiente del Café Gijón le parecía de lo más estúpido. Era tan feliz que a veces, en la soledad de su dormitorio, se reía a carcajadas, y en una de aquellas monojuergas o autojuergas le sorprendió su madre, a quien la curiosidad le impulsó a interrumpir el aislamiento de su hijo, al que encontró sentado en el borde de la cama con un vaso de vino en una mano, unos folios mecanografiados en la otra y riendo a carcajadas.

—¿Qué te pasa, hijo?

—Nada, madre; que he releído lo que he escrito esta mañana y estoy contento, feliz.

—¿De verdá? Siempre encerrado aquí, o escribiendo... Ya casi no sales.

—«Gran desgracia es no poder estar solo»*.

—Es una gran verdá, hijo. Pero ya casi no hablas conmigo, ni con Alicia, ni con Quique. Y nunca traes chicas...

—¿Sabes cómo se llama mi nueva chica? Ya llevamos más de un año —preguntó Enrique entre risas.

— ...

—Soledá.

—Es un nombre muy bonito.

—Más bonita eres tú, madre.

Y fue hacia ella y la estrechó en sus brazos, y la besó, como tiempo atrás habían hecho las otras chicas, con ternura, con inmenso cariño.

Sr. D. Enrique Lafuente.

Escritor.

Admirado poeta: era yo un muchacho de su misma edad cuando usted quedó finalista del premio Adonais, lo cual consideré una injusticia, pues el libro ganador, Versos para el teléfono, *de Edelmiro Sánchez, no resistía la comparación con el suyo. ¡Qué riqueza de metáforas! ¡Qué ritmo interior tan adecuado al ritmo externo de los metros clásicos! ¡Y qué sorprendente conocimiento de la vida, de lo que había de ser la vida en un muchacho que apenas había empezado a conocerla! El soneto* Canción crepuscular para un desconocido *no creo que tenga*

* La Bruyere, *Caracteres*.

igual en la poesía contemporánea. Habría que remontarse a Lope o a San Juan de la Cruz. Le escribo estas torpes líneas para que le sirvan de estímulo en un país tan duro como el nuestro en el que un poeta que puede igualarse a los románticos ingleses se ve reducido al trabajo de guionista de cine, aunque también en esta especialidad logre ser el número uno.

Cordiales saludos de su incondicional admirador

Enrique Lafuente.

Consultó con Orense porque había perdido el apetito.

—Te habrás enamorao de nuevo.

—¡¡No!! —aseguró Enrique con espanto.

Orense le recordó lo del narcisismo.

—Habrás conseguido enamorarte de ti mismo.

—Eso sí es posible. Mi madre dice que cuando paso tanto tiempo a solas es porque me encuentro muy bien conmigo.

—Yo quiero decir que puedes haberte enamorao de manera excluyente. Según me has dicho, no entiendes los méritos ni los atractivos de los demás. Mucha gente pierde el apetito porque la sociedad se porta mal con ellos. No se porta como debería.

Orense bebió un traguito de coñac antes de proseguir.

—Como ellos creen que debería. En realidad, lo que ocurre es que ellos se sobrevaloran. Narcisismo. La sociedad se porta con ellos correctamente.

—¿Y yo me valoro en más de lo que soy? Me estás despreciando.

—Pero ¿no querías ser narcisista?

—Sí, pero no que me lo dijeras mirándome a la cara. Claro que como eres...

Orense le interrumpió.

—Soy fotógrafo.

Y siguió mirándole a la cara.

El guión tantas veces ofrecido a Núñez, *Comuneros*, lo aceptó la tele para una miniserie de tres capítulos. Únicamente hubo que cambiar lo que se podía llamar la tesis: históricamente, los comuneros no tenían razón, eran sólo unos señores de la alta burguesía que defendían sus intereses. Carlos V defendía el porvenir de España. Enrique aceptó el cambio y al llegar a casa tuvo una espantosa bronca consigo mismo. ¡Se había traicionado! Golpeó con los puños las paredes, pateó los muebles, arrancó la ropa de la cama. ¡Traidor, traidor!, decía primero en un susurro y al fin a gritos, a gritos que hicieron abandonar la tele a su madre y a la fiel Alicia y al asustado Quique.

¡Traidor, traidor, traidor!, se estaba diciendo a sí mismo en la luna del espejo cuando su madre entró en la habitación. Abrazó a su Enrique, no le dijo como otras veces no sirves para el amor, hijo, no sirves, porque esta vez no sabía qué decirle. Lloró con él. Durante unos días no se atrevió a estar a solas consigo mismo y como había perdido el hábito de estar con los amigos o compañeros, salía muy temprano de casa y vagaba por las calles sin ir a ningún lado, sin saberse, sin conocerse, como alguien que no estuviera completo. Uno de aquellos días, cerca de la medianoche, fue al Victoria Club. En una mesa estaba Cesáreo González con uno de sus empleados, Emma Penella, Carmen Sevilla y dos chicas de las que frecuentaban el local, pero él se quedó solo en una mesa, a pesar de que Cesáreo le hizo señas de que se uniera a ellos. Al llegar a casa se regañó a sí mismo mientras se desnudaba.

Gilipollas, gilipollas...; y la madre le oyó y entró y él le dijo que estaba leyendo una escena. La madre no le creyó y por eso no le dijo que le enseñara la escena en el guión. Lo que sentía Enrique de aquel Enrique que se iba por las noches al Victoria y no se limitaba a tener la mirada en el mantel o en el vaso de whisky eran celos. No había otra palabra para denominar ese sentimiento. ¿Los había sentido el doctor Jeckill de Mr. Hyde? No recordaba que Stevenson lo mencionase. Pero eran celos, aquel hijoputa nocturno fue más noches al Victoria y aunque fingiese tener la mirada en el whisky o en el mantel, la verdad era que las chicas le miraban y le hacían muecas porque para eso estaban allí. Y él —Enrique o Enrique— se sentía ridículo al no corresponder. Pero no tenía más remedio que acudir allí y a otros cabaretuchos de las afueras, porque la soledad, la amada soledad, hacía tiempo que empezaba a agobiarle. El magnetofón se lo dio a su hijo para que estudiara o para que oyera música. No soportaba oír su voz. Antes de venirle el sueño recordaba todas sus torpezas, sus errores, las cobardías en que había incurrido a lo largo de su vida y las magnificaba. Era un ser despreciable y no comprendía cómo alguien había podido soportarle ni cómo durante unos meses se había soportado a sí mismo sin aturdirse en el gregarismo de la calle, del café, de los locales nocturnos. ¿No habían advertido su madre, su criada, su hijo lo estúpido que era? ¡Si casi todo lo que decía eran tonterías! Se encerró en un silencio profundo para no delatarse, para no exhibir su ignorancia. Su madre le miraba a hurtadillas pero con terror y cruzaba miradas cómplices con la fiel Alicia. Enrique tenía clara conciencia de su comportamiento ridículo, en cierto sentido perverso. ¡Ah, si hubiera podido separarse de sí mismo! Cuando se quedaba a solas en su dormitorio, o andando por las calles en la noche, era cuando más se percibía y, por lo tanto, cuando más se odiaba.

Por insistencia del productor Alfredo Matas aceptó ir a cenar a casa de Berlanga con éste y con María Jesús, su mujer, para hablar sobre una posible película. Eran unos burgueses, nada más que unos burgueses. Cuando volvió a su piso de la calle Balmes y se encerró en el dormitorio, tuvo otra gran bronca consigo mismo, porque le había gustado el ambiente de los Berlanga, ¡sí, le había gustado! Se despreció, se escupió en el espejo del armario. Durante la cena había aceptado la tesis de Berlanga respecto al guión, burguesa, conservadora, conformista, racionalista, pero nada más que racionalista, opuesta a la suya y que prevalecería claramente en el desenlace.

XX

FINAL

Sr. D. Enrique Lafuente
Ex poeta, premio Nadal de Novela, guionista de cine, radio y televisión.

Le felicito por su nuevo encargo, nada menos que guionista de una película de Berlanga, que sin duda busca un sustituto del insustituible Azcona. Ha llegado a mis oídos que han existido ciertas discrepancias entre usted y el director de Bienvenido Mr. Marshall *y* Plácido, *entre otras, respecto al desenlace, lo que algunos llaman «el mensaje» y otros «la tesis» de la película, y que usted, seducido por el encanto del ambiente en que vive el afamado director («no es un director de cine, es un poeta», dijo de él el comediógrafo italiano Diego Fabri), se ha bajado los pantalones.*

Reitero mi felicitación y lamento su actitud.

Suyo hasta la muerte,

Enrique Lafuente.

El guionista, airado, tras leer la escueta misiva, hizo con ella una rugosa pelota y la arrojó a la papelera.

Luego se encaró con el hombre del espejo y le/se llenó de improperios en el más burdo lenguaje callejero. ¡Había vuelto a traicionarse! Idénticos, o muy parecidos, sufrimientos que le causaba el amor de las mujeres, se los proporcionaba el amor consigo mismo.

Se consideraba un tipo ridículo, y así se lo decía a su madre, entre contenidos sollozos, a quien esto le resultaba más difícil de comprender que cuando su hijo le venía simplemente con problemas de hombres y mujeres.

Anita, la chica de la oficina, ya hacía tiempo que al ver que Lafuente volvía la cara para no mirarla, se reía de él.

Se odiaba. No podía estar consigo mismo. No soportaba la soledad ni la consciencia de que él existía, que estaba allí, con él, en él, que era él. Ni quería estar a solas en su dormitorio, ni escribir, terminar el guión que tenía comprometido, sobre un taxista que se enamora de la hija de un policía de tráfico, mucho menos, ir al Café Gijón, ni, muchísimo menos, contarle al fotógrafo Orense que no se soportaba, que no podía enfrentarse consigo mismo.

Pero cuando Enrique Lafuente se abandonó, cuando no se quitaba el pijama en todo el día ni consentía que se lo cambiasen por uno limpio, cuando dejó de escribir y de ponerse al teléfono y de dirigir la palabra al pobre Quique, a su llorosa madre y a la fiel Alicia, cuando, ensangrentándose los nudillos, rompió a puñetazos el espejo de su dormitorio, mientras gritaba ¡cabrón cabrón cabrón!, la que fue al Café Gijón a ver a aquel fotógrafo, Orense, del que algunas veces le había hablado su hijo fue doña Basilia, la madre. Y Orense buscó a un médico de verdad. Y hablaron también con el productor director Domingo Núñez. Y a Enrique Lafuente le internaron en Las Orquídeas, una residencia de reposo para personas pudientes. Se repuso muy pronto.

Enrique Lafuente siempre quiso, aunque no se lo dijera a su madre por no humillarla, pues ella era la propietaria del piso de la calle Balmes, en el barrio de Chamberí, detrás de la parroquia de Santa Teresa y Santa Isabel, vivir en un chalé de las cercanías de Madrid. En una colonia lujosa como Puerta de Hierro, La Florida, Monte Príncipe o La Moraleja. Cuando empezó a sentir esas apetencias, recién llegado a la capital, aún no existía Somosaguas, que habría sido su predilecta por estar cerca de Prado del Rey, donde se asienta RTVE, una fuente de trabajo. No ha conseguido tanto, solamente algo parecido, pero la verdad es que ha tardado demasiados años y así suele confesárselo, o reprochárselo, a sí mismo.

Ahora vive en una urbanización de nombre pomposo, Gran Colonia, que tiene más de colonia que de gran, pero que es agradable, bien cuidada y en la que si es cierto que no viven aristócratas de sangre ni ninguno de esos milmillonarios producidos por el sorprendente socialismo de estos últimos años, sí vive gente acomodada y de buen trato.

Desde el habitáculo que se ha hecho construir, en lo que según los planos del arquitecto era una terraza, para escribir sus memorias o fragmentos desordenados de recuerdos, contempla bellísimas puestas de sol, y el amanecer, cuando le da por madrugar, puede verlo desde la ventana de la cocina, cuando se prepara el desayuno de huevos fritos con bacon, pues, hombre de cine al fin y al cabo y ferviente admirador de las películas *made in Hollywood,* ha adquirido muchas costumbres americanas, como la de calzar zapatillas deportivas para andar por casa y por el jardín o la de comer pizzas prefabricadas que le llevan en una furgoneta.

No vive solo sino con una anciana sirvienta —la fiel Alicia desapareció hace muchos años—, que le sirve a él tanto como él a ella. Han adquirido el hábito de que la sirvienta se levante después que el señor, porque ella se acoge a no sé qué convenio laboral y él no puede contradecirla porque siempre, desde sus primeras lecturas, desde la muerte de su hermano mayor en el cerco de Oviedo, desde que depuraron a su madre la maestra porque era roja, a través de los años de represión franquista, a pesar de su inactividad política, ha conservado su fama de hombre de izquierdas.

Sale muy poco, casi nunca va a Madrid, sólo cuando su presencia es imprescindible en Prado del Rey, según los de arriba —los de más arriba, pues él ya es de los de arriba— y su trabajo en el Departamento de Proyectos Previos (DPP) puede llevarlo a cabo en el chalé de Gran Colonia.

En Madrid no hay nada que le atraiga de manera especial. El Gran Café de Gijón ya no es lo que era. Quizás ha mejorado, pero su clientela ya no es especialmente de artistas, sino de toda la gente que pulula por la gran ciudad. A los amigos, como es natural, se los ha llevado el tiempo. Las modelos y las actrices dejaron de acudir cuando se hicieron mayores. Ortuño, después de la transición, llegó a director de un diario. Dos o tres poetas de los de la mesa del rincón llegaron a académicos. El pintor Quintana murió; a su entierro no fue nadie.

Los avatares, o simplemente los acontecimientos políticos y culturales de las últimas décadas, condujeron al guionista de cine, radio y televisión Enrique Lafuente a especializarse en este último medio, la televisión, y le alcanzó una época en la que era costumbre en el ente televisivo, siguiendo el llamado «principio de Peter», importado de Estados Unidos, apartar de su quehacer al trabajador, ya fuera empleado, director, administrativo, operador, creativo o de cualquier otra clase, cuando dicho quehacer lo llevaba a cabo con cierta eficacia, y nombrarle jefe de un departamento con la exclusiva misión de no hacer nada sino comprobar lo que mal o bien hacían los demás.

Esta moda le pilló en la plenitud de la vida al frustrado poeta de los tiempos de *Vetusta,* la efímera revista ovetense, finalista del Adonais de poesía a los veintitrés años y premio Nadal de novela y posteriormente guionista de cerca de treinta películas y de ocho series televisivas —ustedes recordarán *La familia del revés, Margarita y Conchi buscan trabajo, Te quiero, bandolero* y *Los hijos de papá,* que fueron las de más audiencia—, llegó a subdirector y poco después a director del Departamento de Proyectos Previos (DPP), con despacho en la segunda planta, secretaria, pluses, viajes y dietas, pues con bastante frecuencia debía viajar para cambiar impresiones con alguien de su mismo nivel, lo mismo a Sevilla, Bilbao o Barcelona que a Lima (Perú).

Desde que dejó de escribir guiones, tanto de cine como de radio o televisión, su prestigio aumentó considerablemente, pues ya no tuvo ningún fracaso ni la crítica le acusó de imitar el cine americano ni de repetirse ni encontró que sus desenlaces eran forzados o las presentaciones premiosas o esquemáticas, y cuando, con la democracia, llegaron las televisiones privadas, el Neocanal Cero le contrató como superdirector de Anteproyectos, ya que todos le consideraban un número uno en esa especialidad.

La corrupción, el soborno, el cohecho, el favoritismo eran modos de proceder que a Enrique Lafuente siempre le habían producido repugnancia. Cuando se enteraba de que alguien había resultado favorecido por uno de aquellos medios su pensamiento se iba al otro, al perjudicado, al que teniendo conocimientos más adecuados, más méritos, había visto rechazado su guión, o negado su ascenso o tirado a la papelera con indiferencia y menosprecio su proyecto, por no haber sabido o no haber querido corromper, sobornar.

Pero, por otro lado, al mismo tiempo conservó hasta pasada su madurez aquel candor, aquella ingenuidad, aquella sana predisposición a creer en los demás, aquella buena fe de su adolescencia, de su primera y segunda juventud que tantas desdichas de amor y desamor le había proporcionado, y frases tan consabidas como «si no lo haces tú, lo va a hacer otro», «¿qué quieres, que te tomen por tonto? o «piensa en tus hijos, Enrique» (así, en plural, porque al fin se había quedado con Carlitos, el de Luisa Coral y Carlo Manzi) hicieron mella en él, a pesar de su indiscutible probidad, y alguna vez se dejó corromper un poquito, cuando el asunto no era demasiado grave, demasiado injusto —en algunas ocasiones ¿quién podía afirmar de verdad, con la mano en el corazón, que un guión era mejor que otro?—, y en otros casos, muy pocos, aceptó un sobornito (no sé si este diminutivo sería bien visto por la Real Academia) y sólo tres o cuatro veces se dejó prender en las redes del favoritismo.

Gracias a eso sus dos hijos estudiaron en USA —allí trabajaban ahora, ya muy mayores—, su madre, la maestra revolucionaria víctima de la represión, que vivió hasta los noventa años, tuvo un gran entierro y él pudo al fin, aunque muy al fin, vivir en un chalé de Gran Colonia y codearse en el Super Club Gran Colonia con señores y señoras si no a nivel de generales, marqueses o futuros presidiarios, sí de rango más elevado que los que conoció en su adolescencia, cuando su padre, silicótico, era el dueño de un chigre en la calle Langreo de Gijón, o en su infancia, cuando su hermano moría en el cerco de Oviedo.

Llegó a Gran Colonia va a hacer ya diez años; recordaba bien la fecha porque precisamente aquel año, pocos meses después de que tomara posesión del chalé, murió el que para él era el hombre más importante de la historia del cine, Orson Welles.

El chalé que encontró, recién terminado, no muy grande pero bonito y bien distribuido, le pareció muy adecuado para retirarse a escribir sus memorias, sin necesidad de abandonar su nuevo puesto de Coordinador de Asesores en Neocanal Cero.

La poesía la había abandonado antes de cumplir los treinta años, cuando publicó su segundo libro, *Treinta sonetos de abandono*. A partir de entonces, aunque el libro tuvo buena acogida por parte de la crítica, sólo escribió breves poemas de vez en cuando, exageradamente intimistas, respondiendo a estados de ánimo muy acusados, pero los fue rompiendo todos, para seguir fiel a su propósito de olvidar la poesía.

Y ahora lo lamentaba, pues algunos de aquellos poemas circunstanciales le habrían sido útiles como guía para la labor de las memorias, que le resultaba muy dificultosa, ya que sólo le acudían los recuerdos de manera fragmentaria, incompletos, y con grandes lagunas entre unos y otros, aunque el habitáculo en que se encierra a trabajar, con las paredes llenas de libros y de fotografías, es lugar muy adecuado para la evocación, ayudada por el compacto de *Matías, el pintor*, de Hindemith.

Ahora, al cabo de los años, cuando ya se divisa, o cree divisarse, la última curva, las evocaciones no le producen ira, ni resentimiento, ni celos, ni se le ocurre golpear las paredes con los puños.

Aparta la mirada del ordenador, enciende el pitillo prohibido, a través del ventanal deja vagar la mirada por el lejano horizonte, y con una sonrisa que si pudiera verla la encontraría dulce, deja que poco a poco vayan aflorando los recuerdos.

El día anterior, cuando decidió suspender la tarea se disponía a escribir sobre la única aventura amorosa, antes de su relación con Luisa Coral, que no le había acarreado el tormento de los celos. Elvira Collado —¿la segunda, la tercera en la ordenación materna...?— pertenecía también al mundo del cine —casi todas sus amantes las había encontrado, o buscado, entre las afiliadas al Sindicato del Espectáculo—, pero no era actriz, sino *script*. Guapa, atrayente, simpática, de buena conversación pero no charlatana, tenía, para el gusto de Enrique en aquellos años, un solo defecto: no era muy ardiente, en la cama daba muestras de algo que se podría clasificar como «tierna indiferencia» y a veces Enrique llegaba incluso a sospechar que se aburría. Como es natural, y no hace falta aclararlo, este defecto no llegaba a conocimiento de la madre, a quien Elvira Collado le parecía muy cariñosa «qué cariñosa es, qué mujer tan cariñosa has encontrao esta vez, hijo mío». Las tardes de los domingos Elvira se las pasaba en casa viendo la televisión con Basilia y en las escenas sentimentales de las películas se cogían la mano.

Precisamente uno de los días en que a Enrique le preocupaba la triste posibilidad de que Elvira se aburriera antes de la cópula y en la cópula, y que esto fuera motivo para que le abandonase, estaba en el Café Gijón escuchando lo que el chulo entonces recién llegado a España Tito Lerma explicaba doctoralmente a dos jóvenes existencialistas que pretendían ser autores teatrales de vanguardia. La lección versaba no sobre la literatura dramática, sino sobre el modo de retener a las mujeres que presentan síntomas de frialdad en el acto sexual y despiertan la sospecha de que, afectadas de aburrimiento, puedan romper la relación amorosa. Lafuente, que se había sentado a aquella mesa como pudo hacerlo a cualquier otra, a partir de este momento escuchó el discurso del experto argentino con la máxima atención. En resumen: la solución para el problema era llevar a la cama otra mujer más. Aquella cura era mano de santo, estaba demostrada su eficacia no sólo por la teoría sino por múltiples experiencias. Enrique ya sabía que ese juego sexual entre tres era divertido y estimulante, pero nunca habría pensado que pudiera ser un procedimiento para retener a una mujer en disposición de marcharse. No obstante, decidió hacer la experiencia.

Quique estaba en una dichosa, envidiable edad en la que no se enteraba de si en la casa había tres mujeres o cuatro ni por qué había casa ni por qué había mujeres. La fiel Alicia, cuyo esposo había desaparecido años antes en la diáspora de la derrota a los tres meses de matrimonio y del que no se había vuelto a saber nunca, estaba hecha a todo. Y a la madre no le extrañó que durante tres o cuatro días durmiera en la casa aquella chica tan amable, tan cariñosa, y luego ya se acostumbró.

A Elvira Collado compartir los juegos eróticos —la primera noche Enrique, por si acaso, recurrió a unas discretas dosis de whisky, Pernod, Cointreau y baile en local sicodélico, según indicaciones que había captado al profesor Tito Lerma— con María, una simpática, alegre y agraciada vicetiple (chica del conjunto) del Teatro Martín, no le aumentó su entusiasmo sexual, se lo descubrió. Desde entonces, de día fue la misma, eficaz, trabajadora, cariñosa, muy cariñosa, pero de noche fue otra. Y otras fueron las noches de Enrique, jubilosas, excitantes, llenas de placenteras sorpresas.

Dije que en su relación con Elvira Collado no le habían atormentado los celos, pues en la cama ninguno de los tres los sentía y eso les servía de vacuna, pero no dije que aquel amor no fuera para Enrique causa de sufrimiento. Al poco tiempo de iniciada la triple relación, cuando empezaba a sentirse en un estado de plenitud, Elvira y María, en una reacción no prevista, o por lo menos no mencionada, por Tito Lerma, advirtieron que no precisaban a Enrique para obtener aquel intenso placer sino que se lo proporcionaban la una a la otra. Quique, Alicia, Basilia, el propio Enrique, en fin, aquella familia, se habían convertido en un estorbo para su felicidad. Decidieron marcharse. Así se lo explicaron con muy buenos modos y muestras de afecto y de agradecimiento a Enrique y entre ríos de lágrimas a Basilia. El piso que pusieron entre las dos procuraron que estuviera lejos de la calle Balmes. Y Enrique se encontró de nuevo frente a su enemiga la soledad.

Estas evocaciones ahora, cuando, para enhebrar unos recuerdos con otros, deja vagar su mirada por el lejano horizonte le hacen sonreír. Por eso le resulta una labor placentera la de escribir sus memorias. No sufre al rememorar los sufrimientos. Cada mujer que se alejó de él fue la causa de que se acercara a otra. A cada una de ellas les debe gratitud por haber llegado, por haber permanecido, por haberse marchado. ¿Los celos le hicieron sufrir o él con sus celos causó el sufrimiento de ellas? Sucedieron las dos cosas.

De todos los sentimientos que ha experimentado en sus peripecias amorosas, los celos le parecen el más sucio. El hombre no sólo enamorado sino apasionado vive una fantasía, la de creer que el objeto de su amor no es ajeno sino que forma parte de sí mismo, igual que muchas madres creen que el hijo son ellas mismas, como si no se hubiera roto nunca el cordón umbilical. Por eso el apasionado considera injusto que alguien pueda disponer de lo que es un trozo de sí mismo, disponer, gozar con ello, ensuciarlo. Y no comprende que aquel trozo de sí mismo pueda tomar decisiones, puesto que la voluntad, en aquella unidad corporal, le ha correspondido a él. Una fantasía, una entelequia. «El cuerpo del esposo pertenece a la esposa, como el cuerpo de la esposa pertenece al esposo»*. Lo decían en la célebre película *Mogambo,* una obra de arte del cine americano, según el guionista Lafuente, ridiculizada por la censura franquista. Lo decían en aquella obra de arte y es una cita del Evangelio pero no deja de ser una inverosimilitud. El cuerpo de ella no es mío ni el mío es de ella. Y quizás ni el mío es mío sino de infinidad de bacterias y microbios. ¿Cómo pudo ser Enrique tan petulante de atreverse a sentir celos? ¿De dónde recibió aquel derecho a atormentarse y a perjudicar tan insistentemente sus posibilidades de gozo, de alegría o de serenidad?

En el lejano horizonte han aparecido unas nubes deshilachadas que muy lentamente avanzan hacia la colina en la que está enclavada Gran Colonia.

Si el amor es ese sentimiento que nos hace imaginar la cosa amada como parte de nosotros mismos y a sufrir desesperadamente cuando intentan arrancarnos un pedazo, mejor sería esforzarse en no sentir nunca amor —muchísimo menos pasión—, sino limitarse a disfrutar de los goces que proporcionan los placeres del tacto. Porque ese oscuro, funesto sentimiento nos llevará a odiar a ese pedazo de nosotros mismos, porque es la causa de nuestro sufrimiento más grande, más intenso, cuanto más grande haya sido nuestro amor y nos llevará por lo tanto a odiarnos. Y quizás nos deje imposibilitados para el placer; para los placeres que podrían proporcionarnos otros amores de los que no celáramos.

Con mucha frecuencia, en la redacción de sus memorias, casi siempre cuando trata de describir o de insinuar una descripción de alguna de sus novias, de sus amantes,

* San Juan, IV, 18.

se queda en suspenso el memorialista, no por la seguridad que tiene de no poder recomponer aquellas páginas, sino porque sus recuerdos huyen hacia atrás hasta llegar a la muchacha bellísima que a los diez años entrevió en la escalera, la de los calcetines blancos. ¿De dónde sacó que era bellísima si la oscuridad la devoró en un instante, si poco después la guerra la devoró para siempre? Ahora tan difusos aparecen sus rasgos como los de casi todas las otras de las que si las recuerda con aproximación es por conservar fotografías —no faltaría más, siendo casi todas del Sindicato del Espectáculo—, pero lo que recuerda de cada una es la fotografía. A ellas el tiempo las ha devorado como la oscuridad de la escalera.

El anciano ya no odia a ninguna, ya no siente celos. En la vejez ha recobrado la razón y siente hacia todas ellas una gran generosidad. En su mundo real ya no tiene muchas fuerzas que dedicar al juego amoroso, pero en el mundo de los sueños acogerá a las que quieran llegar con ternura, no se enfadará cuando se marchen y le dejen, vivirá libre y respetará la libertad de ellas y por el solo hecho de que le miren y no aparten la mirada ya agradecerá su generosidad y no la olvidará nunca. El anciano memorialista Enrique Lafuente, finalista del Adonais a los veintitrés años, premio Nadal, autor de tantísimos guiones de cine, radio y televisión siente frío, mucho frío. Ha cambiado de repente la temperatura, pues este frío no es propio del mes de mayo.

Enrique deja de mirar la pantalla del ordenador y vuelve la vista hacia el ventanal. Los celajes que partieron del horizonte se han unido en nubes espesas, han avanzado y han encapotado la colina de Gran Colonia. El frío aumenta. El anciano piensa si habrá que avisar a la anciana sirvienta y pedirle que encienda la calefacción. Pero ¿es posible? Él sabe muy bien que en este siglo, en la provincia de Madrid, sólo tres veces ha nevado en el mes de mayo. Pero, de ahora en adelante, habrá que decir cuatro veces. Más allá del ventanal, sobre el jardín del chalé de Enrique Lafuente en Gran Colonia empieza a extenderse un telón de copos de nieve.

Algete, 1994-1996.

ESPASA BOLSILLO

TÍTULOS PUBLICADOS

1. ANA M.ª MATUTE: *OLVIDADO REY GUDÚ*
2. ROSA MONTERO: *LA HIJA DEL CANÍBAL* (PREMIO PRIMAVERA DE NOVELA)
3. FERNANDO FERNÁN-GÓMEZ: *LA PUERTA DEL SOL*
4. MANUEL LEGUINECHE: *LOS ÁNGELES PERDIDOS*
5. RODDY DOYLE: *PADDY CLARKE, JA, JA, JA*
6. CARDENAL SUENENS: *BALDUINO*
7. LUIS ROJAS MARCOS: *LAS SEMILLAS DE LA VIOLENCIA* (PREMIO ESPASA DE ENSAYO)
8. JAIME DE ARMIÑÁN: *LOS AMANTES ENCUADERNADOS*
9. J. IGNACIO DE ARANA: *MÁS HISTORIAS CURIOSAS DE LA MEDICINA*
10. CRISTINA GARCÍA: *SOÑAR EN CUBANO*
11. ALFONSO USSÍA: *LOS VERSOS PROHIBIDOS*
12. F. PÉREZ ABELLÁN: *CRÓNICA DE LA ESPAÑA NEGRA. LOS 50 CRÍMENES MÁS FAMOSOS*
13. LUIS CARANDELL: *LAS HABAS CONTADAS*
14. GRAHAM GREENE: *EL REVÉS DE LA TRAMA*
15. FERNANDO FERNÁN-GÓMEZ: *¡STOP! NOVELA DE AMOR*
16. MARTÍN PRIETO: *CARTAS A MUJERES*
17. AMANDO DE MIGUEL: *LA ESPAÑA DE NUESTROS ABUELOS*
18. MARGARITA RIVIÈRE: *LO CURSI Y EL PODER DE LA MODA* (PREMIO ESPASA DE ENSAYO)